개정판

올바른 인생성공을 위한

리더십

이해 · 진단 · 개발

박유진 · 김태형

LEADERSHIP

UNDERSTANDING

DIAGNOSIS

DEVELOPMENT

良書閣

| 개정신판 서문 |

올바른 인생성공을 위한

리더십 이해 · 진단 · 개발

초판의 호응을 입어 1년이 지나지 않아 개정판을 내게 되었다. 초판에서 발전시킨 점은 크게 세 가지이다.

첫째, 청년기 대학생을 위한 리더십에 초점을 맞추었다. 학술적인 연구내용도 포함하고 있어서 초점을 대학수준에 충실하게 맞춘 것이다. 물론 일반인들도 충분히 학습이 가능하다.

둘째, 리더십을 스스로의 삶을 성공적으로 이끌어가는 셀프 리더십과 다른 사람 및 조직을 이끌어가는 리더십으로 나누어 이해하고 진단하며 역량을 개발하도록 논리를 보완하였다.

셋째, 전체적으로 초판의 구성을 유지하되 내용을 더욱 실용적으로 보완하였다. 학술적인 수준과 이론적 맥락을 유지하면서도 세부내용들은 실천의 입장에서 다듬었다.

초판에서도 밝혔듯이 오늘날 리더십은 특정한 전공영역의 과제가 아니라 모든 사람들의 공통의 이슈이다. 학문의 영역을 넘어 현실생활의 필수적인 과제이며 성공의 필수적인 요건으로 인식되고 있는 것이다.

리더십을 학습해야 하는 이유는 크게 두 가지이다. 하나는 자신의 미래를 성공의 길로 이끌어갈 수 있는 셀프 리더십을 정립하는 것이고, 다른 하나는 사람들을 이끌어갈 수 있는 조직리더로서의 역량을 배양하는 것이다. 리더십의 개발이란 리더로서의 마인드를 정립하고 자질과 실천적 역량을 갖춘다는 뜻이다.

최근 다양한 리더십 서적들이 출판되고 있다. 학문으로서의 리더십 교육은 자칫 이론에 치우칠 수 있고, 실용분야의 리더십 교육은 이론적 근거가 약한 면이 있다. 이러한 점을 살펴 학술적으로 정립된 내용들을 중심으로 구성하되 실용적 활용성을 고려하여 집필하였다.

이 책은 4부의 큰 영역과 14개의 장으로 구성되었다.

제1부는 <리더십 이해>로써, 성공적인 인생을 위해 리더십이 왜 중요한지를 인식하고 리더십의 의미와 리더의 역할을 이해한다.

제2부는 <리더십 이론>으로써, 리더에게 요구되는 특성과 행동에 관한 이론 및 혁신이론들을 학습한다.

제3부는 <리더십 액션>으로써, 리더역할에서 수행할 실천적인 주요과제들을 학습하게 된다.

제4부는 <리더십 개발>로써, 자신의 삶의 비전과 리더십 목표를 설정하고 자질과 역량의 개발방안을 탐구한다.

이 책을 통한 리더십 학습의 기대효과는 올바른 성공을 위한 가치관 정립, 리더십의 의미와 기초적 이론의 이해, 리더로서 실천해야 할 행동의 숙지, 자신의 삶의 비전과 리더상 정립, 리더로서의 자질과 역량의 진단 및 개발방안 구상 등이다.

종합적으로 보면 자신의 삶을 충실하게 이끌어가고 대학을 졸업한 후 사회 각 부문에서 리더로서의 역할을 올바르게 할 수 있는 기본지식의 구비와 자신감을 배양하도록 돕는 것이다.

초판에 이어 개정판을 잘 엮어서 세상에 내어준 양서각의 신대영 사장님과 장명옥 선생님의 수고에 감사드린다. 필자들의 작은 노력이 청년기의 대학생들이 자신의 삶을 성공적으로 이끌어가고, 국가와 사회의 리더로서 우리나라와 세상의 곳곳을 발전시키는데 도움이 된다면 필자들의 보람이 되겠다.

2014년 새해 아침에

박유진 · 김태형 올림

차 례

Part 1 리더십 이해

Part 2 리더십 이론

터닝 포인트

Part 3

리더십 액션

Part 4
리더십 개발

리더십 이해 · 진단 · 개발 구성 체계도

리더십 이해

1. 인생과 리더십
- 리더십의 중요성
- 올바른 성공과 리더
- 성공과 리더십 이유

2. 올바른 성공의 방법
- 삶의 보편적 이치
- 올바른 성공의 지혜
- 나의 인생관 비추기

3. 리더십의 이해
- 리더십의 의미
- 리더의 지위와 역할
- 리더십 준비도 진단

리더십 이론

4. 영향력의 이해
- 영향력의 의미와 기반
- 영향력 행사방법
- 권력기반진단

5. 리더의 특성이론
- 리더의 특성요인
- 리더사례와 특성
- 리더의 특성진단

6. 리더십 행동이론
- 리더행동의 유형
- 효과적인 리더행동
- 리더행동유형 진단

7. 혁신의 리더십
- 혁신리더십의 요소
- 혁신리더의 사례
- 혁신리더십 진단

8. 리더십 격언 · 명언

리더십 액션

9. 비전세우기
- 비전의 의미와 정립
- 비전의 공유
- 조직비전 정립실습

10. 동기를 불어넣기
- 동기부여의 방법
- 효과적인 의사소통
- 동기 · 의사소통 진단

11. 난관을 극복하기
- 갈등의 이해와 관리
- 위기관리의 리더십
- 갈등 · 위기: 대처진단

리더십 개발

12. 나의 비전과 리더상
- 삶의 비전과 목표
- 나의 리더상 정립
- 성격진단 · 리더상 토의

13. 리더자질 · 역량진단
- 자질과 역량의 이해
- 리더십수준과 연관성
- 나의 자질 · 역량 진단

14. 리더십역량 개발
- 리더십개발의 방법
- 나의 자질 · 역량의 개발
- 생활혁신 토의

Part 1

리더십 이해

Chapter 1

인생에서 리더십이 왜 중요한가?

학습목표

① 성공적인 삶을 살아야 할 마음가짐을 스스로 확실하게 가다듬는다.
② 인생의 성공을 위해서 리더십이 왜 중요한지를 분명하게 인식한다.
③ 성공인들이 성공한 이유와 리더들이 리더로 평가받는 이유를 정리한다.

1. 성공을 위해서 리더십이 왜 필요할까?

(1) 인생에서 성공이란 무엇인가?

사람들은 성공하고 싶어 한다. 대학생활에서 바라보는 미래는 희망의 설레임과 호기심도 있고 걱정과 두려움도 있는 미지의 세계이다. 누구든 미래의 커튼을 열고 들어서야 한다. 그리고 젊은이들은 미래의 무대 위에서 성공의 주인공이 되도록 노력하고 있다.

어떠한 사람들이 성공한 사람들일까? 기업의 경영자, 전문영역의 권위자, 부대를 지휘하는 군의 간부, 명작을 창조하는 문화예술가, 존경받는 교육자, 종교인, 사회사업가, 유명한 정치인과 공직자, 인기 높은 연예인과 스포츠맨, 농장경영자 등 우리는 사회의 모든 분야에서 성공한 사람들을 찾아볼 수 있다.

그런데 사회적 지위가 높거나 유명해져야만 성공한 사람일까? 반드시 그렇지는 않다. 사실상 성공과 행복과 같은 문제는 개인의 가치관이나 판단에 따라 달라질 수 있기 때문이다. 그러므로 이 책에서의 성공이란 개인마다 가지고 있는 꿈을 실현하는 것을 중요하게 생각한다.

우리는 태어나서 어느 정도 성장할 때까지는 부모나 가정의 영향을 크게 받는다. 성장환경의 여건은 내가 선택한 것이 아니라 주어진 것이기 때문이다. 그러므로 20대나 30대까지 잘 살고 못사는 것은 자기의 탓이 아닐 수 있다. 그러나 성인이 된 이후의 삶은 스스로 선택하는 부분이 커지는 삶이다. 그래서 40대나 50대의 나이에 들어서까지 가정환경이나 남의 탓을 할 수는 없는 것이다.

젊은 날이란 '어떻게 살아야 성공하고 나아가 사회적으로도 인정받을 것인가'를 깨닫고 실천을 시작하는 중요한 시기이다. 분명한 사실은 성공이란 생각만으로 이루어지는 것이 아니라 타인들과의 관계 속에서 현실의 어려움들을 헤쳐 나가는 실천을 통해 얻어진다는 것이다.

(2) 성공의 두 잣대

성공이란 무엇인가? 성공은 내면적 차원과 외면적 차원으로 나누어 볼 수 있다. 내면적인 성공이란 자아성취감, 보람, 자부심, 자기만족 등 스스로의 심리적인 만족의 정도를 말하며 주관적 성공이라고 할 수 있다. 즉 남들의 평가보다 내가 중요하게 생각하는 가치를 얼마나 실현했는가가 중요한 기준이 되므로, 다른 사람의 성공과 비교하기가 적절하지 않은 개인 나름의 고유한 것이다.

반면에 외면적인 성공이란 지위와 권력 및 경제력 등의 사회적인 기준에서의 성취정도를 의미하며 객관적인 성공이라고 할 수 있다. 외면적인 성취의 정도는 객관적인 평가가 가능하므로 다른 사람의 성취정도와 비교할 수 있다.

가령 학교 교사로 출발한 두 동창생이 수십 년이 지나 한 사람은 평교사로 남아있고 한 사람은 교장이 되었다고 하자. 누가 성공인일까? 외면적으로는 교장이 된 사람이 성공인일 것이다. 그러나 그가 학생들이나 교사들로부터 존경을 받지 못하고 스스로도 교직의 보람을 느끼지 못하는데 반해 평교사인 사람은 교장이 되지 못했지만 학생들의 존경과 동료교사들의 신뢰를 받으면서 교직헌신에 만족하고 보람을 느낀다면 누가 성공인일까?

물론 내면과 외면의 성공을 함께 이루는 것이 바람직할 것이다. 그러나 양면 모두를 성취하고 만족하는 것이 쉬운 일만은 아니다. 흔히 외면적으로는 높은 지위를 얻고 부자가 되었지만 행복감이나 보람을 느끼지 못하는 경우도 있지만 대개 외면적인 성공은 내면적 만족을 얻는데 도움이 된다.

또한 지위가 낮거나 부유하지 못해도 사회적 보람 등으로 본인과 가족들이 만족한 삶으로 받아들일 수도 있고, 본인은 만족해도 가족들이 불편을 감수해야 하는 경우도 있다. 즉 성공이란 그 기준을 어디에 두느냐에 따라 달라질 수 있는 것이다.

성공의 기준을 정리하면 〈표 1.1〉과 같다.

표 1.1 성공의 기준

외면적(객관적) 성취		
높은 성취 ↑	· 높은 외면적 성취나 명성을 얻음 · 가치실현에 내면적 만족감이 낮음 · 외적인 성공에도 공허함의 가능성	· 높은 사회적 성취나 명성을 얻음 · 가치실현에 내면적 만족감이 높음 · 높은 사회적 인정과 행복감을 가짐
↓ **낮은 성취**	· 낮은 외면적 성취와 명성 · 가치실현에 내면적 만족감이 낮음 · 실패한 인생으로 자기불만	· 외면적 성취수준은 낮음 · 가치실현에 내면적 만족감이 높음 · 스스로 만족하고 행복할 수 있음
	낮은 만족감 ← 내면적(주관적) 가치추구	**→ 높은 만족감**

〈표 1.1〉을 기준으로 해당되는 인물들을 찾아보자. 사회적으로 알려진 사람들 중에서도 찾을 수 있지만 주변에 가까이 있는 사람들 중에서도 각 유형별로 대표적인 사람을 찾아 〈표 1.2〉에 정리해 보자.

표 1.2 성공의 기준에 따른 사람 찾기

구분	해당인물	선정이유
외면적으로도 높은 성취를 하고 내면적 만족감도 높음		
외면적 성취는 높지 않으나 내면적 만족감이 높음		
외면적 성취수준은 높으나 내면적 만족감은 낮음		
외면적으로도 성공하지 못하고 내면적으로도 만족감이 낮음		

(3) 성공과 리더십의 중요성

우리가 내면적으로도 만족감을 느끼고 사회적으로도 성공하려면 먼저 '나를 이끌어야 하고' 나아가 '다른 사람들을 이끌 수 있어야' 한다. 자신의 생활을 충실하게 이끌 수 없는 사람이 성공할 가능성은 낮다. 그러므로 성공과 실패의 출발점은 바로 현재의 나의 생활이라는 점을 깨닫고 '나의 꿈을 향해 자신의 생활을 스스로 충실하게 이끌어가는 것'이 셀프 리더십(Self Leadership)이다.

아울러 사회적 관계를 맺지 않고 혼자만의 노력으로 성공하기는 매우 어렵다. 성공이란 학교, 회사, 공공조직, 군대, 종교단체, 각종 협회, 취미클럽, 동창회 등의 각종 조직이나 사회적 네트워크 속에서 사람들과 함께 어울리고 협력하면서 노력해야 이루기가 쉽다. 이러한 과정에서 '다른 사람들과의 관계와 조직을 관리하고 이끌어가는 능력'이 바로 집단 또는 조직리더십이다.

그러므로 리더십은 '자신을 이끌어가고 사람들과 조직을 통솔하는 능력'이며 인생의 성공에 필수적인 중요한 요소가 되는 것이다. 그런데 사람들에게 '성공하는 사람이 될 수 있겠느냐'고 물으면 모두가 성공의 확신을 가진 것은 아니라는 사실을 발견하게 된다. 어떤 사람은 될 수 있다고 하고, 다른 사람은 아마도 될 수 있을 것이라고 하며, 또 다른 사람은 아마도 되기 어려울 것이라고 한다.

사람들은 성공의 희망을 품고 있지만 모든 사람이 성공의 확신을 가지고 있지는 않은 것이다. 우리는 공부와 경험을 통해서 어떻게 사는 것이 성공의 길인가에 대해 많은 것을 알고 있다. 아는 것보다 실천이 중요하다.

이 책은 성공의 희망을 가진 젊은이들에게 리더십을 통해 성공의 확신을 높이기 위해 만들어진 노력의 산물이다. 누구나 성공인이 될 수 있다고 하여 아무나 성공인이 되는 것은 아니다. 리더십은 성공의 문을 여는 핵심적 열쇠다. 리더십을 통해 성공의 확신을 높여가고자 하는 젊은이들과 함께 리더십의 세계로 길을 떠나보자.

2. 올바른 성공인과 리더란 어떤 사람인가?

(1) 올바른 성공

성공을 꿈꾼다고 하여 모두 꿈을 이루는 것은 아니다. 한 톨의 씨앗이 땅에 뿌려져 꽃을 피우고 열매를 맺기까지는 가뭄과 태풍 등 온갖 재해를 이겨내어야 하듯이 인생도 그렇다. 씨앗이 비옥한 밭에 떨어지는 것은 좋은 환경에서 태어나는 것이고 거친 땅에 뿌려지는 것은 어려운 환경에 태어나는 것과 같다.

성공한 사람들이 모두 탄생여건이 좋았던 것은 아니다. 좋은 환경에서 태어난 사람이 실패하는 경우도 있고 나쁜 여건에서 자랐지만 반듯하게 성공한 사람들의 예도 매우 많다. 이는 성공이란 자신의 삶을 지속적으로 변화시켜 가는 것이 중요하다는 사실을 보여주는 것이다. 그러므로 '인생의 성공이란 자신이 처한 여건이 좋든 나쁘든 자신의 꿈을 실현하는 것'이라고 할 수 있다.

한편 모든 성공이 올바른 것은 아니다. 높은 지위를 얻고 부자가 되었다고 하더라도 사회적 지탄을 받는 경우도 있기 때문이다. 종업원들에게 정당한 대가를 주지 않고 자기의 이익만 챙기는 악덕 경영자나 공공의 이익보다 자신의 이익을 먼저 챙기는 부패 공직자, 사회운동을 빌미로 자신의 욕심을 채우는 사람 등을 올바르다고 평가할 수는 없는 것이다.

우리는 올바른 성공을 해야 한다. '올바른 성공인'이란 '성공인들 중에서 정당한 방법으로 자신의 꿈을 실현하여 사회적으로 긍정적인 평가를 받는 사람'이다. 사회적으로 잘 알려진 사람과 자신의 주변의 사람 중에서 대표적인 올바른 성공인 한 사람씩 〈표 1.3〉에 기록해 보자.

표 1.3 올바른 성공인 찾기

구분	이름	선정이유
사회적 저명인		
나의 주변인		

(2) 리더란 어떤 사람인가?

사람(들)에게 영향을 미치고 사람들을 이끌어가는 사람을 '리더'라고 한다. 영향을 미치는 범위는 다양하다. 자기 자신으로부터 친구집단이나 취미클럽처럼 작은 집단도 될 수도 있고, 큰 회사나 정부기관처럼 규모가 크거나 넓을 수도 있다. 즉 자신을 잘 이끌어가는 셀프 리더, 작은 규모의 집단을 이끌어가는 집단 리더, 회사처럼 공식화된 조직을 이끌어가는 조직 리더 등이 있다.

특히 조직 리더의 차원에서 보면 리더들이 활동하는 분야들은 정치, 경제, 종교, 군사, 사회운동, 학문, 문화예술, 스포츠 등이다. 리더들은 기업의 경영자와 간부, 공공조직의 장과 부서장, 군대의 지휘관과 간부, 학교의 교장과 담임, 스포츠팀의 감독, 학생회장, 동아리 회장, 사회단체의 장들처럼 조직을 직접 관리하고 구성원들을 통솔하는 경우가 대부분이다.

그러나 다산 정약용, 안중근 의사, 성철 스님, 신사임당, 한비야, 슈바이처 박사, 헬렌 켈러, 테레사 수녀처럼 조직을 직접 경영하지는 않았지만 사회적으로 많은 영향을 미친 분들도 우리 사회의 리더들이다.

리더들은 그들이 활동하기 이전과 이후를 비교해 보면 조직이나 사회에 어떤 차이를 만들게 된다. 그 리더로 인해서 더 좋아지는 경우도 있고 오히려 더 나빠지는 경우도 있다. 가령, 회사의 경영자가 취임 후에 회사의 이익을 늘리고 사원들의 직무만족을 높였다면, 학교의 선생님이 학생들의 성적과 인성을 높였다면, 군의 장교가 부대의 전투력과 장병들의 사기를 높였다면 좋은 차이를 만든 것이고, 그 반대의 경우라면 나쁜 차이를 만든 것이다.

그러므로 리더를 '좋은 리더'와 '나쁜 리더'로 구분할 수 있다. '좋은 리더'란 '사람들에게 긍정적 영향을 끼치며 좋은 차이를 만들어 조직이나 사회의 발전에 도움이 되는 리더'라고 할 수 있다. 반면에 '나쁜 리더'란 '사람들에게 부정적 영향을 끼치며 나쁜 차이를 만들어 조직이나 사회의 발전에 도움이 되지 못하거나 발전을 저해하는 리더'이다. 두 유형의 리더를 간단히 비교해보자.

(〈표 1.4〉 참조)

표 1.4 좋은 리더와 나쁜 리더의 기준

좋은 리더	· 사람들에게 긍정적 영향을 미치고 공익을 위해 노력함 · 바람직한 가치와 목표의 실현을 위해 노력하고 성과를 냄 · 유능하며 리더역할 전보다 조직에 좋은 차이를 만들어냄
나쁜 리더	· 사람들에게 부정적인 영향을 미치고 공익보다 사익을 추구함 · 비도덕적인 가치나 목표를 추구하거나 긍정적 성과를 내지 못함 · 능력이 부족하며 리더역할 전보다 조직에 나쁜 차이를 만들어냄

가령 세종대왕은 백성을 위하는 위민(爲民)정책을 통해, 미국의 링컨 대통령은 노예해방을 통해, 김구 선생은 독립운동을 통해, 마더 테레사는 봉사를 통해 더 나은 사회를 만들기 위해 헌신하였으며 사람들에게 긍정적인 영향을 미치고 존경을 받는 좋은 리더들이다. 반면에 히틀러나 스탈린과 같은 경우는 한 나라를 통치하였지만 인류와 국민생활을 더욱 악화시킨 좋지 않은 리더들이다.

우리들의 주변, 즉 가정이나 직장 및 모임 등에서 리더들의 모습을 구성원들의 입장에서 볼 때 "그 분이 있어서 좋고 도움이 된다. 계속 우리와 함께 있었으면 좋겠다."라고 생각하는 리더들은 대체로 '좋은 리더'이고, "그 사람 때문에 힘들고 행복하지 않다. 차라리 없었으면 좋겠다."라고 생각하면 '나쁜 리더'이다. 사회적으로 잘 알려진 리더와 자신의 주변의 리더들 중에서 좋은 리더와 나쁜 리더를 각각 한 명씩 찾아서 〈표 1.5〉에 정리해 보자.

표 1.5 좋은 리더와 나쁜 리더의 예

	구분	해당인물	선정 이유
좋은 리더	사회적 저명인		
	나의 주변인		
나쁜 리더	사회적 저명인		
	나의 주변인		

젊은 날의 꿈은 자신이 올바른 성공을 한 사람이 되고 좋은 리더가 되는 것이다. 그러한 사람이 되도록 노력하자.

3. 토의하기; 인생성공과 좋은 리더십의 이유

우리는 성공과 좋은 리더의 기준을 살펴보았고 기준에 합당한 인물들을 찾아보았다. 그들은 어떻게 성공했을까? 그리고 왜 어떤 리더들은 좋은 리더로 평가받기도 하고 또는 나쁜 리더로 평가되는 것일까? 그 이유들을 〈표 1.6〉에 정리해 보고 서로 토론하면서 생각을 넓혀보자.

표 1.6 좋은 리더와 나쁜 리더로 평가하는 이유

구분	좋은 리더 및 나쁜 리더로 평가받는 이유	
좋은 리더로 평가받는 이유	1	
	2	
	3	
	4	
	5	
나쁜 리더로 평가받는 이유	1	
	2	
	3	
	4	
	5	

Chapter 2

올바른 성공의 방법은 무엇인가?

학습목표

① 인생과 성공의 보편적인 이치들을 이해하고 나의 관점을 가다듬는다.
② 성공을 위한 일반적 방법들을 이해하고 내가 노력할 방향을 설정한다.
③ 성공이 나에게 달려있는 문제임을 인식하고 스스로 성공을 다짐한다.

1. 인생에는 어떤 보편적 이치들이 작용할까?

자연세계에서 만유인력(萬有引力)과 같은 자연의 법칙이 있듯이 인간세계에도 어떤 원리가 있다. 물론 예외도 존재하지만 대체로 현실적으로 합당한 원리를 우리는 보편적 이치라고 한다. 성공하는 인생을 살기 위해서는 이러한 이치들을 잘 살피는 것이 지혜로운 방법이다. 우리 인생에는 어떤 보편적 이치들이 있을까? 다섯 가지로 정리해 본다.

첫째, 황금률(The Golden Rule)[1]의 이치이다. 인류가 경험을 통해 깨달은 가장 상식적인 원리로서 '뿌린 대로 거두고, 내가 노력한 만큼 대가가 돌아온다.'는 의미이다. 우리 속담에 '콩 심은데 콩 나고 팥 심은데 팥 난다.', '오는 말이 고와야 가는 말이 곱다'라는 말이 있다. 이러한 의미의 황금률은 모든 종교와

1) 황금률의 어원; 신약성서 마태복음(7장 12절)의 "무엇이든지 남에게 대접을 받고자 하는 대로 너희도 남을 대접하라. 이것이 율법이요. 선지자니라."라는 문장을 3세기 무렵 로마 황제 세베루스 알렉산데르가 황금으로 써서 거실 벽에 붙인 데에서 유래한 것으로 알려져 있다.

문화권에서 다양하게 표현되고 있는 것을 보면 인류 모두가 공감하기 때문인 것은 아닐까.

신약성서 마태복음의 '남에게 대접을 받고자 하는 대로 남을 대접하라'는 경구는 잘 알려져 있다. 불교의 인과응보(因果應報)는 모든 사물은 그 원인과 결과가 서로 이어져 있다는 뜻이다. 유교에서는 논어(論語)에 '내가 싫어하는 것은 남에게도 하지 않아야 한다.(己所不欲 勿施於人)'라고 하고 있고, 이슬람 율법의 '이에는 이, 눈에는 눈'도 황금률의 표현이다.

요즈음에는 '세상에 공짜는 없다.'고 한다. 영어의 'give and take'에서도 give가 먼저인 점을 주목할 필요가 있다. 내가 상대방을 존중하지 않는데 남이 나를 존중하기는 어려울 것이고 그 반대도 마찬가지일 것이다. 물론 예외는 있을 수 있어도 그 예외가 보편적인 것이 아니다. 전체적으로 역지사지(易地思之), 즉 남의 입장에서 생각한다면 우리 인생에서 부닥치는 많은 문제들의 해답이 보이지 않을까…

리더십에서도 그런 이치가 작용한다. 리더는 구성원들이 자신을 존경하고 일에 헌신하기를 바란다. 우리가 현실의 경험에서 보면, 리더에 대한 구성원들의 존경과 충성은 리더가 구성원에게 쏟은 애정 및 신뢰와 비례한다. 존경하며 잘 따르는 선생님이나 선배는 대체로 그분들이 제자나 후배들에게 관심을 가지고 사랑을 베풀었던 사람들이다. 다산 정약용 선생의 교훈은 리더 역할을 하는 사람들에게 도움이 될 것이다.

리더의 태도 내가 하는 대로 남이 나를 대접한다. 윗사람이 나를 멸시하고 아랫것들이 농간을 부리는 것은 내가 그들에게 만만하게 보였기 때문이다. 남이 나를 업신여기는데도 먹고 사는 문제에 붙들려 전전긍긍한다면 그 자리조차 지킬 수가 없다. 내게 늠름한 기상이 있어 지위에 연연하지 않음을 보이면 남이 나에게 감히 무례하게 굴 수 없다. 남이 내게 함부로 굴거든 스스로를 돌아보고 반성하고 남을 탓하지 말라. 날마다 진보하여 큰 그릇이 되려거든 호연한 기상을 길러라!

– 다산 정약용 –

둘째, 땀 흘려 얻은 것에 더욱 애착을 갖게 된다. 쉽게 얻은 것은 쉽게 나간다. Easy come, easy go! 나의 땀방울이 스민 것은 애착이 가고 함부로 낭비하지 않는 법이다. 창업하여 부자가 된 사람들은 돈을 함부로 쓰지 않고 검소하다. 그러나 물려받은 재산을 자녀들이 탕진한 예는 많다. 부를 쉽게 얻었기 때문이다. 복권에서 큰 당첨금을 받은 사람들의 10명 중 9명은 복권당첨 전보다 불행해졌다고 한다. 왜 그럴까? 모든 재물은 감당할 인격과 능력이 있어야 지킬 수 있는데, 경험과 고생을 통해 인격과 능력을 기르지 않은 채 쉽게 얻어 귀하게 여기지 않았기 때문이다. 병법에서도 경적필패(輕敵必敗)라 하여 적을 가벼이 여기면 지게 된다고 하였다.

그래도 살다 보면 노력은 많이 안했는데 뜻밖에 좋은 성과가 생길 때처럼 운이 좋은 경우들도 있다. 그러면 감사하게 받아들이고 겸손하여야 한다. 쉽게 얻어 귀하게 여기지 않은 재물이나 지위는 복이 아니라 독이 될 가능성이 크다. 그러므로 재물뿐만이 아니라 지위, 사람, 명예, 정보, 기회 등도 마찬가지다.

만일 쉽게 얻게 된 것이 있다면 귀하게 여기고 가치 있게 써야 한다는 마음을 가지는 것이 좋다. 네 잎 크로버의 꽃말은 행운이고 세 잎 크로버의 의미는 행복이라고 한다. 행운을 찾으려다가 주위에 널려있는 행복을 짓밟는 것은 우매한 일이다.

한 방에 기대는 인생은 땀을 소홀히 여기고 되어 잘못될 확률이 높다. 인격과 능력을 갖추며 성실하게 노력하는 사람에게 더 값진 기회와 성공의 열매가 주어지고 오래 지켜질 것이라는 것이 성현들의 교훈이다. 세네카의 조언은 우리가 어떤 자세로 살아가야 할 것인가를 잘 알려주고 있다.

운명 사람은 운명을 스스로 개척한다. 운명은 바깥에서 오는 것 같지만 사실 나쁜 운명이란 알고 보면 자기 자신의 약한 마음, 게으른 습관, 성급한 버릇에서 비롯된다. 어진 마음, 부지런한 습성, 남을 돕는 마음, 이것이야말로 좋은 운명을 여는 열쇠다. 운명은 용기 있는 사람에게는 약하고, 비겁한 사람에게는 강하다. – 세네카 –

셋째, 힘이 되는 사람과 짐이 되는 사람이 있다. 인간관계에서 사람들은 자신에게 힘이 되는 사람을 가까이 하려 하고 짐이 되는 사람은 피하려 한다는 이치이다. 힘이 된다는 것은 '그가 있음으로서 더 나아졌다는 것'을 의미하고, 짐이 된다는 것은 '차라리 없는 것이 낫다'는 의미이다.

어떤 집단 속에서 한 사람의 역할은 1/n이 아니라 대부분 1/n 이상이거나 그 이하이다. 힘이 되는 사람은 좋은 역할을 1/n 이상 하는 사람이고, 짐이 되는 사람은 나쁜 영향을 1/n 이상 끼치는 사람이다.

우리는 기왕이면 살아가면서 가족과 자신이 속한 집단에서 짐이 되는 사람이 아니라 힘이 되는 사람이 되도록 노력하자. 아울러 리더의 자리를 맡게 되면 조직에 힘이 되는 사람을 중요한 자리에 두어 능력을 발휘하게 하고 짐이 되는 구성원을 가려내어 통제하고 변화시켜야 한다. 그래야만 힘이 되는 사람들이 역량을 발휘하고 조직에 긍정적 에너지가 살아 움직인다.

넷째, 남의 도움 이전에 자립노력(自立努力)이 우선되어야 한다. 자기 스스로를 먼저 도와야 남도 도와준다. 하늘은 스스로 돕는 사람을 돕는다고 했다. '내 코가 석 자!' 라는 말이 있다. 내가 어려운데 남을 먼저 챙길 수 없다는 의미이다. 하물며 스스로 노력하지 않는 남을 먼저 돕기는 어렵다.

가령 어떤 사람이 형편이 어려운 친구를 경제적으로 도왔다고 하자. 그런데 도움 받은 친구가 고마워하며 성실하게 노력하며 자립하려고 애를 쓰는 경우가 있고, 도움 받은 돈으로 또 술 마시고 노름하며 탕진한 경우가 있다고 하자. 친구가 다시 좀 더 도와달라고 한다면 누구를 돕겠는가? 자기 인생을 스스로 소홀히 생각하고 하찮게 행동하면 남들도 하찮게 여기게 된다.

'학생이 공부할 태도가 되어 있으면 스승은 나타나기 마련이다.'라는 말이 있다. 눈과 귀가 멀고 언어장애자인 헬렌 켈러가 스스로를 포기하였다면 어떻게 되었을까? 그녀는 자신의 장애를 인정하고 삶을 꽃피우려고 노력했기 때문에 다른 사람들이 그녀를 도왔던 것이다. 사람들이 누군가를 포기할 때는 이미 그 사람 본인이 스스로를 포기한 이후이다.

실패하고 불행한 사람들의 특징의 하나는 남들이 자기를 무시한다고 생각하는 것이다. 그러나 자신이 먼저 자신의 인생을 무시하고 있음을 깨우치지 못하고 있다. 먼저 자신의 인생을 스스로 귀하게 여기고 아끼면 남도 귀하게 여겨준다. 자립의 노력이 좋은 운명을 부른다는 것을 마음에 담아두자.

다섯째, 인생과정의 성공과 실패에 대해 올바른 마음가짐이 중요하다. 우리는 살다보면 어떤 일에 성공하기도 하고 실패하기도 한다. 그런데 사람의 가치는 성패 자체보다도 성공과 실패에 대한 마음가짐에 있다. 즉 성공과 실패에 대해 어떻게 의미를 부여하느냐가 삶에 중요한 영향을 미치는 것이다.

먼저 성공한 경우를 생각해 보자. 두 가지 마음이 생길 수 있는데, 하나는 자신감이고 다른 하나는 자만심이다. 우리는 자신감을 가져야지 자만심을 가져서는 안 된다. 한 번 성공했다고 자만하여 다음 일에는 실패했거나 또는 작은 성공에 자만하여 더 큰 성공을 하지 못한 경우들을 주변에서 어렵지 않게 찾아볼 수 있다.

성공한 사람들을 보면 그들의 배경은 가난한 집안, 부유한 집안, 결손 가정, 도시출신과 시골출신, 장애, 다양한 학벌 등… 정말 다양하다. 그런데 그들의 공통점은 자신들의 현실을 출발점으로 받아들이고 그 출발점에서 삶의 비전을 세웠으며, 노력과 성공의 과정에서 자만심을 가지지 않았다는 것이다. 그러므로 성공에 대해 자신감을 갖는다면 성공이 성공의 어머니가 되지만, 자만심을 갖는다면 성공은 실패의 어머니가 된다.

또한 우리는 어떤 일에 실패할 수도 있다. 실패한 경우에도 두 가지 마음이 생길 수 있는데, 하나는 좌절감이고 다른 하나는 새로운 도전의지이다. 우리는 가져야 할 마음가짐은 새로운 도전의지이다. 물론 실패를 딛고 일어나야 한다고 하지만 마음먹은 대로 쉽게 되는 일이 아니다. 그러나 실패와 좌절에는 이유가 있다. 그 이유에 대해 남으로부터 이해를 받는 것이 마음에 위안을 주겠지만 문제해결의 방책이 될 수는 없는 것이다.

실패에 대해 좌절하고 있는 사람과 새롭게 도전하는 사람의 인생은 전혀 다른 모습이 된다. 매스컴에서 보면 실패를 딛고 역경을 이겨낸 사람들이 삶의 과정을 드라마처럼 펼쳐 보이면서 사람들의 용기와 희망을 북돋운다. 경기란 전반전 스코어로 끝나는 것이 아니라 최종 스코어로 승패가 결정되는 것이다.

실패가 나쁜 것이라기보다는 정말 나쁜 것은 실패에서 교훈을 얻지 못하는 것이다. 톨스토이가 말했듯이 '본받아야 할 인생은 한 번도 실패하지 않은 인생이 아니라 실패할 때 힘차게 일어서는 인생'이다. 아무리 힘든 일이라도 해결책은 있게 마련이고 그림자가 있는 곳은 반드시 빛이 있는 곳이다.

도전의지를 가지고 실패를 딛고 일어서면 실패는 성공의 어머니가 되지만, 좌절에 빠져서 일어서지 못한다면 실패는 실패의 어머니가 된다. 모든 실패가 다 성공의 어머니는 아닌 것이다. 「해리 포터」의 저자 조앤 롤링이 하버드 대학교 졸업식에서 했던 연설은 우리에게 좋은 교훈을 주고 있다.

실패의 교훈 "실패는 불필요한 것을 버릴 수 있도록 해 주었습니다. 오히려 자유로울 수 있었습니다. 추락한 밑바닥은 제 삶을 다시 일으켜 세우는 단단한 기반이 되었습니다. 자신에 대해 많은 것을 알게 해 주었습니다. 그것은 실패가 아닌 다른 방식으로는 배울 수 없는 깨달음이었지요. 제게 강한 의지와 자제력이 있다는 사실을 알았습니다. 좌절을 겪으면서 더욱 현명해지고 더욱 강해진다는 사실도 알았습니다. 이 사실을 통해 미래에 살아남을 수 있다는 사실도 알게 되었습니다. 우리 자신이나 관계가 가진 힘, 두 가지 모두 역경을 겪기 전까지는 알 수 없습니다."

– 조앤 롤링, 2008년 하버드대학교 졸업식 축사에서 –

2. 올바른 성공, 어떻게 살아야 할까?

인생은 행복과 성공을 추구하는 과정이라고 보면 리더십은 그러한 과정을 촉진하고 돕는 역할을 한다. 어떻게 하면 행복한 성공의 확률을 높이는 지혜로운 방법일까? 함께 찾아보기로 하자.

첫째, 현실을 출발점으로 받아들이고 과거보다 미래를 생각하자. 성공하는 사람들은 현실을 받아들이고 그 바탕 위에서 미래를 위해 노력한다. 내가 존재하고 있는 현실은 그것을 긍정하든 부정하든 현실이다. 현실은 내가 살아가야 할 생애의 출발점이다. 매일 아침에 눈을 뜨면 내가 맞이하는 환경은 태어날 때의 환경과 같은 것이다. 그래서 우리는 매일 태어나는 것이다.

네 손가락 피아니스트 이희아나 두 팔이 없는 닉 부이치치는 장애에 대해 비관하였지만 마음의 시련을 거쳐 결국 현실을 받아들였다. 그리고 그 현실로부터 자신의 소명을 발견하고 비전을 실천하여 우리에게 교훈이 되고 있다.

마르셀 빠뇰[2)]은 '불행한 사람들은 미래를 소홀히 하고 현재에 불평하며 과거에만 늘 집착하는 사람들'이라고 하였다. 불우한 환경 때문에, 부모 때문에... 과거의 탓을 한다. 또는 부유했던 과거의 추억에만 매달리고 현재의 어려움을 비관하기도 한다. 우리의 길은 현실의 동정이 아니라 현실의 해결이다. 바꿀 수도 없는 과거에 붙잡혀서 미래의 꿈을 소홀히 해서는 안 된다.

리더십이란 긍정적 변화를 만들어내는 과정이고 그것은 구성원들과 함께 오늘의 현실로부터 보다 나은 내일을 창조해가는 것이다. 우리는 성공한 사람들과 훌륭한 리더들의 겉모습만을 볼 것이 아니라 그들이 현재의 좌절과 고난의 벽을 넘으며 스스로의 역량을 갈고 닦은 노력을 함께 보아야 한다. 과거에 머무르고 있는 한 미래는 결코 열리지 않는다.

---

2) 마르셀 빠뇰(Marcel Pagnol 1895~1974) 프랑스의 영화감독 겸 문학가.

둘째, 꿈을 가지고 인생의 목표를 설정하자. 그리고 용기로 도전하자.

① **꿈은 희망이다.** 사람들은 희망이 없을 때 더욱 좌절하기 쉽다. 특히 젊은 날은 미래의 삶에 대한 꿈을 가지고 구체적인 목표를 설정하는 시기이다.[3)]

더 나은 미래를 바란다면 현재를 변화시켜야 한다. 아인슈타인은 '인생에 있어 실패를 한 번도 안 해본 사람은 새로운 시도를 한 번도 해 보지 않은 사람'이라고 하였고, 톨스토이는 '모두들 세상을 바꾸려 들지만 스스로를 바꾸려는 생각은 하지 않는다.'라고 하였다.

미래를 꿈꾸면서 새로운 노력을 하지 않는다면 그는 몽상가이다. 멋진 집을 꿈꾸는 사람이 설계도와 건축재료는 준비하지 않고 완공을 바라는 것과 같다.

② **인생의 목표를 설정할 때에는 가치관과 적성 및 재능에 적합한 방향을 찾는 것이 좋다.** 일의 몰입에는 두 가지 경로가 있는데, 하나는 자기가 좋아하는 일을 하는 것이고, 다른 하나는 자기가 현재 하는 일을 사랑하는 것이다. 첫 번째 경로와 관련하여 가치관과 적성이 적합하여 좋아할수록 열정을 가지고 몰입하기가 쉬우며 성과가 높아진다. 스티브 잡스는 진정 좋아하는 일을 찾아 연애하듯 열정을 쏟아 일을 할 것을 권유했고 스스로 그런 인생을 살았다.

③ **현재의 일에서 가치를 높이는 목표를 설정하여 도전하는 것도 좋은 방법이 된다.** 자신의 적성에 맞고 재능이 있는 일을 찾는 것이 쉬운 것이 아니다. 대학생들의 학과 만족도, 일반인들의 직업과 직장 만족도 등을 보면 모두 만족하고 있는 것이 아니다. 그래서 전공을 바꾸기도 하고 직업이나 직장을 바꾸기도 하지만.[4)] 많은 경우는 현실에 적응하면서 살아간다. 최선이 아니라 현실여건과 타협하는 것이다.

현재에 불만족할 때 바꿀 수 있으면 바꾸는 것이 좋다. 그러나 바꿀 수 없다

---

3) 제4부에서 인생의 목표를 설정하고 리더상을 정립하여 리더십 역량을 개발하는 방법을 학습할 것이다.

4) 한 대학생 조사에 의하면, 현재의 전공에 만족하는 학생은 34%, 변경을 희망하는 학생은 53%, 나머지는 잘 모르겠다는 응답이었다. 대학진학시 학과선택의 가장 큰 이유는 성적과 부모님이나 교사의 권유였고 변경희망의 가장 큰 이유는 적성과 진로였다. (경향신문, 2011. 10. 21)

면 그 속에서 가치를 발견하고 사랑하여 빛내는 것이 현명하다. 현재의 일을 사랑하며 그 속에서 삶의 목표를 설정하는 것이다. 일을 사랑하면 몰입하게 되고 성과가 좋아져서 더욱 잘 하게 되는 선순환의 사이클이 생기게 된다. '피할 수 없으면 즐겨라'고 하지 않았는가?

셋째, 좋은 성품을 갖도록 노력하자.

① **성품이 좋을수록 성공의 확률도 높아진다.** 올바른 성품이란 나의 이익을 위해 남을 해치지 않으며 남들과 함께 성장하고자 하는 상생과 배려의 마음, 남의 노력과 공을 존중하는 태도, 나의 것과 남의 것을 잘 분별하고 공과 사를 가려 행동하는 도덕적 자세, 공동체 속에서 권리와 의무 간의 균형적인 사고와 올바른 언행, 공동체를 위한 책임과 헌신을 의미한다.

특히 리더십에 있어서 윗사람의 자리에 있을 때에는 아랫사람의 공을 살펴주어야 사람들이 따른다. 아랫사람의 공을 그들에게 돌려주면 덕이 돌아오지만, 아랫사람의 공을 훔치게 되면 비난이 돌아오게 된다.

뿌린 대로 거두는 것이 세상의 이치이다. 좋은 성품을 가진 사람은 어려움을 극복하는 의지와 회복탄력성이 높다. 언행이 바르고 좋은 평판을 받는 사람과 그 반대의 사람 중에서 누가 더 성공할 확률이 높겠는가를 잘 인식하자.

삶에 대한 태도와 성품

행복한 사람은 좋은 환경조건을 가진 사람이 아니라 좋은 태도를 가진 사람이다. 흔히 행복은 조건에 좌우된다고 믿는데, 일이 잘 되어갈 때 그들은 행복하다. 그러나 일들이 조금만 잘못되면 그들은 금방 불행해진다.

더군다나 성장과정에서 삶에 대한 태도가 부정적으로 형성된 사람들은 "나의 환경과 당시 여건이 내 인생을 망쳤다"고 한탄하며 자신의 실패를 환경 탓으로 돌린다. 그러나 그들이 깨닫지 못한 것은 자신의 인생을 망친 것이 '환경이 아니라 잘못된 태도'라는 사실이다. 인생의 차이를 만들어 내는 것은 그가 선택하는 태도이다.

– 존 맥스웰, 「리더십의 법칙」 (강준민 역) 중에서 –

② 긍정 마인드를 갖자. 컵에 반쯤 담긴 물을 보고 '반이나 남았다'라고 하기도 하고, '반 밖에 없다'라고 하기도 한다. 성공한 사람들의 공통점은 자신의 처지를 긍정적으로 받아들이고 미래를 낙관적으로 생각하였다는 점이다.

일본의 존경받는 경영자 마쓰시다 고노스께(松下幸之助)[5]는 자신의 성공의 씨앗은 '어린 시절의 가난과 초등학교 중퇴의 낮은 학력, 그리고 병약함'에서 싹텄다고 술회하였다. 가난 때문에 돈의 소중함을 알았고, 병약 때문에 건강의 중요함을 알았으며, 배우지 못했기 때문에 겸손한 배움을 자세를 가졌다는 것이다. 긍정적인 마인드가 인생의 성공에 왜 중요한지를 잘 보여주고 있다.

리더가 긍정적인 기분을 가지면 구성원들도 긍정적인 기분을 함께 느끼고 더욱 협동적인 태도를 보인다. '리더의 감성전염'이다. 긍정의 힘을 전염시키는 리더는 구성원들이 실패 속에서도 오뚝이처럼 다시 일어서도록 이끈다.[6]

펜실베니아 대학교의 긍정심리학자 마틴 셀리그만(Martin Seligman) 교수의 연구는 긍정마인드가 왜 중요한지를 잘 보여주고 있다.

낙관적인 사람과 비관적인 사람 셀리그만 교수는 20년 동안 35만여 명의 인터뷰를 통해 인생성공의 이유를 연구하였다. 그의 결론은 성공인의 두드러진 특징은 낙관주의이며, 낙관성은 자기훈련을 통해 개발될 수 있다는 것이다.

비관적인 사람들은 나쁜 상태에서 벗어나기 힘들다고 마음에서 규정함으로써 스스로를 변화시킬 수 없는 무력한 존재로 만든다. 이를 '학습된 무기력'이라고 한다. 반면 낙관적인 사람들은 어려운 현실은 일시적인 시련이며 자신이 무너지는 일이 없다고 믿는다. 긍정적일수록 더 많은 에너지를 얻어 정신적 면역체계는 강해진다.

긍정의 인지체계를 습득하면 자신에 대해 더 큰 믿음과 에너지를 가질 수 있다. 낙관성의 수준이 정신적 건강의 수준이다. 신체단련처럼 정신단련을 통해 낙관성을 증진시킬 수 있다. 낙관성을 기르자. 당신은 자기감정의 노예가 아니라 주인이다.

– 마틴 셀리그만, 「Learned Optimism, 낙관성 학습」, 2012 –

---

5) 마쓰시다 고노스께(1894~1898). 일본의 National과 Panasonic 및 미쓰비시 전기 등을 창업하고 개인재산을 들여 국가수준의 인재양성기관으로 유명한 정경숙(政經塾)을 설립하였다.

6) 류지성, 「마음으로 리드하라」 삼성경제연구원, 2012, 199쪽.

③ **혼자만의 성공보다 공동체의 가치를 함께 추구하자.** 훌륭한 성공인들은 돈을 벌면서도 약자를 배려했고 사회의 발전을 함께 추구하였다. 유한양행의 유일한 회장은 기업이익으로 독립운동과 교육을 통한 국가발전에 기여하는 것을 삶의 사명으로 삼고 공익과 윤리의 가치관을 실천한 경영자로써 많은 존경을 받고 있다. POSCO의 창업자인 박태준 회장은 철강산업을 발전시켜 국가에 보답한다는 제철보국(製鐵報國)을 가치로 삼아 세계적인 철강경제인이 되었다.

블레이크 마이코스키(Tom's Shoes 회장)는 신발 한 켤레를 사면 빈국의 아이들에게 한 켤레의 신발을 기부하는 비즈니스 모델로 큰 호응을 이끌어냈다. 아니타 로딕(The Body Shop 회장)은 '비즈니스에서 가장 중요한 것은 개인의 탐욕이 아니라 사회적 책임이다.'라고 강조했다. 그녀는 글로벌 화장품 기업으로 성장시키는 동안 후진국 원주민들에게서 천연원료를 제값으로 구매하고 당시 성행하던 동물실험을 폐지하는 등 환경보호와 약자보호의 신념을 실천했다. 세상을 떠날 때는 막대한 재산을 자선단체에 기부했다.[7]

훌륭한 리더들은 외면적 성공뿐 아니라 평화, 정의, 봉사, 사랑 등의 가치를 추구하였다. 가치를 추구하는 사람은 돈과 지위만을 추구하는 사람보다 성공할 확률이 높은 것은 물론 존경을 받으며 스스로도 더 큰 만족을 얻게 된다. 공동체 및 이웃과 상생의 가치를 실천하는 멋진 성공을 하자.

넷째, 나의 강점과 역량을 기르자. 현대사회는 경쟁의 사회이고 경쟁에는 우열이 생기게 마련이다. 학교성적, 역량, 기술, 사회적 지위, 경제적 능력, 체력 등.... 경쟁과 격차가 없는 사회를 만들기 위한 역사적인 노력들이 사회적 문제들을 파헤쳤음에도 경쟁과 격차를 충분히 해소하지는 못하였다.

우월하고 잘난 사람을 보면 부러워하는 것이 사람의 심리이다. 부모의 배경이나 운이 좋아서일 수도 있고 노력의 결과일 수도 있다. 그러나 모든 면에서 우월하고 잘난 사람은 거의 없다. 나에게도 남이 부러워하는 장점이 있다. 나는 친구의 외모가 부러운데, 친구는 나의 결단력을 부러워할 수도 있다.

---

7) 「리더의 인생수업; 위대한 리더를 만든 20가지 힘」, 삼성경제연구소 2012. 11.

남을 부러워만 해서는 성공할 수 없다. 남의 성공과 장점을 인정하면서 나의 강점을 발견하고 역량을 키워야 한다. 나의 강점과 역량이란 내가 즐겁게 잘 할 수 있는 것, 현실적으로 경제적이고 사회적인 가치를 창출할 수 있는 것, 경쟁에서 비교우위를 차지할 수 있는 것, 내 스스로 자랑스러운 것을 말한다.

미래를 변화시키는 확실한 방법은 현재의 삶을 변화시키는 것이다. 지금 자신이 살고 있는 그 모습이 자신의 미래이다. 자신을 긍정적으로 격려하고 장점을 키워 자신의 브랜드로 만들어 가는 것이 지혜로운 삶이다.

CEO들이 좋아하는 단어, 싫어하는 단어

CEO 35명에게 물었다. 가장 좋아하는 단어와 싫어하는 단어는 무엇일까? 가장 좋아하는 단어는 '열정'이었다. 냉철한 판단력(차가운 머리)과 진취적 열정(뜨거운 가슴)이 모두 필요하지만 열정(뜨거운 가슴)이 우선이라는 것이다. 두 번째로 좋아하는 단어는 '신뢰'였다. 직장뿐만 아니라 모든 인간관계에서 신뢰는 성공척도의 하나이다. 세 번째는 '긍정'이었고 '행복'과 '희망'이 뒤를 이었다.

가장 싫어하는 단어들을 보면 첫 번째가 '관행과 관습'이었다. 한 CEO는 '관행은 좋은 것처럼 여겨지는 가장 나쁜 것'이라고 했다. 낡고 나쁜 것은 버리고 새롭고 좋은 것을 받아들이는 것이 중요함을 의미한다. 두 번째는 '거짓말'이었는데 '신뢰'의 중요성을 반증한다. 세 번째는 '타성'이었는데 '관행'이 제도적인 답습이라면 '타성'은 개인적으로 변화의지가 없는 것이다. 그 다음으로 '변명'과 '태만' 등이 뒤를 이었다. – 월간중앙. 2008, 10월호 –

다섯째, 우호적이고 협력적인 인적 네트워크를 만들자. 인적 네트워크를 흔히 인맥 또는 끈이라고 한다. 좋은 인맥은 두 가지 점에서 큰 힘이 된다. 하나는 푸근함과 넉넉함을 준다. 그 자체로 삶에 용기가 되고 자신감을 주며 인생의 폭을 넓혀갈 수 있는 기반이 된다. 다른 하나는 인생과 일에서 부닥치는 문제들의 해결에 도움이 된다. 삶은 해결해야 할 문제들의 연속인데 혼자 할 수 있는 일은 거의 없으며 서로 도울 수 있는 사람들이 많은 것이 좋다.

내가 친구라고 생각하는 사람의 숫자가 중요한 것이 아니라 나를 친구라고 생각하는 사람의 숫자가 중요하다. 특히 인생의 길잡이 역할을 해 줄 수 있는 멘토들이 있다면 더욱 좋은 일이다.

또한 타인을 변화시키고 싶으면 내가 먼저 변화해야 한다. 타인을 거울로 생각해보라. 나는 찡그린 표정을 짓고 있으면서 거울보고는 왜 웃지 않느냐고 하면 거울이 웃을 것인가? 인간사에서 자신과 만나는 모든 대상을 거울로 생각해 보면 답이 나온다.

인적 네트워크를 만들기 위해서는 먼저 자신의 마음을 여는 것이 중요하다. 스스로를 동굴 속에 가두지 말고 광장으로 나와야 한다. 그리고 학교 동창들과 선후배부터의 관계에서 신뢰를 쌓고, 사람들과 어울릴 수 있는 역량을 길러야 한다. 좋은 모임에 참여하여 사람들과 교류하고, 때로는 모임과 타인을 위해 봉사할 수 있어야 한다. 미래를 위해 세상의 광장으로 나가자.

광장형 인간과 동굴형 인간 광장이 있다. 그 광장은 세상으로 이어지는 통로이며 광장의 주변에는 동굴들이 있다. 세상에는 두 부류의 사람들이 있다. 한 부류는 밝은 광장으로 나와서 남들과 어울리며 일을 하고 스스로의 발전과 공동체의 발전을 위해 노력하는 사람들이다. 다른 한 부류는 어두운 동굴에 몸을 숨긴 채 자신의 일은 제대로 하지 않으면서 책임져야 할 몫은 감당하지 않으려 하면서 광장에서 일하는 사람들을 비평한다.

광장형 사람들은 미래지향적인 진취적인 마인드를 가지고 개방적으로 어울리며 도전을 통해 성과를 이루어가지만, 동굴형 사람들은 광장으로 나올 용기를 갖지 못하고 광장형 사람들과의 어울림을 불편해하고 동굴형 사람들끼리의 교류에 안주하는 경향이 있다. 젊은이일수록 어떤 부류의 사람이 되어야 할까? 용기를 가지고 광장으로 나가자!

– 필자 생각 –

3. 나의 인생관과 생활 비추어보기

위에서 살펴본 인생의 보편적 이치와 올바른 성공을 위한 방법에 관하여 나는 얼마나 동의하고 있는지, 또한 얼마나 그러한 태도가 준비되어 있는지를 진단해 보자. 추가적인 자신의 견해도 적어보자.

표 2.1 '인생의 보편적 이치'에 대한 나의 견해

인생의 보편적 이치	동의정도
뿌린 대로 거두는 인과응보와 황금률이 작용한다.	
땀 흘려 얻은 것에 대해 더욱 소중하게 여긴다.	
세상에는 힘이 되는 사람과 짐이 되는 사람이 있다. 힘이 되는 사람이 되자.	
남의 도움 이전에 자립 노력의 우선이 중요하다.	
성공과 실패로 중요하지만 마음 가짐이 더욱 중요하다.	
추가적인 나의 견해	

* A(매우 동의) B (대체로 동의) C(보통) D (대체로 부동의) E (매우 부동의)

표 2.2 '올바른 성공의 지혜와 방법'에 대한 나의 견해

올바른 성공의 지혜와 방법	동의정도	나의 각오
현실을 받아들이고, 현재로부터의 미래를 향해 출발하자.		
꿈을 가지고 인생목표를 설정하며 용기를 가지고 도전하자		
긍정마인드와 공동체 상생의 좋은 성품을 갖추도록 노력하자.		
경제적 · 사회적 가치를 창출하는 나의 강점과 역량을 개발하자.		
도움이 되는 우호적이고 협력적인 인적 네트워크를 만들자.		
추가적인 나의 견해		

* 동의 정도; A(매우 동의) B (대체로 동의) C(보통) D (대체로 부동의) E (매우 부동의)
* 나의 각오; A(매우 양호) B (대체로 양호) C(보통) D (대체로 미흡함) E (매우 미흡함)

Chapter 3

리더십이란 무엇인가?

학습목표

① 리더십의 의미를 이해하고 수준을 구분하며 속성들을 탐색한다.
② 리더가 되었을 때 해야 할 일이 무엇인가를 구분하고 이해한다.
③ 리더가 될 마음의 준비가 어느 정도 되었는가를 진단해 본다.

1. 리더십의 수준과 의미는 무엇일까?

(1) 리더십의 세 수준

우리는 "그는 리더가 될 자질이 충분해", "그는 강력한 리더십을 가지고 있어", "그는 리더십이 약해서 책임자로는 적합하지 않아"라고 말한다.

과연 리더는 어떤 사람이고 리더십이란 무엇인가? 리더십(leadership)은 리더로서의 마인드와 행동능력을 의미한다. 그러므로 리더는 리더로서의 마인드를 지니고 행동능력으로 영향력을 발휘하면서 자신과 사람들을 이끌어가야 한다.

리더십은 세 가지 수준으로 나눌 수 있다.

첫 번째 수준 셀프 리더십(Self Leadership); 자신의 삶을 인생목표를 향해 주도적이고 자율적으로 이끌어가는 리더십이다. 리더십의 대상은 자기 자신이며, 리더십의 목표는 목표지향적 생활관리이다. 셀프 리더십은 '자신의 꿈과 목표를 향하여 스스로의 생활을 충실하게 관리하고 유지해 나가는 활동'으로 정의할 수 있다.

두 번째 수준 집단 리더십(Group Leadership); 비공식적이거나 소규모의 집단을 이끌어가는 리더십이다. 리더십의 대상은 조직 내의 소규모의 집단, 가족, 교우관계, 과제팀, 친목모임 등이다. 리더십의 목표는 원만하고 긍정적인 인간관계를 유지하고 주도하는 것이다. 집단 리더십은 '서로 간에 활력을 얻으며 원만하고 긍정적인 인간관계를 유지하고 주도하는 활동'으로 정의할 수 있다.

세 번째 수준 조직 리더십(Organizational Leadership); 공식적인 체계가 잡힌 조직을 이끌어가는 리더십이다. 리더십의 대상은 국가의 공공조직, 회사, 학교, 군대, 협회 등의 사회단체나 학생회 등 규정과 권한 등이 공식적으로 정해진 조직이다. 리더십의 목표는 조직을 통솔하고 성과를 창출하며 조직목표를 달성하는 것이다.

조직 리더십의 정의는 '리더와 팔로어의 상호작용과정에서 리더가 주도적인 영향력을 행사하여 팔로어가 리더를 따르도록 하고 직무성과가 향상되도록 변화시키는 활동"으로 정의할 수 있다.

리더십의 수준을 간단히 표로 구성해 보면 〈표 3.1〉과 같다.

표 3.1 리더십의 세 수준

수준	명칭	대상	목표
자신	셀프 리더십 (Self Leadership)	자기 자신	목표지향적 생활관리
집단	집단 리더십 (Group Leadership)	비공식 · 소집단의 인간관계	인간관계 화합, 주도
조직	조직 리더십 (Organizational Leadership)	규모 · 체계적인 공식 조직	구성원통솔, 성과창출

자료: 필자가 구성하였음.

(2) 리더십의 속성

그렇다면 위와 같은 리더십에는 어떤 속성들이 내포되어 있을까? 리더십의 본성과 지향점 등을 살펴본다.

첫째, 리더십은 인간관계가 있는 모든 곳에 존재한다. 리더십은 기업과 군대 및 공공조직이나 정치영역 등에서 주로 논의되어 왔지만 학교와 교실, 가정, 친구집단, 운동팀, 사회단체, 종교, 여행팀, 프로젝트팀 등 사람들의 인간관계가 작용하는 모든 곳에 존재하고 있다. 인간관계가 형성되면 누군가는 관계를 주도하고 누군가는 따르게 된다. 리더십은 생활 속에 함께 존재하고 있는 것이다.

둘째, 리더십은 긍정적 변화의 창출을 지향한다. 긍정적인 변화는 1차적으로는 구성원들을 변화시키는 것이고 2차적으로는 성과를 변화시키는 것이다. 구성원의 변화는 마음과 행동의 변화를 의미한다. 그러므로 변화는 일반적으로 '구성원의 마음 ⇨ 구성원의 행동 ⇨ 성과'의 순서로 일어나고, '성과'까지의 변화가 긍정적으로 이루어져야 리더십의 사이클이 매듭지어지는 것이다.

리더십의 출발점은 마음이다. 물건을 훔치면 도둑이 되지만 마음을 훔치면 리더가 된다. 리더십의 핵심은 사람의 마음을 움직이는 것이다. 구성원들이 리더의 마음대로 움직여주지 않는다는 것은 리더가 그들의 마음을 충분히 들여다보지 못했기 때문이다.[8)]

구성원의 마음속에서 '더욱 잘 해야겠다!'는 변화가 일어났다고 하여 리더십의 효과가 충분히 나타났다고 단정하기는 어렵다. 마음의 변화는 규범의 준수, 리더에 대한 긍정적 행동 증가, 과업 몰입, 조직시민행동의 증가, 모범 등의 긍정적 행동의 변화를 유발해야 하는데, '작심 3일'처럼 각오만 다지고 행동화하지 않는 경우도 많다.

학습행동을 예로 보면 '공부를 잘 해야겠다.'는 마음의 변화가 일어나고, 이어서 '학습시간 증가와 몰입'이라는 행동이 뒤따르고, '성적 향상'이라는 구체적 성과가 나타나야 리더십의 효과의 사이클이 완성되는 것이다.

---

8) 류지성, 「마음으로 리드하라」 삼성경제연구원, 2012.

셋째, 리더십은 구성원들을 움직여서 일을 성취하려는 것이다. 리더십은 리더가 자신보다 구성원들로 하여금 능력을 열성적으로 발휘하게 하는 활동이다. 리더의 능력이 모든 구성원들을 능가하는 것은 사실상 불가능하다. 팀장이 팀원들보다 일부의 능력은 우수하겠지만 모두 우월하기는 어렵다. 리더는 구성원들의 능력을 판단하여 업무수행에 열정을 불어넣는 역할자이다.

성공한 사람들의 공통점의 하나는 타인의 장점을 발견하고 그 장점을 발휘하도록 했다는 사실이다. 구성원들을 자기능력의 주인공으로 만들어주는 것이다. 미국의 철강왕 앤드류 카네기의 묘비에 적혀있는 '여기에 자신보다 더 우수한 사람을 어떻게 대하고 능력을 발휘하게 하는지를 잘 아는 인간이 잠들어 있다.' 라는 묘비명은 리더십의 진수를 잘 보여주고 있다.

넷째, 리더십의 수단은 영향력이며 영향력을 통해 리더십이 발휘된다. 아마도 리더십을 한 문장으로 표현해야 한다면 '리더십은 영향력이다'가 될 것이다. 리더가 영향력이 없다면 구성원을 통솔하는 것은 불가능하다. 구성원이 리더에게 복종하는 것은 어떤 형태이든 리더의 영향력이 작용한 결과이기 때문이다.

리더가 권한과 보상 및 처벌 등의 영향력을 사용하지 않고도 구성원의 자발적인 추종을 이끌어내는 것이 이상적이지만 현실적으로 불가능하다. 그러므로 리더는 다양한 영향력 수단을 활용하여 구성원의 추종을 이끌어내려고 한다.

또한 리더가 영향력을 주도적으로 사용하더라도 일방적인 것이 아니라 리더와 구성원간에 상호작용하는 것이다. 구성원의 입장에서는 상급자의 영향력을 수용하면서도 때로는 자신의 권익을 위해 상급자에게 영향력을 사용한다.[9)]

리더십은 리더에 대한 구성원의 두려움에서도 생겨난다. 리더를 추종하지 않았을 경우에 발생할 수 있는 리더의 보복적 행동에 대한 두려움은 추종의 실제적 이유가 된다. 어떤 구성원이 리더와 대립했을 때 받는 시범적 징벌의 효과는

9) 가령 기계를 전문적으로 다루는 기계공은 자신의 입지를 강화하기 위하여 일부러 기계를 고장내고 사장이 수리를 위해 자신에게 의지하도록 만들기도 한다. 전문성의 영향력인 것이다.

전체 구성원들에게 파급된다. 보상의 선물을 담은 주머니와 징벌의 칼이 담긴 칼집을 양 허리에 차고 있는 리더는 그 둘 중 하나만 차고 있는 리더보다 영향력이 강한 법이다.

다섯째, 리더십은 불확실한 위기의 상황에서 선명하게 나타난다. 불확실한 상황이란 정상적인 지원이 제공되지 못하고 앞날의 예측이 어려운 상황을 의미한다. 리더십은 안정적인 상황보다는 어려운 상황을 극복하는 과정에서 잘 드러난다. 위기가 닥쳤을 때 능력을 발휘하여 이를 극복하는 리더가 참다운 리더이다. 섀클턴의 예가 이러한 리더십의 본질을 보여주고 있다.

섀클턴의 위기극복 리더십 1915년 1월 섀클턴 경(Sir Ernest H. Shackleton, 1874~1922)과 27명의 남극횡단 탐험대원들을 태운 인듀어런스호는 남극 웨들해의 부빙(浮氷)들 사이에서 갇혀버렸다. 10여 개월을 부빙 속에 갇혀 남극바다를 표류하던 배는 압력을 견디지 못하고 난파하고 만다.

섀클턴과 대원들은 배에서 탈출해 부빙위에 텐트를 치고 다시 5개월여를 버텨냈다. 그들은 79일 동안 해가 없는 남극의 겨울혹한을 견뎌냈고 식량이 바닥나 물개기름으로 연명했다. 그들은 결코 포기하지 않았다. 세 척의 작은 보트에 텐트를 찢어 돛을 달아 또 다시 차디찬 남극바다에 배를 띄웠다. 추위, 배고픔, 향수, 그리고 무엇보다도 절망과의 처절한 싸움을 벌인 끝에 그들은 영국을 떠난지 755일 만에 모두 살아서 돌아왔다.

그 과정에서 섀클턴은 대원들에게 희망을 잃지 않도록 독려했으며 어렵고 모험이 필요한 순간마다 결단을 내렸다. 이들을 이끈 섀클턴의 리더십이 역사에 빛나는 장면이다. 포기하지 않는 한 기회는 온다. 위기의 극복은 결국 포기하고 싶은 마음과 싸우는 일이다.

여섯째, 리더십은 몇 가지 개성적인 특성을 강렬하게 갖추었을 때 더욱 발휘되는 것이다. '위인이 될 수 있는 사람은 많은 사상을 골고루 가진 자가 아니라 하나의 확고한 신념을 가진 자'라는 서양 속담이 이를 대변한다. 효과적인 리더들은 자질들을 골고루 갖춘 사람보다 열정, 신념, 추진력, 배짱, 결단력, 카리스마, 침착성 등과 같은 강렬한 몇 가지의 특성을 소유한 경우가 많다. 왕이 된 오리의 우화는 리더의 자격에 관해 좋은 시사를 하고 있다.

왕이 된 오리 숲에서 동물의 왕을 뽑기로 하였다. 달리기와 날기 그리고 헤엄치기를 모두 잘해야 된다는 기준을 적용하였다. 왕이 될 것이라고 기대했던 백수의 왕인 사자는 날지를 못하고 독수리는 헤엄을 못 쳐서 왕이 되지 못하였다. 결국 달릴 수 있고 날 수 있으며 헤엄도 칠 수 있는 오리가 왕으로 추대되었다. 리더에 대해 골고루 만능적인 능력을 요구하는 것은 자칫 '오리 왕'과 같은 오류를 낳을 수 있다.

일곱째, 리더십은 구성원들이 리더를 추종하는 것을 우선적으로 지향한다. 리더는 어떠한 이유에서든 구성원들이 자신을 따르기를 바란다. 리더십의 본질적 관심은 나의 영향력 아래 있느냐의 여부이다. 즉 나의 사람이어야 하는 것이다.

그래서 구성원들을 의도대로 움직이려는 리더십의 심리는 사람에 대한 유혹적인 성격을 갖는다. 사람을 마음대로 웃고 울게 할 수 있다면 그는 천하를 지배할 수 있다고 하였다. 이러한 의미에서 구성원들이 리더에게 빠져들수록 효과적인 리더십이고 그렇지 않을수록 리더십이 좋지 않은 것이다. '세상의 모든 것은 유혹으로 통한다.'라는 관점에서 대중들을 리더의 이념에 몰입하게 했던 역사속의 사례들은 리더십의 좋은 참고가 된다.[10)]

여덟째, 리더십은 구성원들에게 보람과 의미감을 갖게 하는 것이다. 경쟁사회에서는 더 나은 성과를 창출하기 위해 리더는 구성원들을 고생시키게 된다. 하급자의 입장에서 보면, 일이 고생스럽더라도 어떤 상급자와 일을 하면 짜증스럽기만 하고 어떤 상급자와는 힘든 줄 모르고 한다. 같은 일이라도 의미와 보람을 느끼게 하는 것이 좋은 리더십이며, 그것이 리더십의 멋이며 묘미이다.

---

10) 유혹자의 유형과 전술을 분석하고, 역사적 인물들이 어떻게 사람들에게 어필하고 그들의 마음을 사로잡았는가를 다룬 다음 책을 참고하기 바람. Robert Greene(2001), *The Art of Seduction* (강미경 역. 유혹의 기술).

아홉째, 리더십은 얽힌 매듭을 풀어가는 것이다. 자연이든 사람이든 조직이든 흐름이 막히면 병이 난다. 리더는 조직과 사람들을 이끌어가는 과정에서 얽힌 매듭을 풀어가야 한다. 상황에 따라서 규정과 격식의 벽도 넘을 수 있는 것이다. 어떤 사람은 벽을 만들고 어떤 사람은 벽을 허문다.

토마스 카알라일은 길을 가다가 장애물이 나타나면, 패배하는 사람은 그것을 '걸림돌'이라 하고 승리하는 사람은 그것을 '디딤돌'이라고 한다고 하였다. 파격의 인간미를 갖추고 육지와 섬을 잇는 가교같은 리더, 벽을 허무는 리더, 그것이 리더십이 지향하는 방향이다.

열 번째, 리더십은 구성원을 사랑하는 마음과 사랑의 기술의 결합이다. 사랑의 마음이란 구성원들의 삶을 존중하며 그들이 성공하도록 돕는 진정한 마음이다. 또한 사랑의 기술이란 리더가 사랑의 마음을 효과적으로 전달하여 구성원들이 기꺼이 따르고 능력을 힘껏 발휘하게 하는 능력이다.

사랑하는 마음만 있으되 사랑을 펼치는 기술이 부족하다면 씨앗은 품었으나 제대로 꽃피우지 못하는 것과 같고, 사랑의 마음이 없으면서 사람 다루는 기술만 능하면 마치 조화(造花)와 같아 화려하지만 생명력과 따뜻함이 없다. 리더십은 구성원들을 사랑하는 마음을 가지고 사랑의 기술로 꽃피우는 것이다.

리더십의 즐거움은 무엇일까?

첫째, 어울림의 즐거움이다. 어울림이 없는 삶은 더 이상 사회적 삶이 아니다. 어울림은 사람과의 어울림, 일과의 어울림, 장애물과의 어울림이다.

둘째, 구성원들의 추종을 받는 즐거움이다. 멋진 리더십에는 사람이 따른다. 진정한 리더들은 사람들이 따르는 것을 즐긴다.

셋째, 긍정적 변화의 즐거움이다. 리더십의 본질은 긍정적 변화를 추구하는 것이다. 구성원들이 나의 영향력에 의해 더 나은 모습으로 변하고 조직의 분위기와 성과가 좋아지는 것을 즐기는 것이다.

대학생들은 삶의 리더인 동시에 리더십의 엔터테이너가 되어야 한다.

2. 리더의 지위, 해야 할 일은 무엇일까?

(1) 경영자의 세 가지 주요 역할

조직의 경영자가 되었다고 하자. 정부기관의 장이나 회사경영자 및 관리자, 군대의 지휘관과 간부, 학교의 교장과 담임교사, 사회단체의 장, 학생회 간부, 학과 및 동아리 대표, 가정의 가장, 친목단체의 책임자 등 모든 형태의 조직이나 집단을 이끌어가는 사람을 넓은 의미의 경영자라고 할 수 있다. 이들은 조직(부서)의 목표달성을 위해 구성원들을 이끌어가는 리더십을 발휘해야 한다.

경영자가 되면 이해관계자들과의 협력과 갈등, 직무상의 권한과 실제 영향력의 엇갈림, 인간관계의 유지, 거래처와의 협상, 자금압박, 골칫거리 구성원의 처리, 자연재해 등 불가피하게 발생하는 일들을 풀어가야 한다. 마치 정글의 숲속에서 목표를 찾아가는 것과 같은 것이다. 어떻게 해야 할 것인가?

대표적으로 민츠버그(Mintzberg)는 경영자의 역할을 기업가, 문제해결, 자원배분, 협상가, 대표자, 리더, 연락자, 정보수집, 정보전파, 대변자 등 10가지로 제시하고 있다.[11] 또한 코터(Kotter)는 조직이 나아갈 방향의 설정, 구성원들 간의 화합, 난관극복 독려 등의 동기부여 세 가지로 제시하였다.[12]

경영자의 역할에 관해 다양한 견해들이 있지만, 종합적인 관점에서 보면 경영자의 역할은 비전·목표의 설정, 조직자원의 관리, 그리고 구성원 통솔의 세 범주로 나눌 수 있다.

- 비전·목표의 설정 조직경영의 출발점은 비전과 목표이다. 비전과 목표는 구성원들의 활동의 지향점이며 성과판단의 기준이 된다. 비전과 목표의 달성정도로 조직효과성을 평가할 수 있기 때문이다. 경영자의 우선적인 역할은 조직의 비전과 목표를 설정하고 관련된 의사결정을 하는 것이다.

---

11) Mintzberg, H.(1973), *The Nature of Managerial Work*, N.Y: Harper & Row.

12) Kotter, J.(1990), "What Do Leaders Really Do", Harvard Business Review, May-June, pp. 103~111.

- 조직자원의 관리 경영자는 목표달성을 위해 인력, 물자, 설비, 정보, 예산 등 다양한 조직자원을 관리하며 활용해야 한다. 현재의 과업을 위해 자원을 효율적으로 활용하고, 미래에 수행할 과업을 위해 필요한 자원을 준비해 두어야 한다. 이것이 경영자의 중요한 역할이다.
- 구성원 통솔 구성원으로 하여금 조직의 비전과 목표를 향하여 직무를 충실히 수행하도록 활력을 불어넣는 활동이다. 동기를 부여하고 사기를 북돋우며 어려움을 극복하도록 독려하는 것이 경영자의 역할이다. 비록 조직자원이 충분하더라도 구성원의 실행력이 미약하면 조직목표를 이룰 수 없다.

경영자의 세 가지 역할은 서로 연계된 것이므로 잘 통합되도록 해야 한다. 조직의 목표도 가용자원과 구성원들의 상황을 고려하여 설정해야 하고, 아무리 목표설정이 잘 되어 있고 구성원들의 의욕이 높아도 자원의 준비가 되어 있지 않으면 실행이 어려워진다. 또한 자원이 충분하고 구성원의 사기가 높아도 조직목표가 적절하지 않으면 경영의 효과성이 떨어지기 때문이다.

(2) 관리와 리더십의 관계

경영자의 역할은 관리적 활동(management)과 리더십 활동(leadership)으로 구분된다. 조직의 자원들을 비전·목표의 달성을 위하여 효율적으로 사용하는 활동이 관리적 활동이고, 구성원들이 비전·목표의 달성을 위하여 헌신하도록 동기를 부여하고 영향력을 행사하는 활동이 리더십 활동이다.

세계적인 컨설팅회사인 보스턴컨설팅그룹(BCG)은 조직을 경영하는 두 가지 접근방법을 과학(science)과 아트(art)로 보고 있다. 두 접근방법에 필요한 경영자의 스킬 셋(skill set)을 과학계 스킬과 아트 스킬로 구분하고 있다.

〈표 3.2〉에서 보듯이 과학계 스킬은 주로 관리적 활동에 관한 것이고 아트계 스킬은 리더십 활동에 관한 것이며, 서로 융합을 통해 시너지효과가 나타나며, 특히 아트 스킬인 리더십은 남에게 위탁할 수 없는 능력이다.

표 3.2 조직을 움직이는 두 가지 접근방법: 과학과 아트

구분	과학(science)	아트(art)
접근	• 계획/예산책정 • 조직설계 - 조직구조를 설계 - 책임과 권한 규정 - 평가, 보수시스템 등 • 지휘하고 명령함 - 목표 부여 - 진행사항 관리 - 평가와 상벌	• 꿈과 비전 제시, 인심을 모음 • 부드러운 인적 네트워크 형성 - 우호적 비공식적 관계 - 긍정적 인간관계 - 인간적 매력과 자발적 헌신 • '커뮤니케이트' 함 - 계몽한다. - 부탁한다. - 활기를 불어넣는다.
특성	Hard / Formal	Soft / Informal
실행자	관리하는 사람	리드하는 사람

자료: 킨노 히로시(2006), 「보스턴컨설팅그룹의 리더십 테크닉」, 비즈니스맵, 39쪽.
인용하면서 필자가 일부내용 보완.

관리적 역할은 과업자체의 관리를 더욱 중시하고 리더십 역할은 인간관계의 긍정적 활성화를 중시한다. 그러므로 관리는 효율성, 계획, 조정, 절차, 규제, 통제, 일관성 등에 관심과 초점을 맞추고, 리더십은 구성원들과의 상호작용에 기초하여 동기부여, 갈등해결, 정서적 후원, 응집력 유지, 위험감수, 창의성, 변화 등에 많은 관심을 가지고 초점을 맞춘다.[13)]

리더십과 관리는 조직경영에 있어서 양 날개 또는 수레의 두 바퀴와 같은 것이다. 하버드대학교 코터 교수의 견해에 의하면, 경영자는 리더십과 관리 두 활동을 동시에 수행해야 하는데 문제는 조화다. 관리가 결여된 리더십은 시스템의 미흡으로 조직의 혼란을 일으킬 수 있고, 리더십이 결여된 관리는 조직을 타성과 현상유지의 함정에 빠트릴 수 있기 때문이다.[14)]

13) Hugges, et al.(1996), *Leadership*, pp.13-17.

14) Kotter, J.(1990), "What Do Leaders Really Do", Harvard Business Review, May-June, pp. 103~111.

그림 3.1 • 경영자의 3대 역할과 관리적 활동 및 리더십 활동

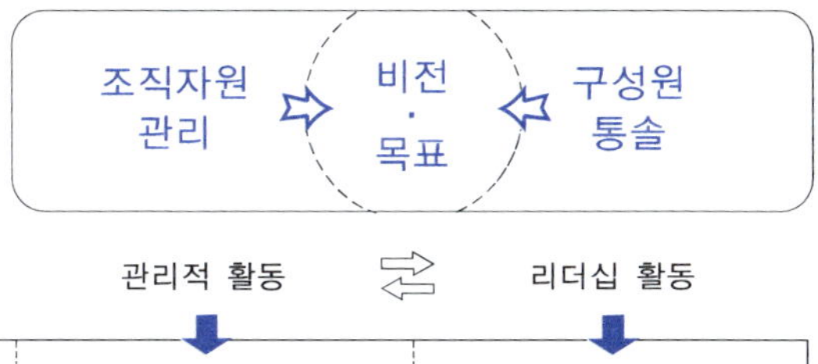

	관리적 활동	리더십 활동
적용대상	조직자원, 관리시스템	인간집단
영향력근거	직책, 계급, 권한, 법규	카리스마, 친화력, 전문성
커뮤니케이션	지시, 보고, 회람, 공시	설득, 감화, 대화, 교감
행위스타일	공식적 예측적	개성적, 비예측적
의사결정논리	효율성, 합리성 원칙	문제해결적, 융통성
문제접근근거	법규, 규범, 선례	인간심리, 사기, 동기
개인특성개입	적음	많음
업무추구성향	안정성 지향	혁신성 지향
실행과정	계획→집행→평가	상황에 따른 대응

자료 : 박유진(2011), 「리더십 마인드 & 액션」, 양서각, 121쪽.

이를 종합적으로 정리하면 〈그림 3.1〉과 같다. 두 활동은 따로따로 움직이는 대립적 관계가 아니라 서로 보완하여 시너지를 내는 관계이다.

따라서 관리적 활동과 리더십 활동은 조직경영에 공존하는 것이다. 그래서 경영자를 관리적 활동에 초점을 두고 보면 관리자(manager)이고 리더십 활동에 초점을 두고 보면 리더(leader)이므로, 경영자를 관리자라고 부르기도 하고 리더라고 부르기고 하지만 어느 하나를 단정적으로 사용하는 것은 옳지 않다.

가령 A팀장이 관리적 기능에 충실하고 리더십 기능은 약하다고 하여 그를 관리자라고만 부를 수는 없다. 역시 B팀장이 리더십 기능을 주로 발휘하고 관리적 기능은 덜 중시한다고 하여 리더라고만 부를 수는 없는 것이다.

A팀장이나 B팀장은 모두 관리자인 동시에 리더이며 관리적 활동과 리더십 활동을 모두 다 하고 있다. 다만 사람의 능력과 성향에 따라 어느 한 기능에 치중하는 경향이 있을 뿐이다.

3. 리더십 준비정도와 성향 진단하기

우리는 앞에서 리더십의 의미와 리더 지위에서 해야 할 역할을 알아보았다. 나는 리더십을 얼마나 이해하고 준비하고 있는가? 아래 진단을 통해 체크해 보기로 하자.

(1) LEADER 이니셜 단어 찾기

리더의 영문표기는 LEADER이다. 리더의 활동과 관련하여 각 이니셜에 해당하는 적절한 단어들을 찾아 〈표 3.3〉에 기록해 보자. 가능한 많이 찾을수록 좋다. 가령 L에는 Listen(경청한다), D에는 Delegation(위임)과 같은 단어들이다. 리더의 역할과 행동을 이해하는데 도움이 될 것이다.

표 3.3 LEADER의 이니셜에 해당하는 리더십 영어 단어 찾기

LEADER	단어
L	Listen,
E	Endurance,
A	Ability,
D	Delegation,
E	Educate,
R	Responsibility,

(2) 리더십 준비도 진단

나는 리더로서 정신적인 준비가 되어 있는가? 〈표 3.4〉에서 다섯 가지 질문에 답하면서 나의 리더십 준비도를 알아보자.

표 3.4 나의 리더십 준비도 측정설문

문항	질문	답변(√)	
		예	아니오
1	나는 다른 사람들을 이끌어가는 일보다 주어진 일을 혼자서 하는 것을 더 좋아한다.		
2	나는 다른 사람들을 이끌기 위해서 나에게 이익이 되는 것들(예: 시간, 노력, 수익 등)을 포기할 수 있다.		
3	나는 다른 사람이 자신의 의견을 고집할 경우 화부터 난다.		
4	나는 다른 사람들을 이끌어야 할 경우 무엇을 어떻게 해야 할지에 대해 생각이 잘 떠오른다.		
5	나는 다른 사람들의 의견에 귀를 기울이기보다 나의 의견을 앞세운다.		

자료 : 백기복 외(2009), 「리더십의 이해」, 창민사, 29쪽. (필자가 용어를 일부 수정하였음.)

☞ **계산과 판단** (총점 10점)

- 계산 : 예 0점, 아니오 2점 (단, 문항 2, 4는 예 2점, 아니오 0점)
- 판단 : 8점 이상 : 리더의 역할을 감당할 준비가 되어 있음
  8점~6점 : 리더역할을 위해 다소간 준비가 필요함
  6점 미만 : 리더역할을 위해 많은 준비가 필요함

☞ **대응방안** 위 응답이 아래와 같을 때 당신이 할 일은 〈표 3.5〉와 같다.

표 3.5 응답에 따른 리더십 준비 내용

문항	응답	리더십의 준비내용
1	예	리더십이 다른 사람들과의 관계를 통하여 이루어지는 일임을 인식하고 사람들에게 다가가 함께 일하는 경험을 쌓는다.
2	아니오	리더십은 리더의 시간, 열정, 노력 등의 투자와 희생을 필요로 할 때가 있다. 리더는 때에 따라 나의 것을 포기할 수 있다는 것을 받아들인다.
3	예	리더는 다양한 사람들과 상황들에 대처할 줄 알아야 한다. 나와 맞지 않은 사람들을 설득하고 나의 감정을 다스릴 훈련을 한다.
4	아니오	리더로서의 역할과 동기부여와 커뮤니케이션 등 리더십의 기본적 이론과 기술을 배우고 사례를 연구하며 활용능력을 기른다.
5	예	리더는 독단적인 판단보다도 구성원들에게 귀를 기울이면서 종합적인 판단을 하여 상황에 맞는 결정을 내려야 한다는 것임을 인식한다.

참고 : 〈표 3.5〉는 〈표 3.4〉와 연계하여 필자가 구성하였음.

(3) 리더/관리자 성향 진단

표 3.5 리더/관리자 역할에 대한 선호성향 측정

※ 다음 10개 문장의 A와 B 둘 중에서 어느 행동이 현재 당신의 태도와 부합하며 선호하는지를 판단하여 A 또는 B 중 하나만 선택하여 √표로 체크하시오.

A		B	
1. 현재 하고 있는 일의 수행에 집중한다.		1. 지금 일이 올바른 과업인지 따져본다.	
2. 내 입장을 정리한 다음 다른 사람들의 말을 들어본다.		2. 다른 사람들의 견해를 경청한 다음 내가 신뢰하는 견해를 선택한다.	
3. 가능한 위험을 피하거나 최소화한다.		3. 해야 할 일이라면 위험을 감수한다.	
4. 한시라도 혁신적으로 성장하고 싶다.		4. 목표를 향해 단계적으로 꾸준히 성장해 나간다.	
5. 인간관계보다 일에 더 집중한다.		5. 일보다 구성원들과의 관계에 더 집중한다.	
6. 완수하지 못한 과업에 대해 고민한다.		6. 내가 과업을 성취한 만큼에 대해 만족한다.	
7. 일에 관한 나의 열정을 내색하지 않는다.		7. 일에 관한 나의 열정을 드러내어 표현한다.	
8. 집단과 구성원들의 모험을 이끌어낸다.		8. 내가 통제할 수 있을 만한 일을 기획한다.	
9. 가능한 나의 의도를 내보이지 않거나 설득하도록 애쓰지 않는다.		9. 구성원들이 나의 의도를 받아들이도록 설득하는데 시간을 투자한다.	
10. 종종 구성원들을 놀라게 하는 일을 한다.		10. 좀처럼 구성원들을 놀라게 하는 일을 하지 않는다.	

☞ **계산 :** 체크한 문항에 대하여 다음과 같이 점수를 부여합니다.

- A의 홀수문항(1, 3, 5, 7, 9)과 B의 짝수문항(2, 4, 6, 8, 10) 체크에는 각 1점
- A의 짝수문항(2, 4, 6, 8, 10)과 B의 홀수문항(1, 3, 5, 7, 9) 체크에는 각 2점

나의 점수	점

합산한 총점으로 다음의 표에서 리더의 성향과 관리자 성향의 정도를 판단합니다.

☞ 판단

점수	진단
18점 이상	당신은 리더로서의 역할을 매우 선호하며, 모범적인 관리자들이 흔히 하는 일상적인 업무들은 달가워하지 않을 것이다. 수행하는 과업들에 대해 당신이 직접 처리할 것인지 아니면 구성원들에게 맡길 것인지를 잘 판단하고 일상적인 관리 업무도 리더의 역할 못지않게 중요하다는 점을 유념해야 한다.
13점~17점	당신은 리더십에 대한 감각을 어느 정도 갖고 있다. 하지만 효과적인 리더십 발휘를 위해 더욱 노력해야 할 부분도 있고 약점을 갈고 닦아 보완할 필요가 있다.
12점 이하	당신은 리더십보다 관리적 업무를 선호한다. 리더십을 발휘해 구성원들을 리드하는 대신 과업을 진행시키고 궤도에 올려놓는 데 집중할 것이다. 당신은 자신에게 이런 질문들을, 가령 "내가 어떻게 구성원들을 리드할 수 있단 말인가? 리더십이 무엇이지? 리더들은 어떻게 리더십을 실행하는 걸까?" 던져 답을 구해가며 리더십을 강화하는 노력이 요구된다.

☞ 참고

• 자료 : Paul Taffinder, 「The Leadership Crash Cource」, 신현승 역, 「리더십 훈련」, 넥서스 Books, 2002, 16쪽 (일부 문항의 용어는 문맥상 필자가 수정하였음)

Part 2

리더십 이론

리더십 이론 1; Chapter 4

리더의 힘, 영향력이란 무엇인가?

학습목표

① 영향력이 리더십에서 왜 중요한지를 이해하고 현실적인 사례를 탐구한다.
② 영향력의 근거가 되는 권력기반과 활용방법을 이해한다.
③ 자신의 영향력 발휘 성향을 진단하고 영향력 강화방향을 구상한다.

1. 영향력의 의미와 기반은 무엇일까?

(1) 영향력의 의미

리더십을 한 마디로 표현한다면 그것은 아마도 '영향력'이라고 할 정도로 영향력은 리더십의 핵심요소이다. 어떤 사람이 누군가의 말에 복종하고 따른다면 영향력이 작용했다는 뜻이다. 영향력은 구성원에게 미칠 있는 리더의 힘으로써 리더십의 수단이며, 영향력이 없다면 그는 이미 리더라고 볼 수 없다.

영향력(influence)과 비슷한 용어로 권력(power)이 있는데 두 개념 모두 행사자의 의도에 따라 상대방을 복종할 수 있게 하는 힘으로써 일상에서 유사하게 사용한다. 다만 권력은 영향력으로 발휘될 수 있는 잠재적 능력이고, 영향력은 권력이 작용하여 상대방이 받아들인 결과를 의미하는 차이가 있지만 일상적으로는 별다른 차이 없이 사용된다.

우리 사회와 조직은 늘 이해관계 속에서 권력이 꿈틀거린다. 개인과 집단별로 자신들의 이익을 확대하고 상대방을 제압하려는 책략들을 사용한다. 인간사회는 늘 사적인 이익과 공적인 이익, 나의 권익과 타인의 권익 간의 갈등관계

속에서 이어져왔다.

나의 권익을 늘리기 위해 경쟁자를 비난하는 언행, 경쟁자의 업적의 폄하, 자신의 호의적인 이미지의 조작적 창출, 불리한 책임의 전가, 데이터의 조작, 정보의 왜곡, 의도적 칭찬, 권력적 연합, 중요한 자원의 확보, 의사결정자에 대한 영향력 증대, 경쟁자의 약점 포착과 활용, 힘 있는 사람의 환심 사기 등이 조직 현실에서 벌어지고 있는 일들이다. 그러므로 리더는 조직의 권력의 속성을 이해하여 권력관계를 이끌어갈 수 있도록 관심과 능력을 키워야 한다.[1)]

권력의 모습

- 정승 집의 개가 죽으면 문상객이 들끓어도 정승이 죽으면 문상객이 뜸하다. – 한국 속담 –
- 코끼리가 역경에 처했을 때는 개구리조차도 코끼리를 걷어차 버리려 한다. – 힌두 속담 –
- 권력의 자리에 있을 때 교만하지 않으면, 어려움에 처했을 때 위태롭지 않게 된다. – 논어 –
- 아무 것도 빌릴 수 없는 친구는 잘 들지 않는 장도칼과 같다. – 러시아 속담 –
- 곰과 우정을 나누어라. 그러나 곁에 손도끼를 준비해 두라! – 러시아 속담 –
- 한국 선수들은 너무 착하다. 생존의 법칙, 뒷골목의 생존의 법칙을 알아야 한다. – 히딩크 –
- 목적의 달성을 위해서는 악마도 성서를 인용한다. –셰익스피어–
- 친구를 가까이 하라. 그러나 적은 더 가까이 하라. – 마이클 꼴레오네(대부) –
- 덕이 없는 권력은 향기 없는 꽃이다. – 프랑스 속담 –

1) 조직의 권력적 속성에 관해서 다음의 자료를 참고하기 바람. ① Rang, G.(2002), Cain and Abel At Work : How To Overcome Office Politics And The People Who Stand Between You And Success(강미경 역, 「직장 내 정치학의 법칙」), 부도덕한 경쟁자에게 승리하는 27가지 행동수칙을 다루고 있음. ② Reardon. C.(2000), The Secret Handshake; Inner Circle (장혜정 역, 「이너 서클」). 조직 내 파워 게임의 실상과 법칙을 규명하고 있음. ③ A. F. Smith & S. M. Bornstein(2007), The Taboos of Leadership(강수정 역, 「리더십의 비밀」), 2008.

(2) 권력의 기반

영향력은 행사할 때는 그 기반이 있어야 하는데, 일반적으로 권력의 기반이라고 부른다.[2] 그러므로 권력의 기반이 풍부할수록 영향력을 잘 발휘할 가능성이 높아진다. 권력기반에 관해 살펴보자.

권력의 기반을 가장 간명하게 분류하면 '공식적인 지위에 기반한 권력(지위권력)과 개인적 역량에 기반한 권력(개인적 권력)'이다. 동일한 지위에서 공식적 권력의 크기는 같지만 개인적 권력의 크기는 사람에 따라 달라지며, 지위권력과 개인적 권력이 서로 결합되었을 때 권력시너지 효과는 커지게 된다.

보편적으로 분류되는 일곱 가지의 권력기반은 다음과 같다.[3]

① 합법적 권력(legitimate power)

지위와 직책에 부여된 권리이며 권한(authority)이라고도 한다. 권한의 내용은 일반적으로 각 기관이나 회사의 규정에 정해 두고 있다. 권한에는 공식적인 보상(임금, 표창, 승진 등)이나 강제력(각종 징계 등)이 포함된다. 합법적 권력의 크기는 리더의 권력이 정당하고 강력하며 행사할 가능성이 크다고 구성원이 받아들이는 정도와 비례한다.

② 보상권력(reward power)

권력행사자의 요구에 따랐을 때 주어지는 대가이다. 보상권력에는 합법적 권력의 보상을 포함하여 개인이 가지고 있는 보상능력(물질적 능력, 유용한 정보, 유력한 타인에게 추천 등)이 모두 포함된다. 보상권력의 크기는 구성원이 보상을 얻고 싶어 하고 리더의 보상능력과 보상을 실행할 가능성이 크다고 생각할수록 커지게 된다.

③ 강제적 권력(coercive power)

권력행사자의 요구에 따르지 않았을 때 주어지는 대가이다. 강제적 권력에는

---

2) 권력의 기반(power bases), 권력의 원천(power sources), 권력의 수단(power means)은 동일한 의미이며 권력연구의 중요한 출발점이다.

3) ①~⑤는 French & Raven(1959), ⑥~⑦은 Hersey & Blanchard(1982)의 연구에서 도출된 것이다.

합법적 권력에 포함된 강제력 외에도 개인이 가지고 있는 강제적 능력(위협, 폭력, 비방, 제재 등)이 모두 포함된다. 이 권력의 크기는 구성원이 강제력을 피하고 싶어 하고 리더가 가진 강제력과 그 강제력을 실행할 가능성이 크다고 생각할수록 커진다.

④ 전문적 권력(expert power)

권력행사자의 전문적 능력이나 지식에 대한 신뢰로부터 발생한다. 아플 때는 의사, 법의 도움이 필요할 때는 변호사, 지식이 필요할 때는 교수의 말을 다른 일반인의 말보다 신뢰하는 것은 전문성 때문이다. 이 권력의 크기는 구성원이 리더의 전문적 지식이나 능력을 신뢰하는 정도에 달려있다. 가령, 전투현장에서는 경험이 많고 노련한 지휘관에 대한 구성원의 신뢰가 더욱 클 것이다.

⑤ 준거권력(referent power)

권력행사자의 인간적 매력이나 카리스마 및 인격 등에 의해서 발생하는 권력의 기반이다. 교수님이 좋아서 그 과목을 열심히 공부하고 상급자가 인격적으로 훌륭하여 존경하여 따르거나 또는 연예인이나 스포츠맨에게 열광하는 것도 준거권력이 작용한 것이다. 이 권력의 크기는 리더가 가진 매력이나 카리스마에 대해 구성원이 좋아하고 몰입하는 정도에 달려있다.

⑥ 정보권력(information power)

권력행사자가 상대방이 필요로 하는 유용한 정보를 가지고 있고, 상대방에게 제공할 것인가를 결정하고 통제할 수 있는 능력에서 발생한다. 시험에 대한 정보, 회사의 인사 및 승진방침에 대한 정보, 경쟁자에 대한 정보 등은 그 것을 필요로 하는 사람에게 행사할 수 있는 중요한 권력수단이다. 이 권력의 크기는 구성원이 어떤 정보를 필요로 하는데, 리더가 그 정보를 가지고 있으며 그 정보를 리더로부터 제공받을 수 있다고 믿는 정도에 달려있다.

⑦ 연결적 권력(connection power)

권력행사자가 조직 내·외의 영향력 있는 사람들과 연계를 맺고 그들의 후원을 받을 수 있다고 믿을 때 발생한다. 대학교에서 어떤 학과의 교수가 취업센터의 업무를 겸임한다면 학생들은 그 교수를 더욱 잘 따를 가능성이 높다. 회사에서 자기 부서의 상급자가 인사담당 임원과 친밀하여 언젠가 도움을 받을 수 있을 것이라고 생각할 때 연결적 권력은 발생한다. 배경권력이라고도 하며 구성원이 리더의 배경 네트워크를 높게 평가하고 필요로 할수록 커지게 된다.

위 일곱 가지 중에서 대체로 합법적 권력, 보상적 권력, 강제적 권력, 정보권력 등은 지위의 높으면 더 커진다. 그러나 전문적 권력, 준거권력, 연결권력 등은 개인능력에 따라 차이가 많이 날 수 있다. 권력기반에 대한 속담과 격언들도 많다. 아래에 제시한 속담들은 각각 어떤 권력기반의 의미를 담고 있는지 생각해 보자.

권력의 기반

- 정승집 하인이 정승 노릇한다. – 한국 속담 –
- 돈을 가지고 노크하면 문은 저절로 열린다. – 영국 속담 –
- 천 번의 호소보다 한 번의 협박이 효험이 클 때가 있다. – 중국 격언 –
- 사랑은 달콤하다. 딘, 빵이 수반할 경우에만! – 유태격언 –
- 돈이 있으면 네 자신을 모르고, 돈이 없으면 남들이 너를 모른다. – 서양 속담 –
- 가난은 수치가 아니다. 그러나 명예라고는 생각하지 말라. – 유태격언 –
- 늙은 말은 길을 잃지 않는다. – 중국 속담 –
- 명성을 얻으려는 자는 명성을 따라잡기 어렵지만, 명성에서 도망치려 하는 사람은 명성에게 붙잡힌다. – 탈무드 –
- 자신을 목표로 이끌어주는 지도자라 할지라도 자신의 기분을 이해해주지 않으면 잘 따르지는 않는다. – 링컨 –
- 사랑은 칼 없이도 왕국을 다스리고 덕은 힘을 정복한다. – 영국 속담 –

2. 영향력을 효과적으로 행사하는 방법은 무엇일까?

(1) 권력사용에 따른 구성원의 반응

리더십은 리더가 구성원들에게 영향력을 행사하는 과정이므로 리더가 발휘하는 영향력에 대해 구성원들은 반응을 보이게 된다. 구성원들은 어떤 반응을 보일까? 유클(Yukl)은 〈표 4.1〉과 같이 몰입(committment)과 복종(compliance) 및 저항(resistance)의 세 유형으로 제시하고 있다.4)

몰입은 리더에게 가장 바람직한 것으로 리더를 심리적으로도 수용하고 행위로도 복종하는 것이며 영향력이 가장 잘 수용된 결과이다.

복종은 리더를 심리적으로는 수용하지 않더라도 행위적으로는 따르는 것으로 영향력이 중간수준으로 작용한 결과이다.

저항은 리더를 심리적으로도 받아들이지 않으면서 행동으로도 리더의 의도에 따르지 않는 상태로서 리더에게는 가장 좋지 않은 결과이다.

이를 표로 구성하면 〈표 4.1〉과 같다.

표 4.1 리더의 권력사용에 대한 구성원의 반응

영향력의 결 과	구성원의 반응	구성원의 행동 특징
몰 입	행동적 추종 심리적 수용	• 리더를 마음으로 수용하며 동일시하려 함. • 리더의 지시나 요구를 적극적으로 수행함 • 리더의 매력이 싫어지거나 동일시 대상이 바뀌면 추종의지가 약화됨
복 종	행동적 복종	• 심리적으로 수용하지는 않음(저항감은 가지지 않음) • 리더의 지시나 요구에 대해 행동으로 복종함 • 보상이 충족되거나 리더의 강제수단이 약화되면 복종행위가 약화됨
저 항	심리적, 행동적 불복종	• 심리적으로 리더의 영향력을 수용하지 않음 • 리더의 지시나 요구를 행동으로 따르지 않음

자료 : Yukl(1989), 「Leadership in Organizations」, p.13의 내용을 표로 구성하면서 구성원의 행동 특징을 필자가 구체화하여 작성하였음.

4) Yukl, G. A(1989), 「Leadership in Organizations」(2nd ed), NJ: Prentice Hall. p.13.

리더의 입장에서 보면 〈표 4.1〉의 아랫부분에 있는 저항이 가장 나쁜 결과이고 윗부분의 몰입으로 올라갈수록 좋은 결과이다. 만일 당신의 구성원들이 당신을 동일시하려 하고 당신에게 몰입한다면 당신은 탁월하게 리더십을 발휘하고 있는 것이다.

권력기반마다 나타날 가능성들은 각각 다르다. 리더에 대한 몰입은 리더가 준거적 권력이나 전문적 권력을 사용할 때 나타날 가능성이 크고, 강제적 권력을 사용할 때는 가능성이 희박하다. 복종은 합법적 권력, 보상적 권력, 정보권력, 연결적 권력을 사용할 때에 나타날 가능성이 가장 크다. 저항은 리더가 강제적 권력을 행사할 때 나타날 가능성이 가장 크다.

(2) 영향력의 행사방법

권력기반 자체도 중요하지만 권력을 행사하는 방법이 중요하다는 점을 유념해야 한다. 경제적 보상을 주면서도 무성의하게 주면 반감이 생기기 쉽고, 처벌을 하면서도 이해를 시키고 반성을 하게 한다면 저항감을 갖지 않고 긍정적으로 수용할 수도 있다.

유클(Yukl)은 다섯 가지 권력기반에 근거하여 권력을 유지하고 권력기반을 효과적으로 사용하는 방안을 〈표 4.2〉와 같이 제시하고 있다.

표 4.2 권력의 유지와 권력기반의 효과적인 사용방법

구 분	향상 및 유지방법	효과적 사용방법
합법적 권력	• 더 많은 공식적 권한 확보 • 리더의 권한을 인식하도록 행동 • 정기적으로 권한 실행 • 적절한 조직계통을 통한 권한집행 • 보상과 강압으로 권한 보완	• 정중하고 명확한 요구 • 요구에 대한 이유 설명 • 권력남용 금지 • 관심대상자에 민감할 것 • 복종여부 확인과 대안 마련 • 필요한 경우 정당한 복종을 요구
보상적 권력	• 사람들의 욕구와 요구를 식별 • 더욱 많은 보상능력 확보 • 리더의 보상통제능력을 인식하도록 함 • 감당할 수 있는 이상의 약속 금지 • 보상을 개인이익 차원에서 사용 금지	• 바람직한 보상 제공 • 공정하고 윤리적인 보상 제공 • 보상수여 기준을 설정 및 공지 • 약속한 보상을 이행 • 바람직한 행동의 유도를 위한 보상

구 분	향상 및 유지방법	효과적 사용방법
강제적 권력	• 벌칙대상 행동 징계로 신뢰성 유지 • 징계를 사용하기 위한 권력 확보 • 경솔한 협박 금지 • 합법적인 징계만 사용 • 위반 사항에 상응한 징계 사용 • 개인적 이익을 위해 강압 사용 금지	• 규정과 벌칙 대상을 사전 공지 • 경고 전에 충분한 검토 • 징계 전에 상황 이해 • 적대적이지 말고 침착성과 도움 유지 • 징계요구를 피하기 위해 개선을 권장 • 대상자에게 개선 방법을 요구
전문적 권력	• 전문지식과 기술의 습득 노력 • 전문성을 보여주는 기회 활용 • 어려운 문제의 해결을 통해 역량과시 • 경솔하고 부주의한 언급 금지 • 사실의 왜곡이나 과장 금지	• 과업관련 문제를 전문적으로 설명 • 과업성공을 보장하는 근거 제시 • 관심대상자에 대해 신중한 경청 • 위기시 전문성과 결단성으로 행동
준거적 권력	• 수용과 긍정의 태도 • 지원적이고 도움이 되는 행동 • 개인적 이익을 위해 타인 이용 금지 • 타인에 대한 도움약속 이행 • 책임과 자기희생 감수	• 필요시 진지한 개인적인 호소 • 요구가 리더에게 중요함을 표명 • 지나친 부담의 개인적 요구 금지 • 모범적 역할 등의 적절한 행동 실천

자료 : Yukl(1989), 「Leadership in Organizations」, pp.43~49의 내용을 필자가 표로 구성하였음.

그런데 영향력은 리더가 일방적으로 발휘한다고 하여 구성원들이 그대로 받아들이는 것이 아니다. 상황에 적절하고 구성원이 수용해야 효과가 발생한다. 영향력의 효과는 리더와 구성원의 특성과 조건에 따라 달라지는 것이므로 어떤 조건에서 어떤 방법들이 효과적인지를 고려해야 한다.

가령, 리더가 구성원에게 합법적으로 지시하여 영향력을 행사하려고 한다면 먼저 리더에게 합법적인 지시권한이 있어야 하고, 구성원은 리더의 합법적 지시를 수용하려는 태도를 가지고 있을 때 효과적이다.

리더가 보상을 통해 구성원을 움직이려고 한다면, 리더에게는 보상능력이 있어야 하고 구성원은 리더가 제시하는 보상을 얻고 싶어 해야 영향력이 발생한다. 만일 구성원이 리더가 제시한 보상을 필요로 하지 않거나 리더가 보상약속을 지키지 않을 것이라고 생각한다면 영향력이 발생하지 않는다는 것이다.

이러한 관점에서 영향력 행사의 방법들과 적합한 조건들을 〈표 4.3〉에서 살펴보자.

표 4.3 리더의 조건과 구성원의 특성에 따라 영향력을 행사하는 방법

영향력 행사방법	주요 권력기반	리더의 조건	구성원의 특성	몰입 가능성
합법적 지시	권한	합법적 지위와 엄정성	합법성 수용태도	보통
보상의 제시	권한, 보상권력	보상능력, 신뢰성	보상욕구	보통
처벌압력	권한, 강제권력	처벌수단, 신뢰성	처벌회피 심리	낮음
합리적 설득	전문적 권력	논리성, 설득력	이성적 태도	높음
교환적 협상	보상 및 전문적 권력	협상력, 판단력	양보심	보통
감화적 호소	준거권력	호소력, 존경	감성적 민감성	높음
동일시 촉진	전문적 및 준거권력	매력, 모범	리더수용태도	높음
연합압력	권한, 준거, 배경권력	연합관련자 협조	압력자 수용태도	낮음
정보통제	권한, 정보권력	정보력, 신뢰성	정보의존상황	보통
상담	준거권력, 정보권력	상담기술, 정직성	문제해결욕구	높음

자료 : 박유진(2011), 「리더십 마인드&액션」, 140쪽

〈표 4.3〉에서 보는 바와 같이 영향력은 리더의 조건과 구성원의 특성을 고려하여 적합한 수단을 활용할 때 효과성이 높아진다.

영향력의 발생

우리는 회사 내의 인격적 폭언에 대한 불만 때문에 집단적으로 항의하며 농성하였다. 담당임원이 나와서 개선을 약속했지만 우리는 받아들이지 않았다. 그 임원은 대표적인 문제인물이었기 때문이다. 우리가 존경하며 따르는 부장이 나서서 사장과 임원과 우리 사이를 중재하면서 업무에 복귀하였다. – 합리적 설득과 감화적 호소 –

영향력의 효과는 리더가 행사한 권력의 크기에 의해 결정되는 것이 아니라 구성원들이 어떻게 받아들였는가에 의해 결정된다는 점을 잘 이해하자.

3. 권력의 기반과 영향력정도 진단하기

(1) 리더의 권력기반 성향 진단

직장의 관리자가 되었을 때 구성원들을 이끌어가기 위해 내가 어떤 방법을 어느 정도 사용하게 될 것 같은지를 진단해 보자.

표 4.4 리더의 영향력 원천인 권력기반 측정설문

※ 자신 또는 다른 사람을 대상으로 각 문항에서 가장 적절한 점수를 부여합니다.

매우 그렇지 않을 것이다	약간 그렇지 않을 것 이다	보통	어느 정도 그럴 것이다	매우 그럴 것이다
1점	2점	3점	4점	5점

번호	진단항목	점수
1	지위에 따른 권한의 행사가 통솔의 기본이라고 생각하며 자주 행사한다.	
2	주로 경제적 보상, 선물 및 좋은 대우 등을 잘 해주는 것으로 이끌어간다.	
3	주로 처벌이나 위협 및 제재 등의 강제적 조치를 통해 이끌어 간다.	
4	담당직무에 관한 전문지식이나 기술을 발휘하여 사람들이 따르게 한다.	
5	사람들이 좋아하고 따르는 매력이나 인품 및 재미 등을 가지고 있다.	
6	모르는 것이 없다고 할 정도로 중요하고 필요한 정보들을 많이 알고 있다.	
7	집단 안팎으로 유력한 사람들을 많이 알고 있으며 인간관계에 활용한다.	
8	합리적이고 규정에 맞는 지시를 하고 잘잘못은 분명히 가려서 상벌을 준다.	
9	내(그)가 주는 보상이나 선물 때문에 사람들의 나를 좋아하고 잘 따른다.	
10	화를 내거나 벌을 주면 두렵기 때문에 사람들이 나(그)를 거역하기 어렵다.	
11	업무내용이나 기술적으로 문제가 생기면 나(그)에게 의존하여 해결한다.	
12	사람들을 즐겁게 하고 사람들이 나(그)와 함께 일하기를 좋아하여 따른다.	
13	구성원들의 원하는 정보를 잘 알고 따르는 사람들에게 정보를 알려준다.	
14	해결할 문제가 생겨서 남의 도움이 필요하면 나(그)에게 상의하고 부탁한다.	

☞ **계산 및 판단**

- 합법적 권력(1,8), 보상적 권력(2,9), 강제적 권력(3,10), 전문적 권력(4,11), 준거적 권력(5,12), 정보권력(6,13), 연결적 권력(7,14)의 점수를 합산하여 판단합니다.

권력기반	합법	보상	강제	전문	준거	정보	연결
합산점수							
판단(순위)	( )	( )	( )	( )	( )	( )	( )

*권력기반성향 판단기준: 강함(8점~10점), 보통(5점~7점), 약함(4점 이하)

- 자료 : 필자가 구성하였음

(2) 집단내 개인의 영향력정도의 진단

표 4.5 개인의 영향력정도 측정설문

※ 어떤 그룹 내에서의 자신의 영향력정도를 진단해 봅니다. 현재 일하고 있는 팀이나 동아리, 과제를 함께 수행하는 그룹들, 혹은 가정을 생각해 볼 수 있습니다. 그 그룹에서의 활동을 생각하면서 아래 20문항에 가장 적합한 점수를 부여합니다.

매우 동의하지 않음	대체로 동의하지 않음	약간 동의하지 않음	긍정도 부정도 아님	약간 동의함	대체로 동의함	매우 동의함
1	2	3	4	5	6	7

측정대상 그룹 (   )

번호	진단항목	점수
1	나는 그룹 내에서 의견을 많이 내는 사람들 중에 한 명이다.	
2	그룹 내에서 사람들은 내가 하는 말을 경청한다.	
3	나는 자발적으로 그룹을 리드하는 경우가 많이 있다.	
4	나는 그룹의 의사결정에 영향을 미칠 수 있다.	
5	나는 그룹 활동이나 토의 시에 중심적인 위치에 있음을 느끼는 경우가 많다.	
6	그룹 내에서 사람들은 나에게 조언을 받으려고 한다.	
7	나는 그룹 내에서 나의 아이디어와 역할을 주도적으로 활용하고 있다.	
8	그룹 내에서 나의 아이디어와 역할은 사람들에게 인정을 받고 있다.	
9	나는 그룹에서 단순한 참여자가 아니라 리더로서 역할을 하려 한다.	
10	사람들은 내가 제시하는 의견에 깊은 관심을 갖는다.	
11	나는 생각이나 아이디어를 제시하는데 주저하지 않는다.	
12	내가 제시한 아이디어는 자주 실행되고 있다.	
13	내가 회의에서 질문을 하는 것은 무언가를 말하기 위해서이다.	
14	다른 사람들이 내가 의견을 개진해 주기를 요청하는 경우가 자주 있다.	
15	회의에서 내가 회의록을 작성하거나 내용을 정리하는 역할을 자주 맡는다.	
16	다른 사람들이 결정을 내리기 이전에 나에게 중요한 문제를 상의한다.	
17	나를 중심으로 다른 사람들이 모이는 편이다.	
18	다른 사람들이 나에게 직접적으로 이야기하지 않는 경우에도 자주 나를 향해 쳐다보고 있다는 것을 느낀다.	
19	나는 다른 사람들 사이에서 일어나는 갈등에 대해 무엇이든지 즉각적으로 관여하는 편이다.	
20	그룹 내에서의 나의 영향력은 대단하다.	

☞ **계산**

- 홀수문항과 짝수문항(각 10개)의 점수를 각각 합산한다.(분포; 10점~70점)

가시적 표출도	항목	1	3	5	7	9	11	13	15	17	19	총점
	점수											
영향력	항목	2	4	6	8	10	12	14	16	18	20	총점
	점수											

☞ **판단**

- 계산된 점수를 아래 영향력 매트릭스에서 해당되는 위치에 표시합니다.

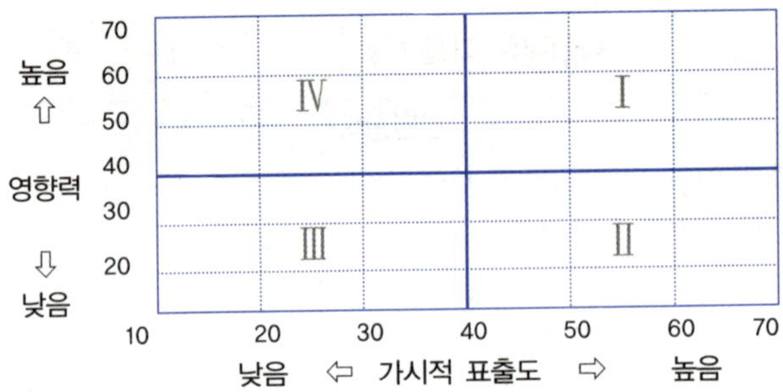

그룹 내에 영향력의 가시적 표출도와 실제 영향력의 결합은 다음과 같다.

1) 강한 영향력(제1분면); 가시적 표출도가 높으며 다른 사람들에게 영향력을 실제로 행사하는 행동을 한다. 강한 영향력으로 집단을 주도할 수 있다.
2) 중간 정도의 영향력(제Ⅳ분면); '배후의 실력자'이다. 여론을 주도하는 영향력을 가지고 행사하지만, 사람들에게 주목을 받지 않으려는 사람이다.
3) 약한 영향력(제Ⅱ분면); 영향력을 발휘하려는 가시적 표출도는 높지만 실질적인 영향력은 별로 없다. 참여는 많이 하나 힘이 실리지는 않는다.
4) 영향력 없음(제Ⅲ분면); 어떤 이유에서든지 눈에 띄지도 않으며 자신의 말에 귀 기울여 주는 사람도 없고 힘이 실리지도 않는다.

☞ **참고**

- 자료 : Reddy. W. B. & Williams G., The Visibility/Credibility Inventory: Measuring Power and Influence. In J. W. Pfeffer (ed.) The 1988 Annual: Developing Human Resources, San Diego: University Associates, 1985, 115-124., Hellriegel D. & Slocum Jr. J. W. 「Organizational Behavior」 11th ed., (서재현, 설현도, 송상호, 이호선 공역, 「조직행동론」, 한경사, 2007, 311-312).

리더십 이론 2; Chapter 5

리더로서 바람직한 특성은 무엇인가?

학습목표

① 리더의 특성과 특성이론이란 무엇인지를 이해한다.
② 리더의 바람직한 특성에 대해 다양한 연구결과를 보며 이해한다.
③ 나는 리더로서의 특성을 어느 정도 갖추었는지를 진단해 본다.

1. 리더의 특성, 어떤 요인들이 있을까?

1.1 개 요

훌륭한 리더들은 어떤 특성을 가지고 있을까? 리더들은 일반적인 사람들에 비해서 어떤 특성이 강할까? 이 질문에 답하기 위한 좋은 방법은 위대한 인물이나 유능한 리더들을 분석해서 그들의 특성을 탐색해보는 것이다.

특성(traits)이란 개인이 가지고 있는 성격, 욕구, 동기, 가치관, 자질, 역량과 같은 요소들을 말한다. 리더특성이론이란 유능한 리더들의 공통적 특성을 조사하여 다른 사람과의 차별성 및 성과와의 관계를 밝히는 이론을 말한다.

리더의 특성에 대한 견해들은 리더의 자질, 덕목, 역량 등의 명칭으로 고대로부터 제시되어 왔다. 수많은 연구를 통해 다양한 리더특성들이 제시되었지만, 몇 가지로 집약된 결론은 없다. 이해를 위해 몇 가지 리더의 덕목들의 사례를 제시하면 〈표 5.1〉과 같다. 가령 조선시대 사대부 자질의 4대 기준인 신(身, 외모), 언(言, 언변), 서(書, 지식·문장력), 판(判, 판단력)과 같은 것이다.

표 5.1 지도자에게 요구되는 특성요인의 예

구분	자질 및 능력	참고
사대부의 자질	신(身), 언(言), 서(書), 판(判)	한국
손자(孫子)	지(智), 신(信), 인(仁), 용(勇), 엄(嚴)	중국
통수강령(統帥綱領)	품성, 자질, 포용력, 의지, 식견, 통찰력	일본
클라우제비츠	용기, 기민성, 열정, 정확성, 침착성, 대담성, 지식, 통찰력	독일
플라톤	지적 열망, 기억력, 성실성, 용맹, 의지, 추진력	그리스

자료 : 박유진, 「리더십 마인드 & 액션」, 양서각, 2011. 149쪽.

아울러 리더들이 경계해야 할 점들도 유의해야 할 덕목이 된다. 중국 병서인 육도(六韜)는 장수의 열 가지 과오(10過)를 다음과 같이 제시하고 있다.

① 용맹이 지나쳐 죽음을 가벼이 보는 것
② 성미가 급해서 성급히 결판을 내려는 것
③ 탐욕스러워 자신의 이익과 공명심에 집착하는 것
④ 어진 마음으로 연약하여 적을 죽이지 못하는 것
⑤ 지모(智謀)는 있으나 겁이 많아 실행을 못하는 것
⑥ 신의가 있으되 아무나 쉽게 믿는 것
⑦ 청렴하되 도량이 좁아 남을 포용하지 못하는 것
⑧ 방책은 있으나 게을러서 때를 놓치는 것
⑨ 강직하나 고집이 세서 자기능력만을 믿는 것
⑩ 난국에 처하면 당황하여 운명이나 해결책을 남에게 의지하는 것

위와 같은 리더가 갖추어야 할 덕목과 더불어 경계할 점들은 모든 사람들에게 교훈이 될 수 있는 내용들로서 시대가 바뀌어도 변하지 않는 리더십의 본질을 잘 보여주고 있는 것이다.

리더특성에 대한 체계적인 연구는 1900년대 초반부터 미국을 중심으로 시작되었다. 많은 연구들이 우수한 리더들의 특성을 밝혀냈지만, 모든 상황에서 효과적인 공통점들을 집약하는 것은 여전이 어려운 과제이다. 국내·외의 연구들 중에서 중요하게 제시된 리더의 특성들을 살펴보자.

1.2 리더에게 요구되는 특성에 관한 다양한 견해들

경영자의 자질과 역량요소 관련 연구

• 바나드(Barnard, 1938)[5]: 경영자에게 필요한 정신 및 기술적 능력으로 체력(physical), 기억력(memory), 기술(technology), 상상력(imagination), 지각(perception), 지식(knowledge), 결단력(determination), 책임감(responsibility), 용기(courage), 지구력(persistence), 인내력(endurance), 설득력(persuasiveness) 등 12가지를 제시하였다.

• 카츠와 만(Katz & Mann, 1955, 1965): 리더에게 필요한 세 가지 기술을 실무전문 기술(technical skills)과 대인관계 기술(interpersonal skills) 및 개념적 기술(conceptual skills)로 제시하였다. 하위 관리층은 실무전문 기술이, 중간 관리층은 인간관계 기술이, 상위 관리층은 개념적 기술이 더욱 중요하다고 보았다.

• 유클(Yukl, 2002): 성공적인 리더들의 특성을 자질적 특성(traits)과 기술적 특성(skills)으로 나누었다. 자질적 특성들은 상황적응력, 사회적 환경, 민감성, 성취지향성, 확고한 믿음, 협조성, 단호함, 신뢰성, 지배성, 열정, 끈기, 자신감, 스트레스 견딤, 책임감 등이었다.

기술적 특성으로는 총명함, 개념능력, 창조성, 사교성, 언변력, 집단과업 지식, 조직력, 설득력, 사회성 등이었다.

---

5) C. Barnard, 「The Functions if Executives」, 1938.

• 대한상공회의소(보고서, 2004. 9): 200명의 우리나라 CEO의 특성을 분석하였다. 우리나라의 산업화와 정보사회화 과정에서 기업들을 이끌어 온 그들에게서 가장 많이 발견된 특성들은 결단력, 성실성, 도전정신, 친화력, 카리스마 등 다섯 가지였다.

• 보스턴컨설팅그룹(BCG, 2006)[6]: 리더십의 다섯 스킬로서 강렬한 의지, 용기, 통찰, 끈기, 부드러운 통솔력을 제시한다. BCG는 다섯 가지 요소 중에서 강렬한 의지를 기본 필수요건으로 보고, 용기와 통찰 및 끈기를 개인차원의 성과스킬로 보았으며, 부드러운 통솔력을 조직차원의 성과스킬로 계층화하여 경영자 컨설팅과 훈련에 활용하고 있다.

리더의 가치관 및 인성 관련 연구

• 짐 콜린스(Jim Collins, 2001): 1965년 이후 포춘(Fortune)지에 우수기업으로 소개된 1,435개 기업 중에서 더욱 발전한 기업들의 리더십을 탐색하였다. 〈표 5.2〉는 그가 분석한 리더십 모델은 우수한 개인인 1단계에서부터 우수한 경영자인 5단계까지의 과정을 보여주고 있다.

표 5.2 리더십 5단계 모델

단 계	명 칭	특 성
5	경영자	개인적 겸양과 직업적 의지를 융합하여 지속적으로 큰 성과를 일구어 냄
4	유능한 리더	저항할 수 없는 분명한 비전에 대한 책임의식을 촉구하며 정열적으로 추구하여 높은 성취기준을 자극함
3	역량있는 관리자	결정된 목표를 효율적으로 추구하는 방향으로 사람과 자원을 조직하고 관리함
2	합심하는 팀원	집단목표 달성을 위해 개인능력을 발휘하며, 다른 팀원들과 효율적으로 일함
1	뛰어난 개인	재능, 지식, 기술, 좋은 작업습관으로 생산적인 기여를 함

자료: Collins(2001), 「Good to Great」(이무열 역, 「좋은 기업을 넘어 위대한 기업으로」), 김영사, 43쪽.

6) 킨노 히로시, 「보스턴컨설팅그룹의 리더십 테크닉」, 비즈니스맵, 2006.

그는 위대한 기업을 일구어낸 경영자들은 5단계 수준의 리더십을 발휘했는데 그러한 경영자들의 특성은 〈표 5.3〉과 같이 직업적 의지와 인간적 겸양의 두 가지로 집약된다. 특히 그들의 인간적 겸양 때문에 쉬운 상대로 생각하고 가볍게 대했던 경쟁자들은 나중에는 한방 맞았다는 것을 인정해야만 했다고 기술하고 있다.

표 5.3 단계 5수준 리더십의 두 측면

직업적 의지	인간적 겸양
위대한 기업으로의 뚜렷한 전환점이 되는 초일류의 성과를 창출	비길 데 없는 겸손함. 대중 앞에서 떠벌이지 않음. 자기 자랑을 안 함.
장기간 최고의 성과에 필요한 일에는 아무리 어려워도 불굴의 의지를 보임	조용하고 차분하게 결정하며 행동함. 카리스마보다 격상된 기준에 입각하여 동기부여.
영속하는 큰 회사를 세우는 기준을 설정하고 미달에 만족하지 않음	자신이 아닌 회사의 야망에 집중. 후계자의 성공을 위한 기틀 마련.
결과가 나쁘면 외부 요인을 원망하지 않고 자신에게 책임을 돌림	성공에 대해 자신이 아닌 외부 요인에 공을 돌리고 행운에 찬사를 보냄

자료 : Collins(2001), 「Good to Great」(윗 책), 65쪽.

콜린스는 전문지식보다 중요한 것은 품성이라고 강조한다. 기술은 연마하고 지식은 습득할 수 있지만 품성은 쉽게 배울 수 있는 것이 아니기 때문이다.

• **류지성(2012)[7)]** : 탁월한 리더의 기본적인 두 요소로서 능력의 사다리와 인격의 사다리를 제시하며 두 가지를 통합할 줄 알아야 한다고 강조한다. 능력의 사다리가 있을지라도 인격이라는 또 하나의 사다리가 있어야 진정한 리더십이 완성된다는 것이다.

---

7) 류지성(2012), 「마음으로 리드하라」, 삼성경제연구소, 222쪽.

리더의 성격과 욕구관련 연구

• 만(Mann, 1959): 리더의 성격과 리더십 행동 간에 상관관계가 있음을 밝혔다. 성공적인 리더들의 주요 성격특성은 적응성, 외향성, 지배성향, 남성적 기질, 보수적 기질, 감수성 등이었다.

• 스미스와 로드왈트(Smith & Rhodewalt, 1986): 심장질환에 관한 의학계의 A형 및 B형의 성격과 경영성과의 관계를 연구하였다. A형과 B형은 네 가지 행동으로 비교된다. A형의 성격특성은 다음과 같다.

① **시간강박** 약속된 시간준수에 철저하고 서두른다. 본인이나 타인의 시간위반을 잘 참지 못하며 지연과 낭비 등 시간에 대해 걱정한다.

② **경쟁성** 자신의 성과를 다른 사람과 비교하고 경쟁자들보다 앞서거나 이기는 것을 중요시한다.

③ **다면적 행동** 한꺼번에 여러 가지 활동을 수행하려 하며 시간적 압박을 받지 않는 상황에서도 나타난다.

④ **적대성** 올바르지 못한 일들에 대해 개인이나 사회에 대해 분노하고 실수에 대해 관대하지 못하며 공격적인 행동성향을 보인다.

A형의 리더는 자신의 의도대로 다른 사람들을 통제하고자 하는 욕구를 행동으로 나타내는 경향이 있다. B형은 A형과 반대성향의 스타일을 말한다.

A/B형 성격은 리더십과 관련하여 각각 긍정적인 면과 부정적인 면을 내포하고 있다. 일반적으로 A형은 리더십을 적극적으로 발휘하고 높은 성과를 내는 경향이 있지만, 권한위임을 잘 못하고 성급하게 행동하는 부정적 경향도 있다.

• 성격유형 빅5 모델(Big Five Model of Personality): 대표적인 다섯 가지 성격유형으로 성실성(conscientiousness), 외향성(extroversion), 개방성(openness to experience), 정서적 안정성(emotional stability), 친화성(agreeableness)을 제시하였다. 〈표 5.4〉에서 보듯이 리더십과의 관련성을 보면 다섯 가지 성격의 수준이 높을수록 리더십에 긍정적인 효과를 가져 온다.

표 5.4 Big 5 성격과 리더십

낮은 사람의 특징(-)	Big Five 성격	높은 사람의 특징(+)
충동적, 무책임	성실성	믿음직함, 책임감, 계획적
조용한, 수줍은	외향성	활동적, 확신, 지배적, 다변적
입증된(익숙한) 것만 선호	개방성	호기심, 상상력, 창의성
자신감/자긍심 부족, 불안	정서적 안정성	안정적, 자신감, 자긍심, 침착
거리감, 붙임성 없음	친화성	온화, 배려, 유연, 품위

자료 : Judge T. A., Bono, J. E.,(2000), "Five factor Model of Personality and Transformational Leadership" JAP, 백기복, 리더십의 이해, 2009, 93쪽에서 재인용.

• 맥클랜드(McClelland, 1985) : 사람들은 성취욕구, 친화욕구, 권력욕구를 가지고 있다고 본다.

성취욕구는 난관을 극복하며 경쟁에서 승리하고자 하는 욕구로서 성과달성의 가장 핵심적인 에너지이다.

권력욕구는 타인을 통제하고 영향력을 행사하고 싶은 욕구이다. 리더는 개인적 이익을 위한 권력욕구를 자제하고 공공의 이익을 위한 권력을 추구해야 한다고 권고한다.

친교욕구는 타인과 친근한 관계를 맺으려는 욕구로서 구성원에 대해 상황에 적합한 적절한 수준에서의 관심표명과 행동이 중요하다고 본다.

리더는 특정한 욕구만으로는 성공을 보장받을 수 없다. 성취욕구는 권력욕구의 도움을 받아야 하고, 과도한 권력욕구를 조절하려면 친화욕구가 필요하다. 친화욕구 탓에 무뎌진 조직은 다시 성취욕구로 다스려야 한다.

리더의 에너지 저장고 속에서 이러한 선순환 작용이 원활히 이뤄질 때 조직은 좋은 결실을 거두는 것이다.[8]

8) 류지성(2012), 「마음으로 리드하라」, 삼성경제연구소, 186쪽.

특성연구들을 종합적으로 분석한 연구

• 스톡딜(Stogdill, 1948, 1974)[9]: 스톡딜은 20세기의 리더특성 연구들을 종합적으로 정리한 두 편의 연구결과를 발표하였는데, 첫 번째 연구(1948)는 1904년부터 1948년 사이에 발표된 124편을 분석한 것이다.

15개 이상의 연구에서 긍정적 특성으로 제시된 요인들은 지적 능력, 학력, 활동력과 사회적 참여, 책임감, 사회경제적 지위 등 5개였고, 10개 이상의 연구에서 긍정적으로 제시된 요인들은 사회성, 주도성, 인내력, 업무지식, 자신감, 상황 통찰력, 협동성, 인기, 적응력, 언변력 등 10개였다.

스톡딜의 두 번째 연구(1974)는 1949년부터 1970년 사이에 이루어진 163편의 논문들을 분석한 것이다. 이 분석에서 제시된 우수한 리더의 특성들은 활동력, 사회적 지위 등의 배경, 지능, 언변력, 지배성, 자신감, 성취욕구, 책임감, 행정관리능력, 대인관계 및 사회성, 교육, 지식, 정상적 성격, 열성, 정서적 균형, 독립성, 창의성, 주도성, 과업지향성 등이었다.

아울러 특정한 상황마다 적합한 리더특성이 존재한다는 것을 밝혔다. 가령 청소년 폭력집단의 리더에게는 무용(武勇, physical prowess)이 중요하였다. 무용(武勇)은 집단위기의 해결 등 리더로 인정받는 요인으로 작용하였다.

• 배스(Bass, 1990)[10]: Bass는 1945년에서 1979년까지의 52개의 실증연구에서 나타난 우수한 리더의 특성을 정리하였다. (괄호안의 숫자는 실증연구의 수)

전문기술(18), 사회적 친밀성(18), 동기부여(17), 집단과업의 지원성(17), 대인관계 기술(16), 정서적 균형과 통제(15), 관리적 기술(12), 인상(12), 지적 능력(11), 지배성과 결단력(11), 책임감당의지(10), 윤리적 행위(10)의 빈도가 높았고, 집단응집력 유지, 조정능력, 의사소통 능력, 체력, 창의성, 용기와 담력, 교양 등도 비교적 빈도가 높았다.

---

9) Stogdill(1974), *Handbook of Leadership: A Survey of The Literature*, The Free Press.

10) Bass, B.M.(1990), *Bass and Stogdill's Handbook of Leadership: Theory, Research, and Managerial Application*(3rd ed.), NY: The Free Press.

• 김경수 외(2004)[11]: 한국과 외국의 장군 각 20명씩 40명을 선정하여 리더십을 개인과 집단 및 조직수준에서 아래 표의 이론에 근거하여 분석하였다.

개인수준 분석	집단수준 분석	조직수준 분석
Jago의 특성요인이론	경로-목표이론	변혁적 리더십이론

① 신체적 특성: 체구와 풍모 등에서 공통점을 찾기 어려웠다. 강감찬은 작은 체격에 초라한 외모였으며, 최영은 장대하고 늠름하였고, 이순신은 약간 큰 편에 힘이 강했다. 한편 아이젠하워와 알렉산더 및 슈와츠코프는 키가 크고 건장하였고, 나폴레옹과 롬멜은 키가 작았지만 강골이었다.

② 능력과 기술적 특성: 가장 많은 공통적 장점은 지략(상황통찰력, 판단력, 결단력, 융통성)과 언변력이었다.

③ 성격특성: 가장 많은 공통점은 주도성과 추진력이었으며, 비교적 많은 공통점으로는 침착성, 창의력, 용기로 집약되었다.

개인적은 특징들은 다음과 같다. 이순신(창의력, 책임감, 침착), 최영(강직, 겸손), 시저(대담성), 패튼(명예욕, 독단성), 롬멜(자신에게 엄격, 지재력), 아이젠하워(원만함, 포용력), 몽고메리(근면, 완벽주의), 맥아더(자존심, 영웅적 개성), 한니발(동고동락). 임경업(솔선수범, 동고동락)이다.

④ 집단수준에서의 리더십: 〈경로-목표이론〉에 의한 분류는 다음 표와 같다.

지시형	지원형	참여형	성취지향형
나폴레옹, 롬멜, 최영	몽고메리, 이순신	아이젠하워	나폴레옹

⑤ 조직수준에서의 리더십: 변혁적 리더십의 대표적 장군으로는 이순신, 징기스칸, 나폴레옹, 몽고메리, 아이젠하워 등이었다.

11) 김경수 외, "명장의 리더십에 관한 연구", 「경영학연구」, 한국경영학회, 33권 5호 2004. 10 (pp. 1355-1396) 한국의 명장은 을지문덕, 이순신, 김유신, 권율, 김종서, 강감찬, 계백 등 삼국시대부터 조선시대에서 선정하였고, 외국의 명장은 시저, 알렉산더, 나폴레옹, 징기스칸, 맥아더, 롬멜, 슈와츠코프 등 고대부터 현대까지 망라하였다.

1.3 카리스마적 리더십이론에서 연구한 리더의 특성

카리스마! 뭔가 멋지고 신비감을 준다. 사람들의 추종을 받으며 역사적인 변화를 주도한 인물들은 대체로 강한 카리스마를 소유하고 있다. 서양 격언의 '위대한 리더는 많은 사상을 골고루 갖춘 사람이 아니라 한 가지의 확고한 신념을 가지고 실천하는 사람이다.'라는 말은 카리스마적 신념을 잘 보여주고 한다.

카리스마 이론은 리더의 카리스마가 어떻게 구성원과 조직성과에 영향을 미치는가를 설명하는 이론이다. 카리스마적 리더십은 조직이 어렵고 변화가 필요한 시기에 더욱 필요하다.

• **막스 베버(Max Weber)의 연구:** 베버는 세 유형의 지배가 있다고 보았다.

전통적 지배 세습적인 왕실지배 형태로서 관습이나 전통적 규범 등으로 공동체를 유지하는 것이다.

합법적 지배 법이나 규정 등으로 지배하는 것으로서, 산업사회 초기에 조직을 관리할 새로운 지배형태로 제시하였다.

카리스마적 지배 리더의 인간적 비범함에 사람들이 동조하고 추종한다.

베버는 카리스마적 리더의 특성을 다음과 같이 네 가지로 제시하고 있다.[12)]

① 숭고한 사명(mission)을 내세워서 사람들이 자신의 사명으로 수용하고 따르도록 영향력을 행사한다.

② 비범한 성과를 이루거나 사건을 만들어 추종자들에게 자신의 카리스마를 부각하고 확대시킨다.[13)]

③ 자신을 정점으로 하고 중간에 자신보다 낮은 카리스마적 리더를 둠으로써 최정점으로서의 이미지를 높인다.

④ 영향력은 시간이 지나면서 카리스마는 권력으로 고정화된다.

---

12) 백기복(2000), 「이슈 리더십」, 240－242쪽 참조.

13) 카리스마는 공동체를 발전시키는 긍정적인 것일 수도 있지만, 히틀러나 사이비 종교의 교주처럼 파멸과 쇠퇴의 길로 이끄는 부정적인 것일 수도 있다.

• 하우스(House)의 연구: 카리스마적 리더십 모델을 〈그림 5.1〉과 같이 제시하였다. 특히 리더의 중요한 카리스마적 행동은 다섯 가지이다.

그림 5.1 • 하우스의 카리스마적 리더십 모델

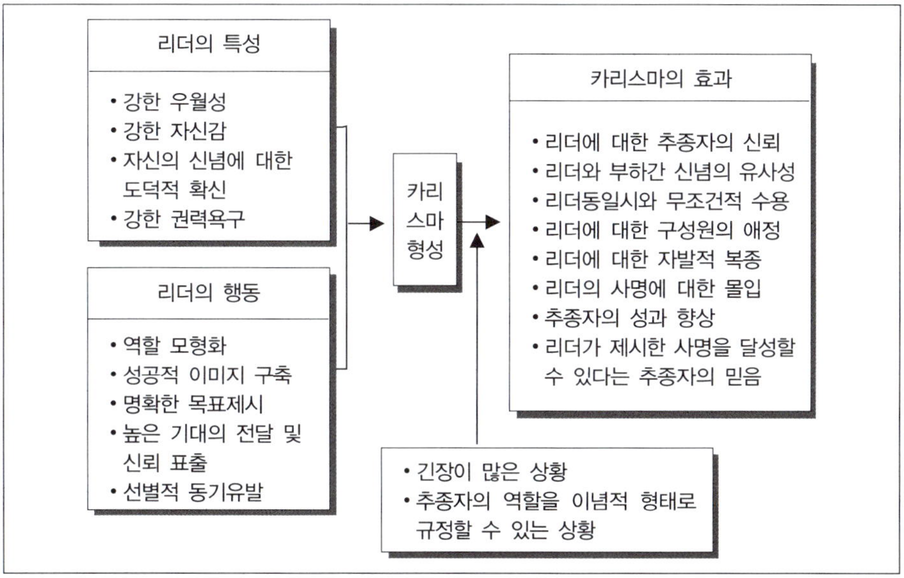

자료: House, R.J.(1977). A 1976 theory of charismatic leadership. In Hunt, J.G. & Larson, L.L.(Eds.) Leadership : The Cutting Edge, Carbondale : Southern Illinois Univ. Press.

① 역할모형화: 추종자들이 리더를 숭상하고 동일시할 수 있는 역할모델행동을 통해 카리스마적 효과를 향상시킨다.

② 성공적 이미지 구축: 특정한 상황에서 성공하는 극적인 모습을 보이는 행동을 통해 리더에 대한 신뢰와 충성을 유도한다.

③ 명확하고 확고한 목표의 제시: 추종자들에게 헌신할 기준과 방향감을 주어 자기역할에 관해 리더에게 충성할 근거를 만들어주게 된다.

④ 추종자들의 높은 성과에 대한 리더의 기대: 추종자들로 하여금 더욱 높은 목표를 설정하게 하며 달성의 자부심을 향상시킨다.

⑤ 선별적 동기유발행동: 추종자 개인별로 리더에게 특별한 사람이라는 자긍심을 심어주어 리더의 목표를 받아들이고 경쟁적 헌신을 하도록 작용한다.

• **콩거와 카능고(Conger & Kanungo)의 연구**: 콩거와 카능고(1987)는 구성원들이 리더를 카리스마가 있다고 느끼는 5가지 행동을 제시하였다.[14)]

① 전략적 비전의 제시와 구체화 행동(vision and articulation): 구성원들이 받아들일 수 있는 수준의 비전을 제시하며 설득적 호소를 한다.

② 상황 민감성(environment sensitivity): 조직이 당면하고 있는 환경조건들과 기회를 정확히 평가한다. 특히 타이밍을 적절히 선택한다.

③ 구성원들의 욕구에 대한 감수성(sensitivity of members' needs): 구성원들의 욕구와 가치관을 파악하고 적절히 반응함으로써 구성원들을 신뢰하고 그들을 위해 노력하는 리더라는 이미지를 통해 그들을 더욱 끌어당긴다.

④ 위험 감수 행동(personal risk): 어렵고 위험한 상황에서 이를 감당하는 행동을 보인다. 전형적인 카리스마적 행동으로써 구성원들이 리더를 카리스마답다고 인정하는 중요한 계기가 된다.

⑤ 비관행적 행동(unconventional behavior): 관행을 타파하고 새로운 방식이나 스타일을 추구하는 행동은 카리스마적 이미지를 높인다.

여러 연구들의 리더 카리스마적 특성을 종합하면 〈표 5.5〉와 같다.

---

14) Conger, J.A.(1989), *The Charismatic Leader: Behind the Mystique of Exceptional Leadership*, Cal.: Jossey-Bass.

표 5.5 카리스마적 리더의 특성과 리더십 효과

카리스마적 리더의 특성			리더십 효과 (추종자의 반응)
외형적 특성	심리적 특성	행동적 특성	
• 매력적인 외모 • 강렬한 눈빛 • 매혹적인 목소리 • 위용있는 태도 • 강렬한 인상 • 품위있는 이미지	• 강한 자신감 • 자신의 이상에 대한 믿음 • 이상실현의 열정 • 상황 통찰력 • 부하와 상황 민감성 • 강한 권력욕구 • 덕망과 배포	• 이상적 비전의 제시 • 설득적 언변 • 비관행적 행동 • 위험감수와 모험 • 추종자의 신뢰표현 • 추종자에게 높은 성과 기대 표출 • 상징적 이미지 창출 • 신비감 있는 행동 • 역할 모델링 표본 • 비전실현의 구체적 전략	• 리더에 대한 신뢰와 존경 • 리더와 비전에 감성적 몰입과 실현노력 • 자발적이고 경쟁적인 충성과 헌신 • 경쟁집단에 대해 우월적 신념 • 높은 성과창출을 위한 몰입적 노력 • 리더 동일시 노력

자료 : 필자가 구성하였음.

모든 사람들은 자기연마를 통해 카리스마적인 행동을 개발할 수 있다. 뒤브린 교수의 제언을 참고해 보자.

카리스마 훈련 스스로 카리스마적이라고 생각하는 사람은 별로 없다. 카리스마를 특별한 사람들의 강력한 선천적 자질이거나 신비로운 힘과 동일시하지만 훈련과 학습으로 자신의 카리스마를 만들 수 있다. 모든 사람들이 레이건이나 헬렌 헌트처럼 경이로운 매력을 발산하기는 어렵겠지만 지금의 모습보다 훨씬 더 카리스마적인 사람이 될 수 있다.

그 방법은 자신이 원하는 카리스마적 이미지를 설정하고 그 이미지로 변화하도록 연습하는 것이다. 변화에는 열정과 겸손이 중요하다. 강렬한 열정은 타인의 주목을 끌게 하고 겸손은 사람들에게 호감을 주어 다가오게 한다. 두 요소를 결합하면 카리스마의 시너지를 창출할 수 있다. 열정만 강하면 오버한다는 인상을 주며 겸손만으로는 무기력한 현실안주자라는 인상을 준다.

사람들에게 경계심을 주지 않고 새로운 행동패턴을 체득하는 데에는 6개월에서 1년 정도가 필요하다. 카리스마는 단계적으로 변화할 필요가 있다. 금요일에는 은발이었는데 월요일에 흑발이 되어 나타나면 부자연스럽다. 카리스마란 원래 노력하지 않은 듯 자연스러운 것이기 때문이다. – 앤드류 뒤브린 교수, Rochester Institute of Technology. (휴넷, 2005. 5. 20)–

1.4 서번트 리더십이론에서 보는 리더의 특성

• **서번트 리더십** : 서번트 리더십은 어원인 하인(servant)에서 비롯되었으며 그린리프(Greenleaf)의 저서 「Servant Leadership」을 통해 주목받게 되었다. 서번트 리더십은 '타인을 위한 봉사의 마음으로 구성원과 고객 및 공동체를 우선으로 여기며 그들의 욕구를 만족시키기 위해 헌신하는 리더십'으로 정의된다.

'리더가 제일 처음 할 일은 현실을 파악하는 것이고, 마지막으로 할 일은 고맙다는 말을 하는 것이다. 그 중간에 할 일은 하인으로 봉사하는 것'이라는 맥스 디프리의 말은 서번트 리더십의 의미를 잘 나타내고 있다.

그린리프는 서번트 리더십의 기본 아이디어를 헤르만 헤세의 작품인 「동방으로의 여행」에서 얻었다고 하였다. 레오(Leo)는 동방여행자들을 위해 허드렛일을 하는 사람이다. 여행 중에 레오가 있는 동안에는 문제가 없었지만, 어느 날 그가 사라지자 일행은 혼돈에 빠지고 여행은 중단되었다. 레오의 역할은 하인이 아니라 리더였던 것이다.

그린리프 연구센터의 연구소장인 스피어스(Spears)는 서번트 리더의 특징을 여섯 가지로 정리하고 있다.[15)]

① 경청(Listening): 구성원의 욕구를 알기 위해 존중과 수용적인 태도로 그들의 목소리에 귀를 기울인다.

② 공감(Empathy): 구성원과의 감정의 공감을 형성하여 일체감을 갖는다.

③ 치유(Healing): 구성원의 마음의 아픔을 헤아리고 감싸 안아준다.

④ 스튜어드십(Stewardship): 구성원을 위해 자원을 지원하고 봉사한다.

⑤ 구성원의 성장을 위한 노력(Commitment to the growth of people): 구성원들의 성장을 위해 기회와 자원을 제공한다.

⑥ 공동체 형성(Building community): 서로 존중하며 봉사하는 진정한 공동체를 만들어 간다.

---

15) 미국 인디애나 폴리스에는 그린리프 연구센터(Greenleaf Center for Servant Leadership)가 있으며 서번트 리더십의 연구와 프로그램 등을 개발하고 있다.

• **자기희생적 리더십** : 봉사를 넘어 리더는 자기희생을 통해 구성원들을 이끌어갈 수 있다. 특히 조직이 어려움에 처한 경우에 리더가 솔선하여 희생하며 조직을 살리려는 모습을 보이면 구성원들에게 정서적 감동을 일으켜 구성원들의 동참을 이끌어내어 어려움을 극복하고 조직성과를 개선하게 된다.

리더의 자기희생은 세 가지 범주에서 이루어진다.[16]

① 업무분장의 희생(division of labor): 위험하고 힘들며 기피되는 업무, 역할, 순번 등을 자청하는 희생이다.

② 보상분배의 희생(distribution of rewards): 정당하게 주어지는 휴가나 성과급을 반납하는 행위 등 금전적 · 비금전적 보상을 포기하거나 줄이는 희생이다.

③ 권한행사의 희생(exercise of power): 종업원들과 숙식을 함께 하고 배정된 운전기사를 다른 직무에 돌리는 행위 등 권한의 사용을 자제하거나 포기하는 희생이다.

자식을 위해 희생하는 우리들의 전통적인 어머니 상은 대표적인 자기희생적 리더의 모습이다. 다음의 글을 보며 자기희생적 리더십의 의미를 새겨보자.

세상에서 가장 아름다운 모습 시장의 작은 분식점에서 찐빵과 만두를 만들어 파는 어머니가 있었습니다. 어느 날 소나기가 내리기 시작하자 어머니는 서둘러 우산을 들고 딸이 다니는 미술학원으로 갔습니다. 학원 문을 열려다 말고 자신의 옷차림을 살폈습니다. 작업복에 낡은 슬리퍼, 앞치마엔 밀가루 반죽이 덕지덕지 묻어 있었습니다. 감수성이 예민한 여고생 딸을 생각한 어머니는 학원이 파할 때까지 기다리기로 했습니다.

어머니가 문득 3층 학원을 올려다봤을 때, 마침 창문에서 어머니를 내려다보던 딸과 눈이 마주쳤습니다. 어머니는 반갑게 손짓을 했지만 딸은 잠시 보다가 얼굴을 돌렸습니다. 초라한 엄마가 기다리는 걸 원하지 않는 것 같아 어머니는 고개를 숙인 채 그냥 돌아섰습니다.

---

16) 최연(2001), "자기희생적 리더십 : 연구현황과 과제". 「인사관리연구」, 24(2).

한 달 뒤 어머니는 학생회관에서 미술학원 학생들의 작품전시회가 있다는 연락을 받았습니다. 딸이 부끄러워할 것만 같아 망설이던 어머니는 저녁에야 이웃집에 가게를 맡기고 전시회장에 갔습니다. "끝나 버렸으면 어쩌지…" 다행히 전시회는 끝나지 않았습니다. 벽에 걸린 그림들을 살펴보던 어머니는 한 그림 앞에서 그만 가슴이 뭉클하며 벅차올랐습니다.

'세상에서 가장 아름다운 모습'

그림의 제목이었습니다. 비, 우산, 밀가루 반죽이 허옇게 묻은 앞치마, 그리고 낡은 신발. 그림 속엔 학원 앞에서 딸을 기다리던 자신의 초라한 모습이 고스란히 들어 있었습니다. 어머니에게 다가온 딸은 환하게 웃고 있었고, 모녀는 그림을 보며 꼭 껴안았습니다.

– 사랑은 표현할 때 더욱 빛나는 것입니다 –

1.5 윤리적 리더십에서 보는 리더의 특성

리더의 윤리성(도덕성)은 동서고금을 막론하고 항상 중요한 문제이다. 오늘날 '노블리스 오블리제'는 대표적인 사회적 요구다. 리더에게 도덕성에 흠이 있으면 다른 우수한 자질들도 좋은 평가를 받지 못하기 때문이다. 리더의 윤리적 자질에 관해 다섯 가지 요소를 참고할 수 있다.[17)]

① 타인을 존중하는 것이다. 사람이란 일의 수단이 아니고 사람 자체가 목적이기 때문이다. 내가 존중받고 싶듯이 타인을 존중해야 한다.

② 타인을 위한 봉사이다. 이기적 동기보다도 이타적 동기를 높게 평가한다.

③ 공정성이다. 사람들을 나의 이해에 따라 차별적으로 대하지 않으며 사람들이 지닌 가치를 올바르게 평가해 준다는 것이다.

④ 정직이다. 정직성은 리더에 대한 신뢰의 가장 중요한 기반이자 소통의 열쇠이다. 신뢰를 잃은 리더는 모든 것을 잃었다고 해도 과언이 아니다.

⑤ 공동체를 일구는 것이다. 리더십은 혼자 달리고 혼자 연주하는 일이 아니다. 목표를 향해 함께 달리고 협주를 하며 화음을 만드는 일이다.

---

17) Northouse, Peter G. *Leadership*, (김남현 외 역, 2009), 「리더십」, 경문사. 338-397쪽.

1.6 리더의 바람직한 특성에 대한 종합적 견해

위에서 살펴보았듯이 리더에게 요구되는 자질, 덕목, 능력 등은 매우 많고 다양하다. 모든 것을 갖출 수도 없고 선별하기도 어렵다. 내가 리더의 역할을 수행한다면 어떻게 해야 할까?

① 인간은 신이 아니다. 모든 자질과 능력을 갖춘 만능의 완벽한 리더가 될 수는 없다는 점을 이해해야 한다. 그래야 겸손해지고 실수에 대해서도 과도한 자책을 하지 않는다.

② 리더십상황이 다양하기 때문에 사람마다 견해가 달라 집약하기 어렵지만 기본적으로 중요한 리더특성들이 많다. 필자의 관점에서는 용기, 신념, 열정, 도덕성, 집념(끈기), 주도성, 판단력, 친화력(감성교감), 담력(배짱), 침착성 등이 유능하고 성공하는 리더에게 중요한 기본적 특성이라고 본다.

③ 리더에게 요구되는 자질과 역량 등의 특성들은 집단과 조직에 따라 달라진다. 가령 공공기관의 책임자, 회사의 경영자, 군대의 지휘관, 학교의 교장이나 담임교사, 학생회의 간부, 종교기관의 지도자, 봉사단체의 지도자, 취미클립의 리더 등에게 모두 동일한 자질과 역량이 요구되는 것이 아니라 그 상황에 더욱 적합한 자질과 역량이 요구되는 것이다.

④ 리더십은 몇 가지 특성이라도 강하게 가졌을 때 더욱 선명하게 발휘되는 경향이 있다. 철저하게 업무를 챙긴다든지, 배짱이 두둑하고 대범하다든지, 결단력이 있다든지, 포용력과 친화력이 강하다든지, 매우 엄정하다든지 하는 그런 특성들이다. 그런 강한 특성들이 그 사람의 카리스마가 될 수 있다.

⑤ 자기의 상황에 맞는 자신의 리더십 특성을 키워야 한다. 어떤 자질과 역량 등이 필요한가를 판단하여 장점을 키우고 단점을 보완하는 노력이 필요하다. 특히 단점을 보완하는 노력도 필요하지만 장점을 더욱 강렬한 강점으로 배양하는 노력이 더욱 중요하다.

2. 리더사례, 그들의 리더십 특성은 무엇일까?

리더십이란 공통의 표준이라기보다는 개성적 능력이다. 리더십의 사례로써 박용만 회장과 히딩크 감독에 관한 자료를 읽고 리더로서의 그들의 특성을 찾아보자.

(1) 두산그룹 박용만 회장[18)]

'사람이 자산인 기업이 끝까지 살아남는다. 미스터 M&A!' 자산규모 26조원의 재계서열 10위권인 두산그룹 박용만 회장에 대한 재계의 평이다. 과거 소비재 중심의 중견그룹이었던 두산이 단 10여년 만에 인프라 지원사업(ISB) 중심의 중공업그룹으로 변모하는 과정에서 인수합병과 재무관리 등 굵직굵직한 사안들을 책임지고 추진했다. 특히 두산그룹의 인수합병 과정에서 치밀한 조사와 탁월한 수치감각을 발휘해 재계의 시선을 한 몸에 받기도 했다.

그는 경기고와 서울대 경영학과를 졸업한 엘리트이다. 대학 졸업 후에는 미국 보스턴대 경영학석사과정을 마쳤다. 사회생활경력은 1977년 한국외환은행에서 시작하여 1982년 두산건설에 입사한 후 두산그룹 기획조정실장과 (주)두산, 두산인프라코어 등의 임원을 두루 거쳐 2009년부터 (주)두산의 대표이사 회장직을 맡았다.

그는 소탈하고 친근한 CEO라는 평가도 받고 있다. 직원들의 회식자리에 자주 동석하는가 하면 술 취한 모습을 SNS에 올리거나 부인에게 혼나고 눈치를 보는 소소한 일상들을 공개하기도 한다. 값비싼 위스키나 고가의 와인보다 막걸리를 좋아한다. 여직원이 실수로 잘못 보낸 문자에 장난스러운 답장을 하는가 하면 TV 연예프로그램에 출연해 여자친구를 찾는데 실패한 직원을 조용히

18) 서종열, LUXMEN 매거진, 매일경제신문, 2012.10.5. 내용을 인용하면서 분량을 줄여 정리하였음.

식사자리에 불러 위로하기도 하여 직원들로부터 '회장님 아부지'라는 애칭으로 불리고 있다. 치밀하고 선 굵은 경영을 하면서도 직원들에게는 너그럽고 격의 없는 소탈한 CEO의 두 모습을 갖추고 있다.

박 회장이 가장 중시하는 경영요소는 무엇일까? '사람'이다. 그룹회장에 취임했던 2009년 4월 5일 간담회에서 "인재확보를 통해 승부를 내는 게 가장 확실하고 지속가능한 길"이라고 강조했다.

두산그룹 TV 광고의 '사람이 미래다'는 박 회장이 직접 만든 문구이다. 그는 "사람이 자산인 기업은 업종이 바뀌거나 경영상황이 변해도 살아남는다."고 강조하며 아무리 일정이 바빠도 인재와 관련된 사항은 직접 챙긴다. 대학채용설명회에 직접 참석해 회사의 비전과 실적을 설명하는 CEO는 그가 거의 유일하다. 또 MBA 졸업생을 스카우트하기 위해 직접 미국에 건너가 인터뷰를 진행하고 해마다 신입사원 환영회와 뒤풀이에서는 직접 술잔을 부딪치기도 한다.

인재를 중시하는 것은 어떤 기업이든 똑같지만 그의 인재론은 약간 다르다. 그는 천재보다는 노력하는 둔재를 더 높이 평가한다. 뛰어난 능력으로 팀의 불화를 일으키는 것보다는 팀 전체가 한마음으로 화목하게 진행하는 '인화'를 중시하기 때문이다.

과거 저널리스트를 꿈꿨던 때문일까. 박 회장은 소통 잘하는 경영인으로도 유명하다. 트위터, 페이스북 등의 SNS 분야에서 큰 인기를 누리고 있다. 부인을 '뷘마마'로 부르며 자신의 소소한 일상에서부터 사회문제에 이르기까지 다양한 분야에 대해 소탈하게 얘기한다. 개인 팔로어가 13만여명에 이르며 트위터와 페이스북울 통해서 자신의 생각을 자유롭게 소통한다. 한 언론인터뷰를 통해 그는 SNS를 하게 된 것은 기업철학과 무관한 이들과 만나기 위해서라고 말했다.

그는 얼리 어답터(early adapter)로 불린다. 아이폰 마니아를 자처하는 그는 SNS가 국내에서 생소할 때 가장 먼저 가입해 활동한 초기회원이다. 또 신형의 다양한 디지털 기기가 출시되면 개봉기를 올리는 호기심 가득한 평범한 일상을 보여주기도 한다. 대부분의 경영인들이 사생활을 철저히 비공개로 하는 것과

달리 자신의 가정생활 등 일상을 솔직하고 재미있게 공개하여 준개그맨이란 평가를 받기도 한다.

〈박용만 회장의 리더십 특성〉

리더십 특성	내 용

(2) 히딩크 축구감독[19]

히딩크는 한국의 월드컵 축구감독을 맡아 2002년 월드컵에서 불멸의 4강 신화를 만들어낸 명감독이다. 축구와 기업 경영의 공통점을 찾는다면 승자와 패자가 있다는 점이다. 축구에는 감독, 팀, 선수, 전략과 전술이 있고 기업에는 경영자, 조직, 조직원, 경영전략이 있다. 특히 감독과 최고경영자의 역할은 성패를 가름하는 결정적 요소다.

월드컵 한국대표팀의 괄목할 만한 성장을 이끌어낸 거스 히딩크 감독의 리더십이 주목받는 것도 이 때문이다. 히딩크 리더십에서 가장 중요한 것은 철저한 원칙주의자라는 점. '경기의 흐름을 컨트롤하고 경기를 최대한 지배하며 어떻게 창조적인 게임으로 만들 것인지를 생각한다.'는 것이 히딩크 감독의 기본원칙이다. 이를 경영에 대입하면 '시장의 흐름을 컨트롤하고 시장을 최대한 지배하며 어떻게 창조적인 경쟁력을 지닐 것인가 늘 생각하라'는 말로 바꿀 수도 있다.

---

19) 서화동, '히딩크식 경영'엔 특별한 게 있다', 한국경제신문 인터넷기사, 2002.6.1

상황이 악화되어도 긍정적으로 사고하고 희망을 버리지 않는 것도 히딩크 리더십의 장점이다. 감독 취임 후 노르웨이와의 첫 경기에서 2대3으로 역전패 당한 뒤 히딩크는 이렇게 말했다. "발전의 가능성을 보여줬다." 파라과이와의 경기에서 선취점을 지키지 못하고 승부차기까지 갔을 때에는 "재검토할 부분이 있다는 것을 안 것이 수확"이라고 했다.

히딩크에 관한 책을 낸 신문선 해설위원은 "가능성은 1%만 있어도 충분하다"며 "패배의 쓴잔을 마시고도 희망적인 전망을 내놓을 수 있는 것이 명장의 리더십"이라고 평가했다. 패배했다고 주저앉기보다는 실패를 거울삼아 다음의 승리를 준비한다는 것이다.

히딩크 감독은 규율을 엄격히 적용하면서 조직을 장악한다. 복장을 통일하라, 휴대폰 소음을 내지 마라, 식사시간을 지켜라, 선수단 이외의 사람은 미팅을 참관하지 마라, 숙소를 절간같이 하라. 이러한 규율적용으로 히딩크 감독은 훈련 시작 며칠 만에 조직을 장악했다. 물론 선수들에게 재충전을 통해 생각할 시간을 갖도록 배려한다. 또한 번뜩이는 기지와 유머로 친화력을 잃지 않는다.

스타 플레이어보다 조직력을 강조하는 것도 히딩크 리더십의 특징이다. 이밖에도 자기보다 강한 팀과 승부하는 도전정신, 문제점을 고치고 전문가의 조언을 구하는 겸손한 자세, 몸만 뛰지 말고 머리도 함께 뛰라는 창의적 플레이 등 리더십 지침들을 제시하고 있다.

〈히딩크의 리더십 특성〉

리더십 특성	내 용

3. 리더의 특성 진단하기

리더의 특성을 진단해 보자. 가까이 관찰할 수 있는 리더, 가령 학과나 동아리 대표, 직장의 상사, 부모님 등을 대상으로 선정합니다.

(1) 리더 특성의 진단

표 5.6 리더특성요소 측정설문

※ 귀하는 측정하고자 하는 리더를 어떻게 생각하십니까? 직접 목격했거나 경험한 사례 및 평소 언행들을 중심으로 판단하여 해당란에 점수를 부여합니다.

측정하고자 하는 대상자 (   )

매우 그렇지 않다	그렇지 않은 편	보통	그런 편이다	매우 그렇다
1점	2점	3점	4점	5점

번호	리더특성 설명	점수
1	(신념) 가치관에 대한 믿음이 확고하고 이루어내려는 굳은 의지가 있다.	
2	(추진력) 한 번 결심한 일은 어려움이 있더라도 끈질기게 이루어낸다.	
3	(도덕성) 사회적·윤리적으로 비난받을 일은 하지 않는다.	
4	(친화력) 사람들과 친밀한 인간관계를 만들고 유지하는 능력이 있다.	
5	(주도성) 인간관계/의사결정에서 자신의 의지대로 분위기를 이끌어간다.	
6	(침착성) 급박한 상황에서도 당황하지 않고 침착하며 사태를 파악한다.	
7	(열정) 하고자 하는 일에 흥미를 가지고 몰입하여 수행하는 에너지가 있다.	
8	(판단력) 복잡하거나 어려운 상황에서도 사태를 정확히 진단한다.	
9	(융통성) 고정관념에 사로잡히지 않고 상황에 맞게 새로운 대안을 실행한다.	
10	(책임감) 임무와 사람에 대해 할 바를 다하고 잘못에 대한 책임을 감당한다.	

☞ **판단**

측정대상자	점수 ( )점	판단 ( )	특징요소:
나의 진단	점수 ( )점	판단 ( )	특징요소:

*판단기준; 매우 우수(40점 이상), 우수(31~39), 보통(21~30), 미흡(20점 이하)

• 자료 : 필자가 구성하였음.

(2) 카츠와 만의 리더십 역량 측정표

카츠와 만(Katz & Mann)이 제시한 실무전문기술과 대인관계기술 및 개념적 기술을 진단한다. 주위의 리더나 자신을 대상으로 진단해 보면 좋은 참고가 될 것이다.

표 5.7 카츠와 만의 리더십 역량 측정설문

※ 아래 설문을 읽고 각 설명에 대해 가장 적합한 점수를 부여합니다.

측정하고자 하는 리더 (   )

매우 그렇지 않다	그렇지 않은 편	보통	그런 편이다	매우 그렇다
1점	2점	3점	4점	5점

문항	점수
1. 그는 구체적이고 효과적인 직무수행방법을 배우는 것을 좋아한다.	
2. 그는 그의 생각을 다른 사람들이 어렵지 않게 잘 받아들이도록 한다.	
3. 그는 추상적인 아이디어와 관련된 일들을 즐겨 수행한다.	
4. 그는 업무현장의 실무기술과 관련된 일은 즐겁게 수행한다.	
5. 그는 다른 사람들을 이해하는 것이 매우 중요한 일이라고 생각한다.	
6. 그는 '큰 그림'을 그리는 일(포괄적 전망)을 어렵지 않게 해 낸다.	
7. 그의 중요한 역량 중의 하나는 실무적인 일들이 잘 되어가게 하는 능력이다.	
8. 그의 관심사는 원활한 의사소통을 위해 협력적 분위기를 조성하는 것이다.	
9. 그는 복잡하게 얽힌 조직문제를 풀어가는 일에 흥미를 느낀다.	
10. 그는 지시대로 일하고 서식대로 서류를 작성하는 일은 즐겁게 잘 해낸다.	
11. 그는 구성원 간에 교류하는 관계를 이해하는 것을 매우 중요하게 생각한다.	
12. 그는 조직성장을 위한 전략을 수립하여 실행에 옮기는 일을 좋아한다.	
13. 그는 자기에게 부여된 과제들을 능숙하게 잘 완수한다.	
14. 그는 모든 부분들이 협동적으로 일하도록 하는 것에 관심을 가지고 실행한다.	
15. 그는 조직의 사명/비전을 설정하는 일을 가치있게 생각하며 실행한다.	
16. 그는 부여된 과제들을 수행할 실질적인 방법들을 알고 있다.	
17. 그는 의사결정이 다른 사람들에게 미칠 영향을 고려하면서 의사결정을 한다.	
18. 그는 조직의 가치와 경영철학을 세우고 실천하는 일을 보람있게 수행한다.	

☞ 계산

• 18개 설문에 각각 점수를 부여합니다.

☞ 판단

• 다음 표에서 총점을 계산하고 평균을 구하여 역량의 수준을 판단합니다.

역량구분	해당 문항	개수	총점	평균	판단	판단기준
실무전문기술	1, 4, 7, 10, 13, 16	6				• 높음; 3.5 이상 • 중간; 2.5~3.5 • 낮음; 2.5 미만
대인관계기술	2, 5, 8, 11, 14, 17	6				
개념적 기술	3, 6, 9, 12, 15, 18	6				

☞ 참고

• 자료 : P.G Northouse, Leadership, 4th ed, 김남현(역), 「리더십」, 2009, 경문사 85p~87p

• 측정의도에 맞도록 필자가 문장을 일부 수정하였음.

(3) 서번트 리더십 진단

표 5.8 서번트 리더십의 특성 측정설문

측정대상 리더 (   )

※ 하급자에 대한 봉사적 태도를 강조하는 서번트 리더십의 중요 실천요인들은 정직, 겸손, 섬김, 배려 등인데, 이 중에서 '섬김' 요인만 진단합니다. 아래 설문을 읽고 당신이 생각하는 리더에 대해 가장 적절한 점수를 부여합니다.

매우 그렇지 않다	그렇지 않은 편	보통	그런 편이다	매우 그렇다
1점	2점	3점	4점	5점

번호	진단설문	점수
1	다른 사람과 일할 때 그의 지위와 능력에 상관없이 존중한다.	
2	이용당하더라도 함께 일하는 사람들을 받들려는 자세를 유지하려고 한다.	
3	다른 사람들과 일할 때 기꺼이 개인적 희생을 감수한다.	
4	상대방의 부당한 비난과 반대를 견디려는 자세를 갖추고 있다.	
5	다른 사람을 섬기려는 따뜻한 마음을 가지고 있다.	
6	리더의 자리는 높은 지위가 아니라 책임감이 더 막중한 자리라고 생각한다.	
7	남들의 모심을 받는 것보다 남들을 모시는 것을 더 편안하게 생각한다.	
8	자신의 이익보다 함께 일하는 사람들의 이익을 위해 일하려 한다.	
9	야망은 다른 사람들을 더 잘 섬기며 그들을 성공시키는 것이다.	
10	다른 사람들에게도 서번트 리더가 되라고 영감을 준다.	
11	함께 일하는 사람들의 성별, 인종, 종교, 민족, 지위 등에 개의치 않는다.	

☞ 계산 및 판단

• 총점을 문항수(11개)로 나누어 평균점수를 구하여 서번트 리더십수준을 판단합니다.

구분(문항수)	총점	평균	판단
11개 항목			

*판단기준; 매우 높음(4.0 이상), 높음(4.0~3.5), 보통(3.5~3.0), 낮음(3.0~2.0), 매우 낮음(2.0 미만)

☞ 참고

• 자료 : "서번트 리더십 체크리스트", '「리더피아」, 2007. 4.'

리더십 이론 3;

Chapter 6

리더로서 바람직한 행동은 무엇인가?

학습목표

① 리더의 다양한 행동유형을 이해하고 나와 주변의 리더들을 분류해 본다.
② 리더의 행동유형이 구성원의 행동에 어떤 영향을 미치는지 이해한다.
③ 나의 특성을 고려하였을 때 바람직한 행동유형이 무엇인지 생각해 본다.

1. 리더의 행동, 어떤 유형들이 있을까?

1.1 개 요

모든 사람들처럼 리더들도 나름대로의 행동스타일이 있다. 집단의 문제를 결정할 때 구성원들과 협의하는 사람도 있고, 자기 판단대로 밀어붙이는 사람도 있다. 리더들의 행동스타일을 분류하고 구성원이나 조직성과에 어떤 영향을 미치는가를 규명하고자 하는 이론을 리더행동(유형)이론이라고 한다.

리더행동이론은 리더특성이론과 더불어 리더를 분석하는 가장 중요한 방법인데, 핵심은 리더의 어떤 행동스타일이 더욱 효과적인가를 규명하는 것이다.

리더행동이론은 리더십개발에 도움이 된다. 성격이나 가치관 등 내면적 특성은 수정하기가 어려운데 비해 행동은 상대적으로 수정하기가 쉽다. '리더십은 교육훈련 등을 통해 개발될 수 있다'는 가능성에 무게를 두고 있는 것이다.

제1절에서 리더유형연구 내용들을 소개하고 제2절에서는 효과적인 리더유형을 판단하며 제3절에서 행동유형을 측정하고 진단할 것이다.

2.2 리더 행동유형에 관한 다양한 연구들

리더의 행동유형은 여러 연구들을 통해 다양하게 분류되었다. 표준이 되었던 몇몇 연구들을 살펴보기로 한다.

(1) 미국 아이오와 대학교의 연구에서 분류한 세 유형[20]

리더를 민주형, 권위형, 방임형으로 분류한 첫 연구이다. 미국 아이오와(Iowa) 대학교의 레윈(Lewin) 교수팀은 초등학생들을 대상으로 소품을 만드는 공작시간에 선생님의 지도스타일에 따라 어떠한 행동과 학습성과를 보이는가를 실험적으로 연구하였다. 이 실험에서는 3명의 대학생을 교사로 훈련시켜 각각 권위형(authoritarian)과 민주형(democratic) 및 방임형(laissez faire)의 리더십 행동을 하도록 하였다.[21]

• 권위형 리더십 명령적이고 의사결정에 학생들의 참여를 허용하지 않는 독단적 스타일로서, 공작수업은 학생들이 교사의 지시에 복종하며 수행한다.

• 민주형 리더십 수업진행에서 학생들의 의견을 반영하는 참여적인 집단토의와 의사결정를 권장하고 교사의 강제보다는 학생의 자발적 참여를 유도한다.

• 방임형 리더십 수업진행에서 교사의 지시나 통제 등의 개입을 최소화하고 학생들에게 거의 완전한 자율권을 주는 유형이다.

학생들을 세 집단으로 나누어 6주마다 선생님이 바뀌는 순환교육을 받으며 세 유형의 선생님의 지도를 경험하였다. 학생들에게 주어진 과제는 물건(가면, 모형비행기, 장식, 비누조각품 등)을 만드는 것이었고, 연구팀은 학생들의 과제 수행성과와 만족도를 측정하였다. 세 리더십 유형 중에서 어떤 스타일이 가장 효과적일까?

---

20) ① Lewin. K., Lippitt R.(1938), “An experimental approach to the study of autocracy and democracy”, *Sociometry*, 292-300. ② Lewin. K., Lippitt R., and White R. K.(1939), “Patterns of aggressive behavior in experimentally created social climates”, *Journal of Psychology*, 271-301.

21) 제3절에서 세 유형의 리더십 행동특성에 대한 측정을 할 것이다.

(2) 미국 오하이오 주립대학교의 연구에서 분류한 두 유형[22)]

오하이오 주립대학교(OSU; Ohio State Univ.)의 경영연구소는 1945년부터 '리더들이 구성원들을 지도할 때 어떻게 행동하는가?'를 연구하기 위해 리더행동기술설문지를 개발하고 이를 바탕으로 리더행동유형을 구분하였다. 최종적으로 과업에 중점을 두는 구조주도행동(initiating structure)과 인간관계에 중점을 두는 배려행동(consideration)의 두 범주로 유형화하였다.

- 구조주도 조직목표를 달성하기 위해 구성원들의 역할을 규정하여 이끌어 가는 행동을 말한다. 리더가 표준을 설정하여 준수할 것을 강조하며, 목표와 과업을 할당하고 실행과정을 통제하는 등 리더가 업무수행을 주도하는 행동이다.
- 배려 리더가 우호적인 태도로 구성원을 신뢰하고 지원하며, 복지나 개인문제에 관심을 가지고 원만한 인간관계를 유지하면서 과업을 수행하도록 하는 행동을 말한다.

리더들은 하나만 선택하는 것이 아니라 동시에 두 유형의 행동을 할 수도 있다. 어떤 리더행동스타일이 더욱 효과적일까?

참고; 미국 미시건대학교의 리커트(Likert)교수팀은 유사한 연구를 하였는데[23)] , 결과적으로 분류한 두 유형 과업지향적 행동(job-centered behavior)과 종업원지향적 행동(employee-centered behavior)이었다.

과업지향적 행동 OSU의 구조주도행동과 유사하다. 핵심요소는 목표강조와 과업촉진 행동이었다.

종업원지향적 행동 OSU의 배려행동과 유사하다. 핵심요소는 리더의 지원과 상호작용의 촉진이었다.

---

22) Fleishman, E.A.(1953), "The description of supervisory behavior", *Journal of Applied Psychology*, 37, 1~6.

23) Michigan대학교의 연구를 주도한 Likert가 연구결과를 정리한 *New Patterns of Management* (1961)는 리더십 행동이론의 중요한 연구업적으로 평가받고 있다.

(3) 블레이크와 무튼의 관리격자 모형에서의 다섯 유형[24)]

블레이크와 무튼(Blake & Mouton)은 OSU의 리더유형 분류를 기초로 하여 리더의 행동유형을 분석하는 '관리격자(Managerial Grid)모형'을 제시하였다. 이 모형은 〈그림 6.1〉과 같이 수평축에 '생산에 대한 관심(concern for production)'을, 수직축에 '인간에 대한 관심(concern for people)'을 설정하고 리더를 다섯 유형으로 분류하고 있다.

그림 6.1 • 관리격자와 리더 행동유형

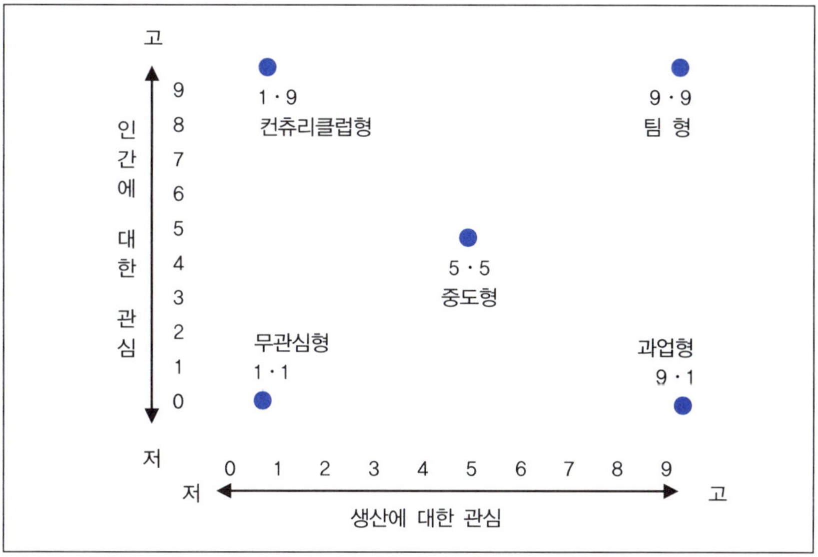

• **생산에 대한 관심 행동** 구조주도 및 과업지향행동과 유사하며, 리더가 정책결정, 신제품개발, 생산과정상의 문제해결, 작업분담, 판매량 관리 등에 관심을 가지고 강조하는 행동을 말한다.

• **인간에 대한 관심 행동** 배려 및 종업원 지향적 행동과 유사하며, 리더가 헌신과 신뢰의 구축, 종업원들의 개인적 가치의 실현, 좋은 작업환경의 제공, 공정한 임금구조의 유지, 좋은 사회적 관계의 촉진 등에 관심을 가지고 강조하는 행동을 의미한다.

---

24) Blake, R.R. & Mouton, J.S.(1964), 「The Managerial Grid」, Houston, TX: Gulf Publishing

관리격자를 이용하여 분류한 리더유형들의 특징은 다음과 같다.

① 무관심형(1 · 1) 생산성과 구성원관의 인간적 관계에 대한 양면 모두에 관심을 거의 표현하지 않으며, 구성원들의 업무과정에 개입을 최소화하는 방임적 리더십 형태이다.

② 컨트리 클럽형(1 · 9) 배려 및 종업원지향적 행동과 유사하다. 과업보다 구성원과의 인간적 관계에 관심을 많이 표현하고 인화중심의 조직분위기를 통해 과업목표를 달성하려고 한다.

③ 과업형(9 · 1) 컨트리 클럽형과 반대의 유형으로 과업생산성에 대한 관심을 집중적으로 보이면서 인간적 관심은 잘 표현하지 않는다. 구조주도 및 과업중심적 리더십 유형과 유사하다.

④ 중도형(5 · 5) 과업과 인간 두 측면에 대해 중간정도의 수준에서 관심을 나타내는 유형이다. 극단적인 행동을 지양하고 적정수준에서의 과업과 구성원 관계를 관리하는 행동을 보인다.

⑤ 팀형(9 · 9) 과업생산성과 구성원과의 인간관계 양면에 모두 적극적인 관심을 보이고 행동하는 유형이다. 과업목표 달성을 적극적으로 강조하고 주도하면서도 구성원들과의 인간적 상호작용을 강화하고 신뢰와 지원을 통하여 업무를 추진해 나간다.

관리격자모형은 리더십 개발을 위한 진단에 도움을 준다. 팀형을 이상형으로 가정하였을 때, 리더의 행동유형을 측정한 후 좌표를 보면 리더가 어떤 행동을 보완해야 하는지를 쉽게 알 수 있기 때문이다.

어떤 유형이 가장 효과적일까?

(4) 허쉬와 블랜차드의 상황적 리더십 이론의 네 유형

허쉬와 블랜차드(Hersey & Blanchard)는 상황 리더십이론에서 관계행동(relationship behavior)과 과업행동(task behavior)을 조합하여 리더의 유형을 〈그림 6.2〉와 같이 지시형, 코치형, 지원형, 위임형의 네 유형으로 나누었다.[25]

그림 6.2 • 과업 및 관계행동에 따른 리더의 네 유형

관계행동	과업행동 낮음 ⇦	⇨ 높음
높음 ⇧	지원형(S3)	코치형(S2)
낮음 ⇩	위임형(S4)	지시형(S1)

① 지시형(directing/telling) '높은 과업행동－낮은 관계행동'을 하며 구조주도 및 과업지향적 리더십과 동일한 유형이다.

② 코치형(coaching) '높은 과업행동－높은 관계행동'을 하며 블레이크와 무튼의 팀형(9.9)과 동일한 유형이다.

③ 지원형(supporting) '높은 관계행동－낮은 과업행동'을 하며 배려형 또는 종업원지향적 리더십과 동일한 유형이다.

④ 위임형(delegating) '낮은 관계행동－낮은 과업행동'을 하며 과업수행과정은 물론 인간관계의 지원적 행동도 적극적으로 하지 않는 유형이다.

그들은 상황에 따라 효과적 리더십유형이 달라진다고 보았는데, 상황요인은 구성원의 성숙도(maturity)로서 직무숙련을 의미하는 직무성숙도와 직무수행자 발성을 의미하는 심리성숙도(psychological maturity)의 두 가지로 이루어진다. 구성원의 성숙도에 따라 어떤 리더십 유형이 가장 효과적이고 바람직할까?

25) Hersey, P. & Blanchard, K.H., *Life cycle theory of Leadership;* (Training & Development, 1969) *Management of Organization Behavior : Utilizing Human Resource(6th ed. 1985)*

2. 효과적인 리더의 행동유형을 어떻게 판단할까?

많은 연구자들이 모든 상황에서 효과적인 최선의 리더행동유형을 발견하고자 하였지만 사실상 불가능하다는 것을 인식하고 효과적인 리더의 유형은 상황에 따라 달라진다는 결론에 도달하였다. 2절에서 학습한 주요 연구들에서 상대적으로 더욱 효과적인 유형을 알아보자.

2.1 바람직한 행동에 대한 연구결과

(1) 미국 아이오와(Iowa) 대학교 연구의 세 유형

민주형과 권위형 및 방임형 중에서 어떤 유형이 가장 효과적일까? 연구결과를 요약하면 〈표 6.1〉과 같다.

표 6.1 미국 아이오와 대학교의 연구결과

민주형	· 교사(리더)에 대한 호감을 가짐. · 학생들간의 협동성과 의견교환 및 공동체 의식이 증가함 · 교사의 부재시에도 학생들의 작업계속, 자발성과 창의력의 증가 · 작업의 양이 권위형보다 많은 것은 아니나 질이 우수함.
권위형	· 교사(리더)에 대한 반감을 보이는 경향. · 협동성과 의견교환 및 공동체 의식 약화. 학생간의 적대감과 공격성 경향 · 학생들의 자발성은 약화되고 교사(리더)에 대한 의존성이 증가 · 교사 부재시에 좌절감을 느낌, 작업의 양은 많으나 질이 다소 떨어짐.
방임형 (위임형)	· 교사(리더)에 대해 타인시함. · 협동성과 의견교환이 미약하며 독자적 행동이 증가함 · 낭비 및 파손품이 많고 정돈상태가 좋지 않음. · 개성은 표현하나 작업분위기가 산만하고 혼란스러움.

〈표 6.1〉에서 보는 바와 같이 민주형 리더십은 일관되게 다른 리더십에 비해 구성원들이 가장 만족하였다. 생산성(작업성과)에서는 민주형 리더십이 우수한 성과를 보이는 경우가 많았지만, 상황에 따라 권위형과 민주형 리더십 간의 우열이 비슷하거나 엇갈리는 경우도 많았다.

이 연구는 민주적 리더십의 중요성을 퍼뜨리는 하나의 계기가 되었다. 그러나 민주형 리더십이 바람직하고 효과적이지만 모든 상황에서 가장 효과적인 것은 아니라는 점을 유념할 필요가 있다. 다음 〈표 6.2〉에서 각각의 유형이 더욱 효과적일 수 있는 경우를 참고하자.

표 6.2 민주형 · 권위형 · 방임(위임)형 리더십의 효과적인 상황의 예

유형	상황
민주형	· 조직문화가 개방적이고 구성원들은 유능하며 참여욕구가 강하다. · 의사결정을 위해 중지를 모을 수 있는 시간적 여유가 있다. · 의사결정후에 구성원들의 적극적인 실천이 요구된다.
권위형	· 구성원들의 판단능력이 낮아서 리더에게 의존적이다. · 시간이 급박하여 중지를 모을 시간이 부족하다. · 민주적 절차가 혼란과 갈등을 일으켜 상황을 악화시킬 수 있다.
방임형 (위임형)	· 구성원들이 업무영역의 전문적 지식과 경험이 풍부하다. · 구성원들의 자율욕구가 강하고 자율팀이 형성되어 있다. · 구성원들의 자율역량을 배양하기 위해 자율경험이 필요하다.

자료 : 필자가 구성하였음.

(2) 미국 오하이오 대학교(OSU) 연구의 두 유형

구조주도형(과업중심형)과 배려형(인간중심형) 중 어떤 유형이 더욱 효과적인가? 연구결과를 요약하면 다음과 같았다.

① 리더의 배려와 구조주도 행동이 모두 높을 경우 다른 경우에 비해 성과와 구성원의 만족이 가장 높았고, 두 행동이 모두 낮을 경우는 구성원의 만족과 성과가 가장 낮았다.

② 배려형의 리더 밑에 있는 하급자들은 리더만족도가 상대적으로 높았다. 대체로 리더가 중간 정도의 배려적인 사람이면 만족하는 경향을 보였다.

③ 구조주도형 리더 밑에 있는 하급자들의 이직과 고충호소가 상대적으로 높았지만 상급자가 동시에 배려적인 경우에는 문제가 되지 않았다.

④ 전체적으로는 배려적인 리더가 부하의 만족도와 과업성과에서 더 나은 경향을 보였지만, 과업성과에서 일관된 것은 아니었다.

일반적으로 인간적인 배려를 통해 리더십을 발휘할 때 구성원들의 리더만족도가 높다. 그러나 리더가 우유부단하고 구성원들에게 지나치게 의존하거나 결단력이 부족하고 집단성과가 나빠지게 되면 만족도가 낮아진다. 오히려 과업중심으로 리더십을 발휘하더라도 집단성과가 우수하여 구성원들에게 보상이 증가하면 만족도가 높아지는 경우가 많다.

미시건대학교의 연구결과는 오하이오대학교의 연구와 유사하다.

(3) 블레이크와 무튼(Blake & Mouton) 연구의 다섯 유형

다섯 유형 중에서 어떤 유형이 가장 효과적일까? 연구초기에는 팀형(9.9)을 가장 바람직한 유형으로, 무관심형(1 · 1)을 가장 비효과적인 유형으로 보았다. 그러나 후속적인 연구에서 팀형이 항상 가장 효과적인 것은 아니며, 다만 리더 행동개발의 이상적인 유형으로 가정한다는 점을 밝혔다.

일반적으로 과업지향 행동과 인간지향 행동을 모두 강하게 하는 것이 바람직하지만, 모든 상황에서 항상 최선의 효과를 나타내는 것은 아니라는 점을 유념해야 한다. 가령 구성원들의 업무능력과 자율성이 모두 성숙한 높은 수준이라면 오히려 관심표명을 줄이고 자율에 맡기는 것이 효과적일 수 있기 때문이다.

(4) 허쉬와 블랜차드의 네 유형

리더의 유형은 지시형, 코치형, 지원형, 위임형이다. 그리고 상황변수인 구성원의 성숙도(maturity)는 업무능력을 의미하는 직무성숙도(job maturity)[26]와 자발적 업무의지를 의미하는 심리성숙도(psychological maturity)[27]로 구성되고, 구성원들은 성숙도에 따라 〈그림 6.3〉과 같이 네 개의 유형으로 구분된다.[28]

---

26) 직무성숙도의 구성요소는 직무경험과 직무숙련 및 직무요구 이해도이다.
27) 심리성숙도의 구성요소는 책임의식과 성취동기 및 직무전념도이다.
28) 구성원 유형의 명칭은 이해의 편의상 저자가 붙인 것이다.

그림 6.3 • 성숙도에 따른 구성원의 유형

- M1은 직무성숙도와 심리성숙도가 모두 낮은 구성원이다.
- M2는 직무성숙도는 낮으나 심리성숙도는 높은 구성원이다.
- M3은 직무성숙도는 높으나 심리성숙도는 낮은 구성원이다.
- M4는 직무와 심리의 양면 성숙도가 모두 높은 구성원이다.

리더의 입장에서 가장 바람직한 구성원은 어떤 유형일까? 당연이 M4 유형이고 가장 바람직하지 않은 유형은 M1이다.

따라서 리더의 유형과 구성원의 유형이 각각 네 개다. 그렇다면 네 유형의 구성원에 각각 적합한 효과적인 리더십은 무엇일까?

허시와 블랜차드는 〈표 6.3〉과 같이 M1수준의 구성원에게는 지시형이, M2형의 구성원에게는 코치형이, M3형의 구성원에게는 지원형이, 그리고 M4형의 구성원에게는 위임형 리더십이 가장 효과적이라고 보았다.

표 6.3 구성원의 성숙도와 효과적인 리더유형

부하유형(상황변수)		리더유형
미성숙형(M1)	⇨	지시형(S1)
심리성숙형(M2)	⇨	코치형(S2)
직무성숙형(M3)	⇨	지원형(S3)
통합성숙형(M4)	⇨	위임형(S4)

M1형의 구성원은 과업수행의 자발적 의지와 능력이 모두 부족하기 때문에 리더가 과업목표를 설정해주고 수행방법을 지도하여 주기적으로 확인하고 통제하는 지시형 리더십이 성과달성에 바람직하다.

M4형은 스스로 과업을 수행할 의지와 능력이 있으므로 리더가 지나치게 개입하는 것이 오히려 방해요소가 될 수 있다고 보아 위임형 리더십이 적합하다고 본다.

M2형은 직무수행의 자발적 의지는 있으나 직무능력이 미흡하므로 적극적으로 과업을 지도하고 동시에 인간적으로 격려하는 코치형의 리더십이 바람직하다고 본다.

M3형은 직무능력은 있으나 자발적 의지가 약하므로 자발적 의지를 북돋을 수 있는 인간적이고 관계지향적 행동으로서의 지원형 리더십이 적합하다고 보는 것이다.

허시와 블랜차드의 견해는 구성원들을 성숙수준에 따라 융통성 있게 리드해야 한다는 점을 알려주고 있다. 다만 리더십을 그렇게 발휘해야 하는 것은 타당하지만, 현실적으로는 리더십을 다양하게 실행하는 것이 쉽지 않다는 점도 유념할 일이다.

다양한 유형의 리더십 발휘의 어려움 블랜챠드의 아래의 견해를 보더라도 상황에 맞게 리더십행동을 변화시키는 것은 사실상 매우 어렵다. 블랜챠드는 구성원들의 성숙도에 맞추어 네 가지 유형의 리더십을 자유롭게 발휘할 수 있는 사람은 1% 정도라고 한다. 54%는 한 가지 스타일을 활용하며 25%가 두 가지 스타일을, 20%가 세 가지 스타일을 변용할 줄 안다고 한다.

– 월간 「리더피아」, (2007. 4). 20쪽 –

2.2 리더의 바람직한 행동에 대한 종합적 견해

위에서 살펴보았듯이 리더의 바람직하고 효과적인 행동에 대한 일부의 연구들에서 제시한 행동유형은 매우 다양하다. 내가 리더의 역할을 수행한다면 어떻게 해야 할까?

① 리더의 다양한 스타일을 모두 수행하는 것은 현실적으로 거의 불가능하다는 점을 이해해야 한다. 민주형, 권위형, 위임형, 과업형, 배려형, 성취형, 코치형 등 학술적인 연구에서 구분한 유형도 많지만, 배짱형, 쫀쫀형, 솔선형, 배후명령형, 포근형, 냉철형 등 일상에서 사용하는 유형도 많다.

② 일반적으로 바람직한 유형은 민주형, 배려형, 코치형 등이다. 민주형은 인본주의 입장에서 구성원들을 존중하고 업무과정에 참여시킨다는 점에서 바람직하다. 배려형이나 코치형 등도 구성원들의 입장에서 공감적 참여를 유도하고 그들은 성장시킨다는 점에서 바람직하다. 다만, 그러한 리더십만이 좋은 것이 아니라 상황에 따라 더 효과적인 리더십스타일이 있다는 생각을 해야 한다.

③ 자신의 성격이나 업무스타일에 적합한 스타일을 선정하여 자신의 주된 개성적 리더십유형으로 발전시키는 것이 바람직하다. 리더십스타일은 행동으로 보여주는 것이다. 다른 사람에게 어떤 행동스타일의 이미지로 어필할 것인가? 카리스마와 멋이 있는 리더로서의 자기스타일을 배양해가기를 권한다.

④ 현재까지의 연구에서 모든 상황에서 가장 효과적인 리더십유형을 탐색하지는 못하였고 앞으로도 그럴 것이라고 본다. 중요한 것은 상황에 따라 효과적인 리더십행동이 달라진다는 것이다. 리더로서의 본능과 감각을 살려서 상황에 적합한 언행을 할 수 있도록 관심을 가지자. 리더십행동의 목표는 구성원들로 하여금 자신을 따르게 하고 조직성과를 높이기 위해 과업을 충실하게 수행하도록 하는 것이다.

3. 리더 행동유형 진단하기

(1) 민주형 · 권위형 · 방임형 리더 진단

표 6.5 민주형 · 권위형 · 방임형 리더유형 측정설문

※ 자신 또는 다른 사람을 대상으로 각 문항에서 가장 적절한 점수를 부여합니다.

매우 그렇지 않다	그렇지 않은 편	보통	그런 편이다	매우 그렇다
1점	2점	3점	4점	5점

측정대상 리더 (   )

번호	설문 내용	점수
1	사람마다 다른 개성을 지니고 있고, 존중받아야 하는 존재라고 생각한다.	
2	조직에서는 계급과 직책에 의한 위계질서를 엄격하게 세워야 한다.	
3	의견충돌이나 감정을 상하게 하는 것이 싫어서 남에게 간섭하지 않는다.	
4	여러 사람들의 의견을 들으면서 참여를 통해 합의를 이루는 것이 좋다.	
5	구성원들의 의견을 듣다보면 일이 복잡해져서 내가 결정하는 것이 낫다.	
6	사람들은 자기가 살기 위해 그냥 두어도 스스로 잘 하려는 본능이 있다.	
7	혼자 결정권한을 가지기보다는 구성원들에게 적절히 권한을 위임한다.	
8	구성원들에게 권한을 주면 내 뜻대로 안되거나 일을 그르칠까봐 불안하다.	
9	자신이 결정하면 결과에 대해 책임을 져야 하므로 각자의 판단에 맡긴다.	

☞ **계산 및 판단**

- 각 문항에 점수를 부여한다.
- 문항번호의 점수를 합산한다. 단, 2, 5, 8은 역점수를 부여. (예; 5점→1점)
- 해당문항의 점수를 합산한 후 기준점수와 비교하여 리더유형을 판단합니다.

문항번호	합산점수	판단기준점수	판단(√)
1, 2(R), 4, 5(R), 7, 8(R)		19점 이상이면 민주형	
		18점 이하이면 권위형	
1, 3, 6, 9		14점 이상이면 방임형	

- 기준점수로부터 편차가 클수록 해당 리더십이 강한 것임.

☞ **참고**

- 자료 : 각 리더유형의 특징을 참고하여 필자가 구성하였음.

(2) 구조주도(과업지향)형 및 배려(인간관계 지향)형 리더유형 진단

표 6.6 구조주도(과업지향)형 및 배려(인간관계 지향)형 리더 유형 측정설문

※ 자신 또는 다른 사람을 대상으로 각 문항에서 가장 적절한 점수를 부여합니다.

매우 그렇지 않다	그렇지 않은 편	보통	그런 편이다	매우 그렇다
1점	2점	3점	4점	5점

측정대상 리더 (   )

번호	설문 내용	점수
1	구성원들에 대해 업무방침이나 요구사항을 분명하게 강조한다.	
2	구성원들에 대하여 개인적인 호감을 표현하는데 주저하지 않는다.	
3	구성원들로 하여금 성과를 높이는 업무구상을 끌어내도록 노력한다.	
4	구성원들과 기쁨을 나눌 수 있는 일에 관심을 잘 쓰는 편이다.	
5	구성원들을 규정과 지시 및 감독에 의해 엄격하게 통제한다.	
6	구성원들의 문제를 구성원들의 입장에서 잘 이해해 준다.	
7	대화 중에 구성원들이 자유롭게 질문하는 것을 허용하지 않는다.	
8	구성원들과의 관계를 위해 그들에게 귀 기울일 시간을 할애한다.	
9	구성원들이 잘못한 일에 대해서는 지적하고 교정하려고 한다.	
10	혼자 있기보다는 가능한 구성원들과 함께 어울리려고 노력한다.	
11	구성원들이 과업을 선택하게 하기보다는 할당한다.	
12	구성원들의 개인적 입장과 복지에 관심을 가지고 돌본다.	
13	업무를 치밀하게 계획하며 이를 기준으로 통제하며 추진한다.	
14	구성원들에게 리더로서의 결정과 행동의 이유를 설명해 준다.	
15	구성원들의 성과를 측정하는 분명한 직무평가기준을 가지고 있다.	
16	어떤 문제를 결정하거나 행동하기 전에 구성원들과 상의한다.	
17	업무가 추진되고 완료되어야 할 일정의 준수를 강조한다.	
18	구성원들이 자신의 업무를 잘 수행하도록 후원하고 격려해 준다.	
19	개인보다 조직을 중시하며 표준절차에 따른 업무추진을 강조한다.	
20	구성원들을 차별하지 않고 최대한 동등하게 대우한다.	
21	조직에서 관리자 역할의 중요성을 확실히 알고 준수한다.	
22	구성원들의 업무과정이 상황에 따라 변화할 수 있음을 인정한다.	
23	구성원들에게 조직의 요구와 규정을 먼저 지킬 것을 강조한다.	
24	구성원들이나 업무관련자들에 대해 우호적이고 친근하게 대한다.	
25	구성원들에게 기대하고 있는 것이 무엇인지 명확히 알려준다.	
26	구성원들과 대화를 할 때 그들이 편한 마음을 갖도록 배려한다.	
27	구성원들이 조직목표달성을 위해 최선의 노력을 하도록 요구한다.	
28	구성원들의 제안을 장려하고 그들의 제안을 성의있게 다룬다.	
29	구성원들의 업무가 목표달성을 지향하여 조정되기를 강조한다.	
30	구성원들에게 영향을 미칠 문제에 대해 그들의 입장을 듣는다.	

점수합계: 홀수문항 합계(점), 짝수문항 합계(점)

☞ 계산 및 판단

홀수문항(15개)	합계 (　　)점	구조주도형 성향판단 (　　　)
짝수문항(15개)	합계 (　　)점	배려형 성향판단 (　　　)

*판단기준; 강한 성향(53점 이상), 중간 성향(52~38), 약한 성향(37점 이하)

☞ 참고

• 자료 : R.M. Stogdill & Coons A.E., eds.(1957), 「Leader Behavior」, Ohio State University.(김성국, 「조직과 인간행동」, 명경사, 1999). 용어 등 부분수정

(3) 블레이크와 무튼의 리더십 유형 진단

☞ 계산

• 위 구조주도형(과업생산성 관심) 및 배려형(인간지향적 관심)의 원점수를 확인합니다.

• 위 점수가 45점 이상이면 8.5를 나누고, 45점 미만이면 9를 나누어 환산합니다. (예 : 원점수가 60점이면 60/8.5=약 7점, 원점수가 27점이면 27/9=3점)

구조주도형 : 원점수(　) → 환산점수(　)	**배려형 :** 원점수(　) → 환산점수(　)

• 구조주도형 환산점수는 '과업에 대한 관심'축에, 배려형 환산점수는 '인간에 대한 관심'축에 표기하고 두 점수가 만나는 접점에 좌표를 표시합니다. (그림 6.4)

그림 6.4 • 리더유형의 관리격자 좌표진단

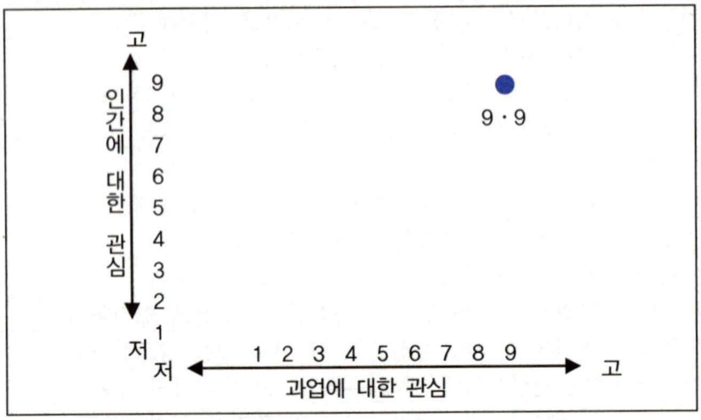

☞ 판단

• 좌표에 표시된 위치가 리더십 행동유형의 위치입니다.

• 팀형(9.9)을 향해 어떤 리더행동이 강화되어야 할 것인지를 판단합니다.

☞ 참고

• 자료 : 리더십유형을 간편하게 판단할 수 있도록 필자가 구성하였음.

Chapter 7

리더십 이론 4; 혁신의 리더십은 무엇인가?

학습목표

① 혁신의 리더십의 의미와 이론적 관점을 이해한다.
② 사례를 통해 혁신을 이해하고 배울 점을 찾아본다.
③ 나의 삶에 대한 혁신의 태도와 리더십 자질을 생각해 본다.

1. 혁신의 리더십과 주요 요소는 무엇일까?

(1) 혁신의 리더십의 필요성

개인의 삶과 조직의 현실이 안정된 상황에서만 유지되는 경우는 거의 없다. 대부분 어려움도 겪으면서 변화의 요구에 직면해 있다. 개인의 삶도 평생 동안 변화를 거듭하지 않으면 안 되듯이 국가나 조직도 새로운 환경에 적응하거나 변화를 선도하기 위하여 새로운 변화를 모색해야 한다.

인류의 역사는 혁신적인 사람들의 리더십에 의해 이루어져왔다고 해도 과언은 아니다. 혁신이란 특정한 시기에 실행하더라도 혁신의 필요성은 항상 존재하고 있다. 혁신은 특별한 과제가 아니라 일상적인 과제인 것이다.

혁신은 개인차원의 혁신과 조직차원의 혁신으로 나누어 볼 수 있다. 개인차원의 혁신은 개인이 처한 인생의 현실을 변화를 통해 성공적인 인생으로 만들어가는 것을 말한다. 특히 불우한 처지나 장애를 딛고 성공한 사람들의 스토리는 모두 인생혁신의 스토리다.

개인차원의 혁신을 성공적으로 수행하려면 다음과 같은 절차를 진지하게 고려해보는 것이 좋다.[29)]

① 현재의 생활에 대한 불만과 문제점 등에 대한 진단하고 성찰한다.

② 새로운 삶의 비전과 목표의 탐색하고 설정한다.

③ 현재 생활을 반성하고 변화프로그램을 작성하여 실천한다.

④ 목표지향적 생활을 하며 주기적으로 점검한다.

한편, 조직혁신은 국가나 사회 및 집단 등을 더 나은 새로운 차원으로 변화시키는 것을 의미한다. 백성들의 생활수준을 높이는 개혁적인 정책을 실행하여 나라의 발전시킨 세종대왕이나 GE 회장으로 취임하여 과감한 혁신전략으로 세계 최고의 기업으로 발전시킨 잭 웰치를 우리는 혁신 리더 또는 변혁 리더라고 부른다.

혁신적 리더십의 성공여부를 평가하는 방법은 리더십 발휘의 전과 후의 상태를 비교해보는 것이다. 이러한 점에서 매우 낙후되었거나 문제가 많은 조직의 책임자가 된다는 것은 그만큼 성공의 기회가 많다는 것이기도 하다.

조직차원에서 혁신하려고 할 때 필요한 리더십으로는 비전 리더십, 카리스마 리더십, 변혁적 리더십 등이 바람직한 것으로 평가받고 있다. 비전이나 카리스마 리더십은 변혁적 리더십으로 통합될 수 있기 때문에 변혁적 리더십을 중심으로 설명하고자 한다.[30)]

(2) 변혁적 리더십이론

변혁적 리더십(Transformational Leadership)은 조직혁신에 가장 적합한 리더십으로 평가받고 있다. 변혁적 리더십은 정치적 관점에서 번즈(Burns)가 제시하고[31)] 배스(Bass)가 일반조직에도 적용할 수 있도록 개념을 정립하였다.[32)]

---

29) 제4부에서 실행방안을 탐구하고 개인적으로 계획을 세우게 될 것이다.

30) 카리스마 리더십은 제5장을 참고하기 바람.

31) Burns, James M.(1978, 1985), *Leadership*, Harper Collins Pub. Inc.

배스는 보통수준의 일반적인 리더십은 리더와 구성원 간에 거래적 교환관계에 기초하고 있다고 보았다. 즉 구성원이 성과를 내면 리더는 그 성과에 맞추어서 보상을 해주고 구성원은 받은 보상만큼 노력한다는 것이다. 따라서 리더와 구성원 간의 관계가 발전하려면 더 높은 성과가 있어야 한다.

변혁적 리더십이란 리더와 구성원간에 거래적 교환관계의 수준을 넘어서서, 미래의 비전을 향해 이해관계를 넘어서는 가치의 실현에 참여하고 내면적 동기수준을 높여 조직의 변화를 이끌어가는 리더십이다.

배스에 의하면, 변혁적 리더는 세 가지 방식으로 구성원들의 동기수준을 높여 이상적 비전에 몰입하도록 만든다.

① 이상적 비전의 가치와 중요성에 대해 구성원들을 설득한다.

② 구성원들이 조직을 위해서 자신의 이익을 초월하여 헌신하도록 만든다.

③ 구성원들이 보다 높은 고차원의 욕구에 관심을 기울이도록 유도한다.

이러한 세 가지 방식을 통하여 리더가 지향하는 가치에 대한 구성원들의 몰입은 상승된다. 변혁적 리더십은 발휘 이전과 이후의 상태를 비교해 보면 잘 드러난다. 가령 박정희 전 대통령에 의한 조국근대화 정책은 우리나라를 농어업기반국가에서 공업중심의 산업국가로 변화시켰고, 모택동에 의한 혁명으로 중국은 왕권의 봉건체제에서 사회주의체제로 완전히 변화되었다.[33]

배스는 리더십의 단계를 방임/비거래적 리더십, 거래적 리더십, 그리고 변혁적 리더십의 세 단계를 설정하고 일곱 개의 요인으로 이들을 비교하였다.

① 방임/비거래적 리더십 리더가 구성원들의 과업행동을 자율에 맡기고 개입을 최소화하는 형태의 리더십이다. 헌신에 대한 대가의 제시와 같은 거래적 의사소통도 거의 없다.

---

32) Bass, B.M.(1985). Leadership and Performance beyond Expectations., NY: The Free Press.
33) 모택동 혁명을 긍정적 리더십으로 평가하는 것이 아니라 변화된 상태를 예로 제시한 것이다.

② 거래적 리더십 구성원의 공헌과 리더의 보상이 거래적으로 교환되는 관계에 기초하여 이루어지는 리더십이다.

③ 변혁적 리더십 구성원들의 비전몰입과 리더추종을 바탕으로 현행 수준보다 높은 차원의 변화를 지향하는 리더십이다.

세 리더십을 비교하는 일곱 개의 요인은 〈표 7.1〉과 같다.

표 7.1 배스의 리더십 7요인과 변혁적 리더십

구분	방임/비거래적 리더십	거래적 리더십	변혁적 리더십
요인	① 자유방임 또는 비거래	② 성과와 연계한 보상 ③ 예외의 관리	④ 카리스마 ⑤ 영감적 동기부여 ⑥ 지적 자극 ⑦ 개별적 배려

① 자유방임(laissez faire) 또는 비거래(non transactional) 리더는 구성원들의 업무과정에 대하여 거의 개입하지 않는다. 또한 보상약속이나 처벌위협 등을 통해 구성원들을 이끌어가는 거래적인 동기부여 활동도 매우 미약하다.

② 성과와 연계한 보상(contingent rewards) 구성원의 성과에 따라 상응한 보상을 준다. 리더는 구성원에게 과업을 명확히 제시하고, 성과에 따른 보상에 대해 거래적인 교환으로서의 계약적 합의를 한다. 거래적 리더십의 핵심요인이다.

③ 예외의 관리(management by exception) 구성원의 성과가 목표에 도달하지 못하거나 업무과정이 적정범위를 벗어날 때 리더가 개입하는 것을 말한다. 예외의 관리는 두 가지 경우로 나누어진다.

첫째, 적극적인 예외 관리(사전 관리, 예방 관리)인데, 구성원의 과업수행이 목표달성에 미치지 못할 것으로 예측될 때 미리 개입하는 것이다. 가령 생산량 미달을 예방하기 위하여 작업시간을 증가시키거나 규칙위반시 처벌을 경고하는 일 등이다.

둘째, 소극적인 예외 관리(사후 관리, 교정 관리)인데, 구성원의 과업성과가 기준에 미달하거나 문제점이 발생한 후에 리더가 개입하는 것을 말한다. 가령, 생산성을 평가하여 수당을 조정하거나 규칙위반자에게 벌칙을 주는 일 등이다.

④ 카리스마(charisma) 리더의 카리스마적 매력은 변혁적 리더십의 핵심적인 에너지이며 필수불가결한 요인이다. 또한 카리스마 리더십과 변혁적 리더십을 동일시하는 요인이기도 하다. 리더가 어떤 카리스마로 구성원들에게 어필할 것인가는 리더마다 다르지만, 구성원집단의 욕구와 부합되어야 한다.

⑤ 영감적 동기부여(inspirational motivation) 조직의 비전실현을 위하여 추종자들로 하여금 개인적 이익을 초월하여 헌신하도록 만드는 리더의 감성적 커뮤니케이션을 말한다. 상징의 활용이나 엄숙한 의식 및 호소력 있는 연설 등을 통해 정서적인 공감을 형성하며, 리더가 제시하는 이상적 가치의 실현에 참여하는 것에 자부심을 갖게 한다.

가난을 후손들에게는… 우리 민족은 가난을 대물림하여 왔습니다. 이 가난을 더 이상 자식세대에게는 물려주지 맙시다. 우리 대에서 이 가난을 끊읍시나. - 박성희 선 대통령의 연설에서 -

⑥ 지적 자극(intellectual stimulation) 구성원들로 하여금 현실에 대해 의문을 갖게 하고 자신과 조직이 처한 상황을 이성적으로 인식하도록 하는 것이다. 구성원들이 현재 가지고 있는 신념과 가치관의 타당성에 대해 문제점을 부각시키고 새로운 시각을 갖도록 장려한다.

함평의 나비군수 이석형 함평군은 전통적인 농촌시골의 노령화가 급속히 진행되는 군이며 재정자립도도 전국적으로 최하위수준이었다. 1998년 민선2기 군수로 당선된 이 군수는 기존의 농업기반으로는 발전의 한계가 있다고 판단하고 '나비'를 함평의 아이콘으로 설정하였다. 많은 의문과 비판이 있었지만 군민들에게 함평의 미래상에 대하여 합리적으로 설득하며 동참을 이끌어내었고, 세 번 군수를 역임하면서 함평을 세계적인 나비의 메카로 변혁시켰다.

⑦ 개별적 배려(individual consideration) 구성원들의 욕구와 희망에 대해 개별적으로 관심을 표명하고 배려함으로써 동기를 활성화한다. 리더의 개별적인 관심과 배려는 구성원들에게 각별한 대상이라는 느낌과 리더에 대한 의무감을 더욱 갖게 함으로써 책임감과 충성심 및 헌신의 행동을 증가시킨다.

감동의 한 순간 리더십의 생명은 감동이다. 감동은 뜻밖에 작은 것으로부터 올 수도 있다. 직장인의 감동 사연들을 보자.

- 아침 일찍 마주치면 "밥은 먹고 왔냐?"며 먼저 격려해주는 부장이 있었다. 회식 마칠 때 제과점에 들러 "아이 갖다 주라"며 케이크 하나 사준다. 사람 참 뭉클하게 한다. 아내도 그 분 만난다고 하면 늦게 들어가도 뭐라고 안 한다.
- 남미 출장을 갔는데 뉴욕 9.11 테러가 터져서 미국 경유 비행기는 취소도 많았고 위험 때문에 꺼려했다. 유럽 경유편은 훨씬 비쌌는데도 상사가 "비싸더라도 안전한 유럽으로 돌아오라"고 했다. 그 한마디에 나는 그의 '충실한 부하'가 되었다.
- 신입사원 시절 등산하다가 우연히 사장님을 만났는데 내 이름을 기억하고 "동기 누구누구랑은 자주 얼굴 보나?"고 따뜻하게 물으셨다. "충성하고 싶다"는 생각이 들었다.

혁신에 성공한 조직의 구성원들은 조직의 성공을 자신의 성공과 동일시하고 조직의 비전실현에 몰입하였다. 그러므로 리더는 구성원들에게 어필할 수 있는 카리스마를 가지고 있으며 새롭고 희망적인 미래를 제시한다. 그리고 정서적 공감의 커뮤니케이션과 개별적인 배려를 통해 비전실현과정에 대한 몰입적 참여, 리더에 대한 충성, 직무에 대한 헌신을 이끌어내는 것이 변혁적 리더십이다.

2. 혁신적 리더 사례, 어떻게 하였을까?

(1) 개인차원의 인생혁신 사례; 스티브 잡스(Steve Jobs)

[참고] 스티브 잡스가 2005년 6월 12일 스탠포드 대학교의 졸업식에 연설한 축사이다. 그가 어떻게 자신의 인생을 혁신시켜왔는지를 살펴보자.

* 스티브 잡스는 타인이 시도하지 않았던 일에 열정을 쏟는 특별한 사람이었다. 그의 독창성은 삶의 질을 향상시켰을 뿐 아니라 말 그대로 전 세계를 변화시켰다. 진정한 세계의 힘이었다.

–반기문(유엔 사무총장)–

* 매우 슬프다 스티브 잡스는 예술과 테크놀로지를 양립시킨 현대의 천재였다. 그는 특별했다. 나는 그의 발밑에도 미치지 못한다. 잡스는 사람들의 새로운 라이프스타일을 만들겠다는 생각이 강했고 20세기 후반에서 21세기 초반의 라이프스타일을 정말로 바꾼 가장 큰 인물이었다.

– 손정의(재일교포, 소프트 뱅크 사장) –

* 스티브의 정열과 에너지는 무수한 혁신의 근원이었다. 우리는 친구이자 멘토를, 세계는 경이로운 한 인간을 잃었다.

– 팀 쿡(애플 CEO) –

The only way to do great work is to love what you do.

위대한 일을 하는 유일한 방법은 당신이 하는 일을 사랑하는 것입니다.

–Steve Jobs–

'You've got to find what you love,'

I am honored to be with you today at your commencement from one of the finest universities in the world. I never graduated from college. Truth be told, this is the closest I've ever gotten to a college graduation. Today I want to tell you three stories from my life. That's it. No big deal. Just three stories.

The first story is about connecting the dots.

I dropped out of Reed College after the first 6 months, but then stayed around as a drop-in for another 18 months or so before I really quit. So why did I drop out?

It started before I was born. My biological mother was a young, unwed college graduate student, and she decided to put me up for adoption. She felt very strongly that I should be adopted by college graduates, so everything was all set for me to be adopted at birth by a lawyer and his wife. Except that when I popped out they decided at the last minute that they really wanted a girl. So my parents, who were on a waiting list, got a call in the middle of the night asking: "We have an unexpected baby boy; do you want him?" They said: "Of course." My biological mother later found out that my mother had never graduated from college and that my father had never graduated from high school. She refused to sign the final adoption papers. She only relented a few months later when my parents promised that I would someday go to college.

And 17 years later I did go to college. But I naively chose a college that was almost as expensive as Stanford, and all of my working-class parents' savings were being spent on my college tuition. After six months, I couldn't see the value in it. I had no idea what I wanted to do with my life and no idea how college was going to help me figure it out. And here I was spending all of the money my parents had saved their entire life. So I decided to drop out and trust that it would all work out OK. It was pretty scary at the time, but looking back it was one of the best decisions I ever made. The minute I dropped out I could stop taking the required classes that didn't interest me, and begin dropping in on the ones that looked interesting.

It wasn't all romantic. I didn't have a dorm room, so I slept on the floor in

자신이 정말 좋아하는 일을 찾아라

먼저 세계 최고의 명문 중 하나로 꼽히는 이곳에서 여러분의 졸업식에 참석하게 된 것을 영광스럽게 생각합니다. 저는 대학을 졸업하지 못했습니다. 대학교 졸업식을 이렇게 가까이서 보는 것은 태어나서 처음이네요. 오늘, 저는 여러분께 제가 살아오면서 겪었던 세 가지 이야기를 드리고자 합니다. 별로 대단한 이야기는 아닙니다만, 딱 세 가지만 말씀 드리고자 합니다.

첫 번째 이야기는, 현재와 미래의 연관성에 관한 이야기입니다. 전 리드 칼리지에 입학한지 6개월 만에 자퇴했습니다. 그러나 그리고 나서 일년 반 정도를 도강을 하다, 진짜로 그만뒀습니다. 왜 자퇴했을까요?

그것은 제가 태어나기 전에 시작되었습니다. 제 친어머니는 대학원생인 젊은 미혼모였으며 그녀는 저를 입양 보내기로 결심했습니다. 그녀는 저의 미래를 생각해 대학 정도는 졸업한 교양 있는 사람이 양부모가 되기를 간절히 원했습니다. 그래서 저는 호사 가정에 입양되기로 되어 있었습니다. 그러나 제가 태어나기 직전에 그들은 여자아이를 원한다고 하였습니다.

그 당시, 대기자 명단에 있던 제 양부모님들은 한밤중에 걸려온 전화에서, "예정에 없던 사내아이가 태어났는데, 입양하실 건가요?"라는 말을 들었습니다. "물론이죠." 제 양부모님들은 대답했습니다. 그런데 저의 생모는 양어머니가 대졸자도 아니며, 양아버지는 고등학교도 졸업 못했다는 사실을 알고는 입양동의서에 서명을 거부했습니다. 저의 생모는 양부모님들이 저를 대학까지 보내주겠다고 약속한 후 몇 개월이 지나서야 마음이 누그러지셨습니다. 이것이 제 인생의 시작이었습니다.

17년 후, 저는 대학에 입학했습니다. 그러나 순진하게도 스탠포드만큼 학비가 비싼 학교를 택했습니다. 평범한 노동자였던 부모님이 저축한 돈이 모두 제 학비로 들어갔습니다. 결국 6개월 후, 저는 그만한 가치를 찾을 수 없었습니다. 진정으로 인생에서 원하는 게 무엇인지, 대학교육이 얼마나 어떻게 도움이 될지 갈피를 잡을 수 없었습니다. 게다가 양부모님들이 평생 모은 재산이 전부 제 학비로 들어가고 있었습니다.

그래서 모든 것이 다 잘 될 것이라고 믿으며 자퇴를 결심했습니다. 당시는 참으로 끔찍한 순간이었지만, 되돌아보면 제 인생 최고의 결정 주 하나였습니다. 자퇴를 하자 평소에 흥미 없던 필수 과목 대신 훨씬 흥미있어 보이는 강의만 들을 수 있었습니다.

꼭 낭만적인 것만도 아니었습니다. 전 기숙사에 머물 수 없었기 때문에 친구 집 마룻바닥에 자기도 했고 병 한 개당 5센트씩 하는 빈 코카콜라 병을 팔아서 먹을 것을 구입했습

friends' rooms, I returned coke bottles for the 5¢ deposits to buy food with, and I would walk the 7 miles across town every Sunday night to get one good meal a week at the Hare Krishna temple. I loved it. And much of what I stumbled into by following my curiosity and intuition turned out to be priceless later on. Let me give you one example:

Reed College at that time offered perhaps the best calligraphy instruction in the country. Throughout the campus every poster, every label on every drawer, was beautifully hand calligraphed. Because I had dropped out and didn't have to take the normal classes, I decided to take a calligraphy class to learn how to do this. I learned about serif and san serif typefaces, about varying the amount of space between different letter combinations, about what makes great typography great. It was beautiful, historical, artistically subtle in a way that science can't capture, and I found it fascinating.

None of this had even a hope of any practical application in my life. But ten years later, when we were designing the first Macintosh computer, it all came back to me. And we designed it all into the Mac. It was the first computer with beautiful typography. If I had never dropped in on that single course in college, the Mac would have never had multiple typefaces or proportionally spaced fonts. And since Windows just copied the Mac, it's likely that no personal computer would have them. If I had never dropped out, I would have never dropped in on this calligraphy class, and personal computers might not have the wonderful typography that they do. Of course it was impossible to connect the dots looking forward when I was in college. But it was very, very clear looking backwards ten years later.

Again, you can't connect the dots looking forward; you can only connect them looking backwards. So you have to trust that the dots will somehow connect in your future. You have to trust in something — your gut, destiny, life, karma, whatever. This approach has never let me down, and it has made all the difference in my life.

My second story is about love and loss.

I was lucky — I found what I loved to do early in life. Woz and I started Apple in my parents garage when I was 20. We worked hard, and in 10 years Apple had grown from just the two of us in a garage into a $2 billion company

니다. 또 매주 일요일, 제대로 된 한 끼 식사를 위해 7마일이나 걸어서 헤어 크리쉬나 사원의 예배에 참석하기도 했습니다. 정말 맛있더군요.

당시 순전히 호기심과 직감만을 믿고 좌충우돌했던 일들이 후에 정말 값진 것이 되었습니다. 하나의 예를 들어보겠습니다. 그 당시 리드 칼리지는 아마 미국 최고의 서체 교육을 제공했던 것 같습니다.

학교 곳곳에 붙어있는 포스터, 서랍에 붙어있는 상표들은 너무 아름답게 손으로 쓴 서체였습니다. 자퇴한 상황이었고 정규 과목을 들을 필요가 없었기 때문에 서체에 대해서 배워보기로 하고 서체 수업을 들었습니다. 그 때 저는 세리프와 산 세리프체를 배웠는데, 서로 다른 문자끼리 결합될 때 다양한 형태의 자간으로 만들어지는 굉장히 멋진 글씨체였습니다. '과학적'인 방식으로는 따라하기 힘든 아름답고 역사적이며 예술적인 것이었고, 전 그것의 매혹에 빠졌습니다.

그때만 해도 이런 것이 제 인생에 실질적인 적용이 될지는 상상도 못했습니다. 그러나 10년 후 우리가 매킨토시를 처음 구상할 때, 그것들은 고스란히 되살아났습니다. 우리가 설계한 매킨토시에 그 기능을 모두 집어넣었으니까요. 그것은 아름다운 서체를 가진 최초의 컴퓨터이었습니다. 만약 제가 그 서체 수업을 듣지 않았다면 매킨토시의 복수서체 기능이나 자동자간맞춤 기능은 없었을 것이고, 맥을 따라한 윈도우도 그런 기능이 없었을 것이고, 결국 개인용 컴퓨터에는 이런 기능이 탑재될 수 없었을 겁니다. 만약 제가 학교를 자퇴해서 그 서체 수업을 듣지 못했다면, 아마도 개인용 컴퓨터가 오늘날처럼 뛰어난 인쇄술을 가질 수도 없었을 겁니다. 물론 제가 대학에 있을 때는 그 순간들이 제 미래에 어떻게 연결될 지 알기란 불가능했습니다. 그러나 10년이 지난 지금 돌이켜보면 그것은 매우 분명하게 보입니다.

다시 말하면, 지금 여러분은 미래를 알 수 없습니다: 다만 현재와 과거의 사건들만을 연관시켜 볼 수 있을 뿐이죠. 그러므로 여러분들은 현재의 순간들이 미래에 어떤 식으로든지 연결된다는 것을 믿어야만 합니다. 여러분들은 자신의 배짱, 운명, 인생 등 무엇이든지간에 '그 무엇'에 믿음을 가져야만 합니다. 할지라도 바로 그것이 큰 차이를 가져 올 것입니다.

두 번째 이야기는 사랑과 상실입니다.

저는 운 좋게도 인생에서 정말 하고 싶은 일을 일찍 발견했습니다. 제가 20살 때, 부모님의 차고에서 스티브 워즈니악과 함께 애플을 시작했습니다. 차고에서 2명으로 시작한 애플은 10년 후에 4000명 이상의 직원을 거느린 2백억 달러짜리 기업이 되었습니다.

with over 4000 employees. We had just released our finest creation – the Macintosh – a year earlier, and I had just turned 30. And then I got fired. How can you get fired from a company you started? Well, as Apple grew we hired someone who I thought was very talented to run the company with me, and for the first year or so things went well. But then our visions of the future began to diverge and eventually we had a falling out. When we did, our Board of Directors sided with him. So at 30 I was out. And very publicly out. What had been the focus of my entire adult life was gone, and it was devastating.

I really didn't know what to do for a few months. I felt that I had let the previous generation of entrepreneurs down-that I had dropped the baton as it was being passed to me. I met with David Packard and Bob Noyce and tried to apologize for screwing up so badly. I was a very public failure, and I even thought about running away from the valley. But something slowly began to dawn on me – I still loved what I did. The turn of events at Apple had not changed that one bit. I had been rejected, but I was still in love. And so I decided to start over.

I didn't see it then, but it turned out that getting fired from Apple was the best thing that could have ever happened to me. The heaviness of being successful was replaced by the lightness of being a beginner again, less sure about everything. It freed me to enter one of the most creative periods of my life.

During the next five years, I started a company named NeXT, another company named Pixar, and fell in love with an amazing woman who would become my wife. Pixar went on to create the worlds first computer animated feature film, Toy Story, and is now the most successful animation studio in the world. In a remarkable turn of events, Apple bought NeXT, I returned to Apple, and the technology we developed at NeXT is at the heart of Apple's current renaissance. And Laurene and I have a wonderful family together.

I'm pretty sure none of this would have happened if I hadn't been fired from Apple. It was awful tasting medicine, but I guess the patient needed it. Sometimes life hits you in the head with a brick. Don't lose faith. I'm convinced that the only thing that kept me going was that I loved what I did. You've got to find what you love. And that is as true for your work as it is for your lovers. Your work is going to fill a large part of your life, and the only way to be truly

왜냐하면 현재의 순간이 미래와 연결될 것이라는 믿음이 여러분들의 생각을 따라갈 수 있는 자신감을 줄 것이며, 설사 그것이 여러분을 좋지 않은 일로 이끈다 제가 30세가 되기 1년 전에, 우리는 최고의 창작품인 매킨토시를 출시했습니다.

그러나 그리고 나서 저는 해고당했습니다. 제가 세운 회사에서 어떻게 해고당할 수 있습니까? 당시, 애플이 점점 성장하면서, 저는 저와 잘 맞는 유능한 경영자를 고용했습니다. 처음 1년은 그런대로 잘 진행이 되었습니다. 그런데 언젠가부터 우리의 꿈은 서로 어긋나기 시작했고, 결국 우리 둘 사이에 싸움이 일어났습니다. 그때, 이사회는 그의 편을 들었고, 저는 30살에 쫓겨나야만 했습니다. 그것도 아주 공공연하게. 저는 인생의 초점을 잃어버렸고, 그것은 말할 수 없는 참담한 심정이었습니다.

정말 저는 몇 개월 동안 아무 것도 할 수가 없었습니다. 마치 달리기 계주에서 바톤을 놓친 선수처럼, 선배 기업인들을 실망시켰다는 마음이 들었고 데이비드 패커드(HP의 공동 창업자)와 밥 노이스(인텔 공동 창업자)를 만나 이렇게 실패한 것에 대해 사과하려고 했습니다. 저는 완전히 실패자로 전락했고, 실리콘 밸리에서 도망치고 싶었습니다. 그러나 제 맘 속에는 뭔가가 천천히 다시 일어나기 시작했습니다. 전 여전히 제가 했던 일을 사랑했고, 애플에서 겪었던 일들조차도 그런 마음들을 꺾지 못했습니다. 전 해고당했지만, 여전히 일에 대한 사랑은 식지 않았습니다. 그래서 전 다시 시작하기로 마음먹었습니다.

당시에는 몰랐지만, 애플에서 해고당한 것은 제 인생에 있어서 최고의 사건으로 드러났습니다. 그 사건으로 인해 저는 성공이란 중압감이 변하여 초심자의 마음으로 돌아가 자유를 만끽하며, 내 인생의 최고의 창의력을 발휘하는 시기로 갈 수 있게 되었습니다.

이후 5년 동안 저는 '넥스트', '픽사', 그리고 지금 제 아내가 되어준 놀랄만한 그녀와 사랑에 빠져 버렸습니다. 픽사는 세계 최초의 3D 애니메이션 토이 스토리를 시작으로, 지금은 가장 성공한 애니메이션 제작사가 되었습니다. 세기의 사건으로 평가되는 애플의 넥스트 인수와 저의 애플로 복귀 후, 넥스트 시절 계발했던 기술들은 현재 애플의 르네상스의 중추적인 역할을 하고 있습니다. 또한 로렌과 저는 행복하게 살고 있습니다.

애플에서 해고당하지 않았다면, 이런 일들을 일어날 수 없었을 것입니다. 정말 지독한 맛의 약이었지만, 환자에게는 필요했습니다. 때로 세상이 당신의 뒤통수를 치더라도 결코 믿음을 잃지 마십시오. 제가 계속 나아갈 수 있었던 유일한 이유는 제가 한일을 사랑했기 때문이었음을 확신합니다. 여러분도 사랑하는 일을 찾으십시오.

satisfied is to do what you believe is great work. And the only way to do great work is to love what you do. If you haven't found it yet, keep looking. Don't settle. As with all matters of the heart, you'll know when you find it. And, like any great relationship, it just gets better and better as the years roll on. So keep looking until you find it. Don't settle.

My third story is about death.

When I was 17, I read a quote that went something like: "If you live each day as if it was your last, someday you'll most certainly be right." It made an impression on me, and since then, for the past 33 years, I have looked in the mirror every morning and asked myself: "If today were the last day of my life, would I want to do what I am about to do today?" And whenever the answer has been "No" for too many days in a row, I know I need to change something.

Remembering that I'll be dead soon is the most important tool I've ever encountered to help me make the big choices in life. Because almost everything — all external expectations, all pride, all fear of embarrassment or failure - these things just fall away in the face of death, leaving only what is truly important. Remembering that you are going to die is the best way I know to avoid the trap of thinking you have something to lose. You are already naked. There is no reason not to follow your heart.

About a year ago I was diagnosed with cancer. I had a scan at 7:30 in the morning, and it clearly showed a tumor on my pancreas. I didn't even know what a pancreas was. The doctors told me this was almost certainly a type of cancer that is incurable, and that I should expect to live no longer than three to six months. My doctor advised me to go home and get my affairs in order, which is doctor's code for prepare to die. It means to try to tell your kids everything you thought you'd have the next 10 years to tell them in just a few months. It means to make sure everything is buttoned up so that it will be as easy as possible for your family. It means to say your goodbyes.

I lived with that diagnosis all day. Later that evening I had a biopsy, where they stuck an endoscope down my throat, through my stomach and into my intestines, put a needle into my pancreas and got a few cells from the tumor. I was sedated, but my wife, who was there, told me that when they viewed the cells under a microscope the doctors started crying because it turned out to be a

사랑하는 사람이 내게 먼저 다가오지 않듯, 일도 그런 것이죠. 여러분의 일이 인생의 대부분을 차지합니다. 그런 거대한 시간 속에서 진정한 기쁨을 누릴 수 있는 방법은 스스로가 위대한 일을 한다고 자부하는 것입니다. 자신의 일을 위대하다고 자부할 수 있을 때는, 사랑하는 일을 하고 있는 그 순간뿐입니다. 지금도 찾지 못했다면, 계속 찾으십시오. 안주하지 마십시오. 전심을 다하면 반드시 찾을 수 있습니다. 일단 한 번 찾아낸다면, 서로 사랑하는 연인들처럼 시간이 가면 갈수록 더욱 더 깊어질 것입니다. 그러니 그것들을 찾아낼 때까지 포기하지 마세요. 현실에 주저앉지 마세요.

세 번째는 죽음에 관한 것입니다.

17살 때, 이런 인용구를 읽은 적이 있습니다. "하루 하루를 인생의 마지막 날처럼 산다면, 언젠가는 옳게 되어 있을 것이다" 이 글에 감명 받은 저는 지난 33년 동안 되도록 거울을 보면서 자신에게 묻곤 했습니다. "오늘이 내 인생의 마지막 날이라면, 지금 하려고 하고 싶을 것인가?" 아니오! 라는 답이 계속 나온다면, 다른 것을 할 필요가 있습니다.

인생의 중요한 순간마다 '곧 죽을지도 모른다'는 사실을 명심하는 것이 저에게는 인생의 큰 선택을 할 수 있게 도와준 가장 중요한 도구가 됩니다. 외부의 기대, 각종 자부심과 자만심. 수치스러움과 실패에 대한 두려움들은 '죽음' 앞에서는 모두 밑으로 가라앉고, 오직 신실만이 남기 때분입니다. 죽음을 생각하는 것은 무엇을 잃을지도 모른다는 두려움에서 벗어나는 최고의 길입니다. 여러분이 벌써 모두 잃어버린 상태라면, 더 이상 잃을 것도 없기에 마음에 충실할 수 밖에 없습니다.

저는 1년 전쯤 암 진단을 받았습니다. 아침 7시 반에 검사를 받았으며 췌장에 종양이 있다는 것이 밝혀졌습니다. 그전까지는 췌장이란게 뭔지도 몰랐는데요. 의사들은 이것이 거의 치료가 불가능한 종류이며 길어야 3개월에서 6개월을 살 것이라고 말했습니다. 주치의는 집으로 돌아가 주변정리를 하라고 했습니다. 죽음을 준비하라는 뜻이었죠. 그것은 제 아이들에게 10년 동안 해줄 수 있는 것을 단 몇 달 만에 다 말해야 된다는 말이었고 임종시에 사람들이 받을 충격이 덜하도록 매사를 정리하고 작별 인사를 하라는 말이었습니다.

전 그러한 진단을 받는 데 거의 하루를 보냈습니다. 그 날 저녁 늦게 목밑으로 위장을 지나 장까지 내시경을 넣어서 암세포를 채취해 조직검사를 받았습니다.

very rare form of pancreatic cancer that is curable with surgery. I had the surgery and I'm fine now.

This was the closest I've been to facing death, and I hope it's the closest I get for a few more decades. Having lived through it, I can now say this to you with a bit more certainty than when death was a useful but purely intellectual concept:

No one wants to die. Even people who want to go to heaven don't want to die to get there. And yet death is the destination we all share. No one has ever escaped it. And that is as it should be, because Death is very likely the single best invention of Life. It is Life's change agent. It clears out the old to make way for the new. Right now the new is you, but someday not too long from now, you will gradually become the old and be cleared away. Sorry to be so dramatic, but it is quite true.

Your time is limited, so don't waste it living someone else's life. Don't be trapped by dogma ─ which is living with the results of other people's thinking. Don't let the noise of others' opinions drown out your own inner voice. And most important, have the courage to follow your heart and intuition. They somehow already know what you truly want to become. Everything else is secondary.

When I was young, there was an amazing publication called The Whole Earth Catalog, which was one of the bibles of my generation. It was created by a fellow named Stewart Brand not far from here in Menlo Park, and he brought it to life with his poetic touch. This was in the late 1960's, before personal computers and desktop publishing, so it was all made with typewriters, scissors, and polaroid cameras. It was sort of like Google in paperback form, 35 years before Google came along: it was idealistic, and overflowing with neat tools and great notions.

Stewart and his team put out several issues of The Whole Earth Catalog, and then when it had run its course, they put out a final issue. It was the mid-1970s, and I was your age. On the back cover of their final issue was a photograph of an early morning country road, the kind you might find yourself hitchhiking on if you were so adventurous. Beneath it were the words: "Stay Hungry. Stay Foolish." It was their farewell message as they signed off. Stay Hungry. Stay Foolish. And I have always wished that for myself. And now, as you graduate to begin anew, I wish that for you.

Stay Hungry. Stay Foolish. Thank you all very much.

저는 마취상태였는데, 후에 거기 있었던 아내가 말해주길, 현미경으로 세포를 분석한 결과 치료가 가능한 아주 희귀한 췌장암으로써, 의사들까지도 기뻐서 눈물을 글썽였다고 합니다. 저는 수술을 받았고, 감사하게도 지금은 괜찮습니다.

그때 만큼 제가 죽음에 가까이 가 본 적은 없는 것 같습니다. 또한 앞으로도 수십년 동안은 가까이 가고 싶지 않습니다. 이런 경험을 해보니, '죽음'이 때론 유용하단 것을 머리로만 알고 있을 때보다 더 확실하게 말할 수 있습니다.

죽기를 원하는 사람은 없습니다. 천국에 가고 싶다는 사람들 조차도 죽어서 가는 것은 원치 않습니다. 하지만 우리 모두는 언젠가는 다 죽을 것입니다. 아무도 피할 수 없죠. 삶이 만든 최고의 작품이 '죽음'이니까요. 죽음이란 삶의 또 다른 모습입니다. 죽음은 새로운 것이 헌 것을 대체할 수 있도록 만들어줍니다. 지금의 여러분은 '새로움'이란 자리에 서 있습니다. 그러나 언젠가는 여러분도 점차적으로 나이가 들게 되고 죽게 될 것입니다. 너무 극적으로 드렸다면 죄송하지만, 사실이 그렇습니다.

여러분의 삶은 제한되어 있습니다. 그러니 남의 인생을 살면서 자신의 삶을 낭비하지 마십시오. 도그마, 즉 다른 사람들의 생각에 얽매이지 마십시오. 타인의 잡음 때문에 여러분들 내면의 진정한 목소리를 듣지 못해서는 안됩니다. 그리고 가장 중요한 것은 마음과 직감을 따르는 용기를 가지는 것입니다. 이미 마음과 영감은 당신이 사실 무엇이 되길 원하는지 알고 있습니다. 나머지 다른 것들은 부차적인 것이죠.

제가 어릴 때, 제 세대의 유명한 책이었던 '지구 백과'라는 책이 있었습니다. 여기서 그리 멀지 않은 먼로 파크에 사는 스튜어트 브랜드란 사람이 쓴 책인데, 자신의 시적인 감정을 불어넣은 책이었지요. PC나 전자출판이 존재하기 전인 1960년대 후반이었기 때문에, 타자기, 가위, 폴라노이드 카메라로 그 책을 만들었습니다. 35년 전의 책으로 된 구글이라고나 할까요. 그 책은 대단한 생각과 아주 간단한 도구로 가득찬 이상적인 책이었습니다.

스튜어트와 그의 팀은 지구 백과의 몇 번의 개정판을 내놓았고, 수명이 다할 때쯤엔 최종판을 내놓았습니다. 그 때가 70년대 중반이었으며, 제가 여러분 아니 또래였죠. 최종판의 뒤쪽 표지에는 이른 아침 시골길 사진이 있었는데, 아마 모험을 좋아하는 사람이라면 히치하이킹을 하고 싶다는 생각이 들 정도였지요. 그 사진 밑에는 이런 말이 있었습니다 : "늘 갈망하라, 우직하게 도전하라." "늘 갈망하라, 우직하게 도전하라"로 마지막 작별인사로 대신 했습니다. 저는 항상 스스로 그것을 원했으며 시작을 앞둔 여러분들도 이렇게 되기를 바랍니다. 늘 갈망하라, 우직하게 도전하라. 감사합니다.

표 7.2 스티브 잡스의 인생을 변화시킨 자기혁신의 셀프 리더십 요소

리더십 요소	내 용

(2) 국가차원의 혁신사례; 세종대왕

세종대왕에 대해서 우리는 결과위주로만 배웠다. 한글을 창제하고, 과학적 발명을 하고, 아악을 정리하고, 번역사업을 하고, 국경을 명확히 하였으며, 천문학을 발전시켰다는 등의 이야기들이다. 어떤 과정을 거쳐서 이러한 업적을 이룩했는가를 알아보는 것은 우리들의 몫이다.[34)]

세종대왕의 개인적 특성(Seeds): 1418년부터 32년간 재위하였으며, 아홉 명의 부인들로부터 18남 4녀를 낳았다. 고기음식을 좋아하고 운동을 하지 않아 소갈증(당뇨)을 비롯하여 100가지가 넘는 병을 앓았다. "나는 한번 읽은 것을 잊은 적이 없다"라고 할 정도의 천재적 두뇌를 갖고 있었으며, "그래도 책을 한번 잡으면 30번~100번을 읽는다" 라고 했을 정도로 성실하기까지 하였다. 새벽부터 저녁 늦게까지 정사를

34) 백기복, 리더십의 이해, 2009, 76~77쪽.

돌봤으며 식사를 하면서도 책을 손에서 놓지 않았다. 배려의 마음도 극진했다. 관노들 중 여자가 아이를 낳으면 100일 휴가를 주도록 했으며, 그 남편에게는 30일 휴가를 주도록 배려했다. 자기경계에도 철저하여 당나라 현종과 양귀비의 이야기를 그림책(명황계감)으로 그려오게 하여 항상 옆에 두고 혼색의 함정에 빠지지 않으려고 노력하였다.

상황(Needs): 그가 즉위한 해에는 가뭄이 극심했다. 게다가 인구는 태조 때 550만에서 660만 정도로 늘어나 있었다. 식량난이 심각하여 굶주리는 백성이 수십만에 달했다. 개국한지 26년밖에 되지 않아 나라의 표준도 서있지 않았다. 인재는 드물고 역량이 결집되어 있지도 않았다. 문맹률은 90%를 넘었으며 중국은 툭하면 무리한 요구를 해왔다. 왜구들과 야인들이 마을을 침공하여 약탈하고 강도질 하는 것은 이제 일상이 되어있었다. 관료는 부패했고 백성들의 삶은 궁핍했다.

세종의 리더십 행동(Deed): 굶는 사람의 숫자를 각 도별로 정확히 파악하여, 구휼계획을 세워 실행하도록 했다. 1위는 충청도로 12만 명이 넘었다. 제일 먼저 한 것은 왕실의 재산을 나눠주는 것이었다. 동시에 농업생산성 향상에 나섰다. 오늘날과 같은 수경재배와 이앙법을 실시토록 하였으며, 각지방의 농업분야 best practice를 모은 〈농사직설〉을 발행하여 효과적인 농법을 공유케 하였다. 중국의 달력을 썼기 때문에 절기가 달라 농사에 지장이 있는 것을 보고 우리식 역법을 개발하였으며, 흉년과 풍년에 관계없이 밭의 면적에 따라 일률적으로 징수하던 세금제도를 흉년, 중년, 풍년에 따라 차등 징수하는 제도로 바꾸었다. 세제개편은 초기에 반대가 심하여 역사상 최초로 여론조사를 실시하여 무마하려 하였으나 여의치 않자 흉년, 중년, 풍년을 과학적으로 판단할 수 있는 측우기를 개발하여 8년 만에 세제개편을 완성하였다. 백성과의 소통을 원활하게 하기 위해서 한글을 만들었는데 이의 전파를 위해서 함경도에서부터 과거시험과목으로 넣었다. 중앙의 정책이 백성들에게 제대로 전달되지 않는 것은 지방관들의 책임의식 결여 때문임을 깨닫고 지방관을 임명하여 내려 보낼 때에는 직접 만나 장시간 지방관의 임무와 역할과 비전을 낱낱이 설득하였다. 안식년제도를 만들어 신하들에게 자기개발 기회를 제공했으며, 전문가육성을 위해서 양반 10명, 평민 10명 총 20명을 뽑아 중국에 유학을 보내는 국비유학생제도를 만들었다. 항상 능력중심으로 인재를 선발, 활용하여 장영실, 박연, 김문 등 유능한 인물들이 큰 일을 할 수 있었다. 세종이 하는 일에 큰 도움을 준 기관이 집현전인데 학사를 거쳐 간 인원이 총 96명 정도였다. 2년에 한 번 있는 과거시험 정원이 33명인데 1, 2, 3위 정도가 학사로 임명되었다. 특히 세종은 토론을 좋아하였다. 사안이 있을 때마다 신하들과 토론하기를 즐겼으며 이것은 하나의 의사결정 방식으로 자리 잡았다. 격렬히 반대하는 신하들에게도 항상 "너의 말이 참 아름답다"며 찬반을 가리지 않고 자유롭게 말할 수 있는 분위기를 조성하려 애썼다. 왜인과 야인들에 대해서도 때로는 외교적으로, 또 때로는 무력으로 진압하여 영토를 확고히 했다.

결과(Feed): 나라는 평안하였고 백성들은 태평성대를 누렸다. 중국을 비롯하여 야인과 왜인들까지 세종을 칭송하였다. 나라의 기틀이 확고해졌으며 오늘날까지 우리는 그의 영향 하에 살고 있다. 그가 시도했던 정책 중에 명백히 실패한 제도는 화폐정책이었다. 저화라는 종이돈이 유통이 잘 안되자 조선통보라는 구리동전을 발행했는데 백성들이 녹여 그릇을 만들어 써버리는 것이었다. 동전으로 그릇 만드는 사람을 잡아들여 옥을 살게 하였으나 결국 실패하게 되었다. 물론 자신의 건강관리에도 실패했다고 볼 수 있을 것이다. 또한 왕위의 승계문제도 실패했다고 보는 사람들이 있지만, 논란의 여지가 많다. 아무튼, 그는 백성을 위한 참신한 아이디어를 찾기 위해서 혼신의 노력을 다했고 일을 추진함에 있어서는 합리적 과정을 중시했으며, 개인적으로는 겸손과 희생과 솔선수범하는 자세를 잃지 않았다. 모든 의사결정은 데이터를 중시하였으며, 분석하고 분석하고 또 분석하여 진실을 보려 하였다. 아울러 그와 토론되지 않은 사안은 거의 없었다.

위 자료와 추가 자료를 조사하여 다음의 표를 정리하여 보자.

표 7.3 세종대왕의 통치에 따른 나라의 변화

구분	나라의 상태변화
세종의 통치전	
세종의 통치후	

표 7.4 세종대왕의 변혁적 리더십 요소

리더십 요소	세종대왕
비전	
카리스마	
영감적 동기부여	
지적 자극	
개별적 배려	

(3) 조직차원의 혁신사례; K은행 우 지점장[35)]

한국 K은행의 우모 지점장은 성과가 제일 낮은 H지점으로 새롭게 발령을 받았다. 워낙 성과가 안 좋아 모두가 꺼리는 지점이었다. 전임지점과 그 앞의 지점장 모두 성과를 못 내어 각각 2~3년만에 은행을 떠나야 했다. 우 지점장은 처음 H지점 발령통보를 받았을 때 기분이 착잡했다. 축하한다는 동료보다도 참 안되었다는 위로의 인사를 하는 동료들이 더 많았다. 소위 막장 지점이라는 별명이 붙은 H지점이기에 30년 은행생활을 마무리할 때가 되었구나 하는 생각으로 잠을 이룰 수가 없었다.

지점에 도착해보니 듣던 대로 엉망이었다. 직원들의 사기는 땅에 떨어져 있었고 서비스 수준도 형편없었다. 고객과 말다툼을 하는 창구 직원도 눈에 띄었다. 사무실 인테리어도 10년 전 그대로인 듯 했으며 구석구석에 먼지가 수북이 쌓여 있는 모습도 보였다. 무엇 하나 제대로인 것이 없었다.

우 지점장은 출근 첫날부터 소매를 걷어붙이고 뛰기 시작했다. 직원 한 사람씩 불러 직접 면담을 하고 "우리가 왜 이렇게 살아야 하는가?"라고 설득하기 시작했다. 회식을 하면서 속마음을 이야기하기도 하고 주말을 이용하여 MT를 가서 한마음을 이루기 위한 다양한 활동도 하였다. 그리고 2년 안에 최우수 지점을 만든다는 용감한(?) 비전을 만들어 설득하기 시작했다. 모두가 코웃음을 쳤다. 다는 지점장들도 처음엔 다 그랬다는 식이었다. 우 지점장은 오기가 발동하였다. 지고 싶지 않았다.

우선 화가인 친구에게 부탁을 하여 지점 내부를 갤러리 비슷하게 꾸몄다. 여기저기 내걸린 현란한 그림들은 고객들의 이목을 집중시키기에 충분하였다. 판공비며 지점장이 쓸 수 있는 모든 예산을 끌어 모아 인테리어를 확 바꿔버렸다. 직원들 서비스 향상을 위해서 주 1회 유명강사를 초빙하여 서비스 교육도 강화

35) 백기복 외, 『리더십의 이해』, 2009, 362~364쪽.

하였다. 그리고 매일 아침 지점장이 제일 먼저 출근하여 출입구에 서서 출근하는 직원 한 사람을 마음으로부터 정중하게 맞았다.

지점장은 사무실에 붙어 있기보다는 주요 고객들을 찾아다니면서 대부분의 시간을 보냈다. 중간에 잠깐씩 지점에 들어 직원들과 일일 성과점검을 한 뒤 다시 고객을 찾아 뛰어다녔다. 어떤 때는 밤늦게까지 고객을 만나기 위해서 기다리기도 하였다.

지점원들이 새 지점장을 달리 보기 시작하였다. 꼴찌 지점을 최우수 지점으로 만들 수만 있다면 그것은 인생의 가장 보람 있는 추억으로 남을 것이라는 재미있는 생각이 들기 시작했다. 무엇보다도 지점장이 저렇게 진정성을 가지고 뛰어다니고 있으니 자신들만 동참을 하면 뭔가 달라질 수 있을 것이라는 막연한 생각이 지점원들의 마음에 솟아나기 시작하였다.

고객을 찾아 뛰어다니는 지점원들이 하나 둘 늘어났다. 지점장은 이 기회를 놓칠 수 없었다. 첫 분기에 희망을 보여줘야 한다는 생각이 들었다. 한 달 동안을 혼신의 노력을 다했다. 첫 분기가 끝났다. 성과는 멋있게 상승곡선을 그리며 치고 올라가는 모습을 보였다. 첫 번째 긍정적인 신호였다. 지점원들도 희망을 보았다. 모두들 무엇엔가 홀린 듯 몰입형 인간으로 변했다. 부정적이고 냉소적인 태도는 긍정적이고 열정적으로 변했다. 뒤로 한 발 물러서 있으려는 소극적인 자세는 내가 해내겠다는 적극적인 자세로 바뀌었다.

연말이 되었다. 우 지점장의 H지점은 우수지점 평가를 받았다. 지점원들은 벅찬 가슴에 눈물을 흘리기까지 하였다. 지난 1년 무엇엔가 홀리어 미친 듯이 뛰었고 그 결과가 이렇게 좋게 나온 것에 대해서 감격을 느꼈다. 이제 자신감이 붙었다. 다음 1년은 정말로 행복한 한 해였다. 여느 때보다 3-4배는 더 열심히 일했다. 하지만 그 속에 진정한 행복이 있다는 것을 지점원들은 느꼈다. 자발적으로, 한마음으로, 그리고 하나의 비전을 향하여 함께 나아갈 수 있는 것만큼 행복한 것은 없다. 다음 해 연말, 우 지점장의 H지점은 드디어 최우수 지점으로 평가받았다. 비전이 달성되는 순간이었다.

우 지점장의 사례는 실제 있었던 사례이다. 이처럼 리더십이 사람들의 가치관을 바꾸고 욕구의 수준을 바꾼다. 그리고 그 변화된 자세가 기대 이상의 성과를 내게 하는 것이다. 변혁적 리더십은 바로 이러한 리더십 현상에 초점을 맞춰 설명하고 있다.

표 7.5 우 지점장의 경영에 따른 지점의 변화

구분	은행 지점의 상태변화
우 지점장의 경영 전	
우 지점장의 경영 후	

표 7.6 우 지점장의 변혁적 리더십 요소

리더십 요소	우 지점장
비전	
카리스마	
영감적 동기부여	
지적 자극	
개별적 배려	

3. 혁신적 리더십수준 진단하기

배스는 변혁적 리더십의 요인들을 측정하기 위하여 세 유형의 리더십을 진단하는 설문을 제시하였다. 자신의 리더십 유형을 진단해 보자. 아울러 조직의 혁신분위기를 측정하기로 한다.

(1) 변혁적 리더십 수준 진단

표 7.7 다중요인 리더십 측정설문

※ 자신 또는 다른 사람을 대상으로 각 문항을 읽고 가장 적절한 점수를 부여합니다.

매우 그렇지 않다	그렇지 않은 편이다	보통	그런 편이다	매우 그렇다
1점	2점	3점	4점	5점

측정대상 리더 (   )

번호	리더십 행동	점수
1	구성원들이 리더로서의 느낌을 멋지고 좋게 갖도록 노력한다.	
2	우리가 무엇을 왜 해야 하는지를 정확하고 분명하게 표현한다.	
3	구성원들이 조직과 과업의 문제점을 새로운 방식으로 생각하도록 만든다.	
4	구성원들이 스스로를 개발해 나가도록 돕는다.	
5	구성원들이 성과에 따른 보상을 받기 위해 무엇을 해야 하는지를 알려준다.	
6	구성원들이 업적기준을 충족하였을 때는 만족감을 표현한다.	
7	구성원들이 기존의 방식대로 업무를 수행해도 개의치 않는다.	
8	구성원들이 리더를 완전히 신뢰한다고 믿도록 한다.	
9	구성원들에게 우리가 할 수 있다는 것을 감성적으로 호소력있게 표현한다.	
10	복잡하고 어려운 문제에 대해 새로운 시각으로 보는 방법을 알려 준다.	
11	구성원들의 직무수행상태에 대해 리더로서의 생각을 알려 준다.	
12	구성원들이 과업목표를 달성했을 때 인정해 주고 보상해 준다.	
13	일이 적정한 수준으로 되어가고 있다면 현행방식을 바꾸지 않는다.	

번호	리더십 행동	점수
14	구성원들의 과업수행을 어떤 방식으로 하든지 별로 관여하지 않는다.	
15	구성원들이 리더와 함께 일하고 있다는 것을 자랑스럽게 생각하게 한다.	
16	구성원들이 자신이 하는 일에서 의미와 가치를 찾도록 만든다.	
17	구성원들이 의문을 갖지 않았던 일에 대해서도 새로운 시각에서 생각하도록 한다.	
18	구성원들 개개인의 상태를 판단하여 개인적인 관심을 표명한다.	
19	구성원들이 업적에 대해 받는 보상이 적절한지에 대해 관심을 갖는다.	
20	구성원들이 업무수행에서 알아야 할 기준들을 미리 또는 사후에 알려 준다.	
21	구성원들에게 꼭 필요한 것만 최소한으로 요구한다.	

☞ 개별요인들의 진단

7요인	문항번호	측정점수	판단기준	판단
카리스마	1, 8, 15		강함: 15점~12점 보통: 11점~7점 약함: 6점~3점	
영감적 동기부여	2, 9, 16			
지적 자극	3, 10, 17			
개별적 배려	4, 11, 18			
업적-보상	5, 12, 19			
예외의 관리	6, 13, 20			
방임/비거래	7, 14, 21			

☞ 종합적 리더십 유형 진단

• 해당요인들의 점수를 합산한 후 문항수로 나누어 평균점수를 구하고, 리더십 유형을 판단합니다.

리더십 유형	요인	합산	문항수	평균	판단기준	판단
변혁적 리더십	카리스마 ~ 개별적 배려		12		· 강함; 3.5 이상 · 보통; 2.5~3.5 · 약함; 2.5 미만	
거래형 리더십	업적-보상, 예외의 관리		6			
방임형 리더십	방임/비거래		3			

☞ 참고

• 자료 : Bass, B.M. & Avolio, B.J.(1992), *Multifactor Leadership Questionnaire*, Center for Leadership Studies.

• 진단표는 필자가 만들었음.

(2) 조직의 혁신분위기 진단

조직에서 혁신 리더십을 발휘한 결과의 하나는 조직을 혁신문화로 변화시키는 것이다. 조직혁신(organizational innovation) 분위기를 측정하는 것도 매우 의미있는 일이다. 자신이 속한 조직이나 집단을 선정하여 측정해 보자.

표 7.8 조직의 혁신분위기 측정 설문

※ 측정하고자 하는 조직을 대상으로 각 문항에서 가장 적절한 점수를 부여합니다.

매우 그렇지 않다	그렇지 않은 편이다	보통	그런 편이다	매우 그렇다
1점	2점	3점	4점	5점

측정대상 조직 (   )

번호	설문문항	점수
1	이 조직에서는 창의성을 장려하며 창조력이 촉진된다.	
2	이 조직의 리더는 창조적으로 직무를 수행하는 능력을 높이 평가한다.	
3	이 조직에서는 동일한 문제라도 다양한 방식으로 해결하도록 노력하는 분위기가 조성되어 있다.	
4	이 조직에서 구성원들의 역할은 상위하달식 명령체계를 따르는 것이다(R).	
5	이 조직에서는 관행에 어긋나는 행동을 하면 마찰을 일으킬 수 있다(R).	
6	이 조직은 융통성이 있으며, 변화에 지속적으로 적응하고 있다고 생각한다.	
7	이 조직에서는 구성원들을 독려해야만 어려운 직무를 수행할 수 있다(R).	
8	이 조직에서 잘 지내는 방법은 남들이 하는 방식대로 하는 것이다.(R)	
9	이 조직은 구성원들이 기존의 방법으로 문제점들을 처리하기를 바란다(R).	
10	이 조직은 환경요인에 대해 개방적이고 변화에 민감하게 대응한다.	
11	이 조직에서 리더는 구성원들의 생각을 경청하고 신뢰를 보낸다.	

번호	설문문항	점수
12	이 조직은 경험적이고 사실적인 방법을 고수하려는 경향이 있다(R).	
13	이 조직은 변화보다는 현상유지에 더 관심이 있다(R).	
14	이 조직에서는 새로운 아이디어를 개발하는데 필요한 도움을 충분히 받을 수 있다.	
15	이 조직은 조직혁신에 쏟아 부을 수 있는 적절한 재원을 확보하고 있다.	
16	이 조직에서는 창조적인 생각을 실천해 볼 수 있는 시간적 여유가 있다.	
17	이 조직은 새로운 아이디어들을 연구하는데 필요한 지원이 부족하다는 것이 문제이다(R).	
18	이 조직은 조직혁신을 추진할 인원이 부족하여 혁신을 하지 못한다(R).	
19	이 조직은 근무 중 새로운 생각을 창출할 수 있는 여유시간을 제공한다.	
20	이 조직의 보상체계는 조직혁신을 촉진하도록 구성되어 있다.	
21	이 조직은 혁신적인 사람들을 대외적으로도 인정한다.	
22	이 조직의 보상체계는 문제를 일으키지 않는 사람들이 불리하지 않도록 되어 있다(R).	

☞ 계산 및 진단

- 각 문항에 적절한 점수를 부여합니다.
- 10개 문항(4, 5, 7, 8, 9, 12, 13, 17, 18, 22)은 점수를 반대로 환산합니다. (예; 4점을 부여했으면 2점이 되는 것임)
- 모든 문항의 점수를 합산하여 혁신분위기의 수준을 판단합니다.

합산점수 (　　　)점	혁신분위기 판단 (　　　　　　　)

* 혁신분위기 판단기준; 높음(88점 이상), 중간(87~45점, 낮음(44점 이하)

☞ 참고

- 자료 : Scott, S.G. & Bruce, R.A.(1994), Determinants of innovation behavior: A path model of individual innovation in the workplace, *Academy of Management Journal*, 37(3), 580~607.

Chapter 8

터닝 포인트; 리더십 격언과 명언

참고; 대학의 강의에서 8주차는 중간시험기간에 해당하므로
본 8장은 강의진행에는 포함하지 않는 여유의 장임.
강의 9주차는 본 교재 9장으로 연결될 것임.

1. 인생성찰과 품성

- 눈물과 함께 빵을 먹어보지 않고서는 생의 맛을 알지 못 한다. – 괴테
- 알차게 보낸 하루가 편안한 잠을 제공하는 것처럼 알찬 생애가 평온한 죽음을 가져다준다. – 다 빈치
- 덕행은 가장 값진 유산이다. – 사마광
- 잘못을 알면서 고치지 아니하는 것, 이것을 잘못이라고 한다. – 논어
- 행복의 추구보다 행복을 누릴 자격을 갖추는 것이 중요하다. – 칸트
- 인생은 왕복차표를 발행하지 않는다. – R. 롤랑
- 인간은 항상 시간이 모자란다고 불평을 하면서 마치 시간이 무한정 있는 것처럼 행동한다. – 세네카
- 어둠이 깊을수록 별들은 더욱 선명하게 빛난다.
- 오늘은 어제 죽은 사람들이 그렇게도 원하던 내일이었다.
- 자살은 살인의 최악의 형태다. 그것은 후회할 수 있는 기회를 전혀 남기지 않기 때문이다. – 존 C. 콜린스
- 참된 삶을 맛보지 못한 자가 죽음을 두려워하는 것이다. – 제이 메이

- 후회의 씨앗은 젊었을 때 즐거움으로 뿌려지지만, 늙었을 때 괴로움으로 거둬들이게 된다. – 콜튼
- 무소유란 아무것도 갖지 않는 것이 아니라 불필요한 것을 갖지 않는다는 뜻이다. – 법정
- 외로움이란 나를 찾는 이가 없을 때를 가리키는 말이 아니라 내가 찾아갈 사람이 아무도 없을 때를 말하는 것이다.
- 모든 세대는 편할 때가 없다. 어렸을 적에는 어른을 존경해야 한다더니 나이가 드니 젊은 세대를 존중하라고 한다.
- 아무도 보고 있는 사람이 없을 때의 당신이 당신의 참다운 모습이다.
- 때로 푹 쉬어라. 한 해 놀린 밭에서 풍성한 수확이 나는 법. – 오비드
- 몇 가지 꿈이 실현되지 않았다고 해서 자신을 불행하다고 생각하지 말라. 꿈이라는 것을 가져보지 못한 사람들이야말로 정말 불행한 사람들이다.
- 큰 부자에게는 아들은 없다. 상속인만이 있을 따름이다. – 유태 격언
- 사는 게 지겹다면 그것은 당신이 그렇게 만든 것이다. – 부스카글리아
- 남의 인생에만 반하지 말고 스스로의 인생에 반할 수 있는 삶을 살라!
- 가난하게 태어난 것은 당신의 잘못이 아니지만 가난하게 죽는 것은 당신 책임이다. – 빌 게이츠
- 삶에서 속도보다 중요한 것은 방향이다.
- 마음의 평화란 생의 갈등이 없는 데서 오는 것이 아니라 그 갈등을 이겨내는 능력에서 온다.
- 명예롭지 못한 성공은 양념을 하지 않은 요리와 같은 것. 그건 배고픔을 면하게 해주지만 맛은 없을 것이다. – 조 파테어노
- 기도에는 목소리가 아니라 진실이 필요하다. – 마하트마 간디
- 문제는 얼마나 바쁘냐에 있는 것이 아니라 왜 바쁘냐에 있다. 벌은 칭찬을 받지만 모기는 손바닥으로 얻어맞는다. – 털사 트리뷴
- 공직을 맡은 자는 스스로를 공공재산으로 생각해야 한다. – 제퍼슨

- 어떤 사람과 이익을 나눠 가질 때까지는 그를 안다고 말하지 말라.
  – 요한 카스파르 라바테르
- 운명은 그 사람의 성격에 의해서 만들어진다. 그리고 성격은 그 사람의 일상의 습관에서 만들어진다. 그러기 때문에 오늘 하루 좋은 행동의 씨를 뿌려서 좋은 습관을 거두어 들이도록 하지 않으면 안 된다. 좋은 습관으로 성격을 다스린다면 운명은 그때부터 새로운 문을 열 것이다. – 데커
- 인격을 수단으로 삼지 말고 항상 목적으로 대우해야 한다. – 칸트
- 한 인간의 됨됨이를 정말 시험해 보려거든 그에게 권력을 줘 보라.
  – 에이브러햄 링컨
- 가진 것이 망치밖에 없을 땐 세상의 모든 문제가 못대가리로 보이게 마련이다. – 에이브라함 마즐로
- 좋은 생각은 좋은 열매를 맺고, 나쁜 생각은 나쁜 열매를 맺는다. 사람은 누구나 자기 자신을 가꾸는 정원사이다. – J. 앨런

2. 용기, 열정, 도전

- 항구에 정박해 있는 배는 안전하다. 그러나 배는 항구에 묶어 두려고 만든 것이 아니다. – 존 A.셰드
- 우리의 영광은 한 번도 실패하지 않는 것이 아니고 넘어질 때마다 일어서는 것이다. – 골드 스미스
- 아무도 뒷걸음질을 해서 미래로 갈 수는 없다. – 조셉 허거샤이머
- 사람의 마음은 낙하산과 같은 것! 펴지 않으면 쓸 수가 없다. – 오스몬
- 실패를 함구하는 건 성공을 뽐내는 것 보다 더 위험하다. – 케네
- 인생에 있어 실패를 한 번도 안 해본 사람은 새로운 시도를 한 번도 해 보지 않은 사람이다. – 아인슈타인
- 포기한 자보다 더 비열한 자는 시작도 하지 않는 자다.
- 투우도 저항하지 않으면 살육하는 재미가 없다. – 클라우디스

- 재능은 누구나 가지고 있지만 재능을 실현하기 위해 어려운 과정을 밟을 용기를 지닌 사람은 드물다. – 에리카 종
- 지나치게 숙고하는 인간은 큰 일을 성취시키지 못한다. – 실러
- 위험에 대한 공포는 위험 그 자체보다 천 배나 무겁다. – 디포
- 운명은 용기있는 자 앞에 약하고 비겁한 자 앞에는 강하다. – 윌콕스
- 소심한 사람은 위험이 일어나기 전에 무서워한다.
- 위험이 다가왔을 때 도망치려고 생각해서는 안 된다. 그렇게 되면 도리어 위험이 배가된다. 그러나 결연하게 맞선다면 위험은 반으로 줄어든다. 무슨 일을 만나거든 결국 도망쳐서는 안 된다. – 윈스턴 처칠
- 위험이 있는 곳에 기회가 있고 기회가 있는 곳에 위험도 있다. 이 둘은 분리될 수 없다. 이 둘은 함께 한다. – 얼 나이팅게일
- 죽을 때까지 청년의 정신을 지녀라. – 토인비
- 권리는 그것을 지킬 용기가 있는 자에게만 주어진다. – 로저 볼드윈
- 인생이란 용기에 따라서 펴질 수도 있고 움츠러들 수도 있다. – 어네이스 닌

3. 성실, 근면, 습관

- 근면과 성실로 재산을 모은 것은 신의 섭리에 어긋나지 않는다. – 캘빈
- 우리의 나태에 대한 벌로서 타인의 성공이 있다. – 쥘 르나르
- 천재란 천부적인 1%의 영감과 99%의 땀으로 이루어진다. – 에디슨
- 오늘이 나의 최초의 날이고 최후의 날로 생각하고 살라. – 격언
- 비록 내일 지구의 종말이 온다 하여도 나는 오늘 한 그루의 사과나무를 심겠다. – 스피노자
- 이 세상에서 성공할 수 있는 길은 두 가지 밖에 없다. 한 가지는 자신이 남보다 근면 성실하면 되고, 또 하나는 타인의 어리석은 점을 이용해서 이익을 취하면 된다. – 라 르뷔에르

• 평화의 시기에 땀을 흘리면 전투시에 피를 적게 흘린다.

• 태만은 천천히 움직이므로 가난이 곧 따라잡는다. – 프랭클린

• 한 사람의 志願者는 억지로 끌려온 열 사람보다 낫다. – 아프리카 속담

• 게으른 사람의 혀가 게으름을 피는 것을 본 일이 없다. – 바운드

• 주머니에 손을 넣고 성공이란 사다리를 올라갈 수는 없다. – 미국 속담

• 습관은 처음에는 손님이다. 그러나 그대로 두면, 손님이 그 집 주인이 되어 버린다. – 탈무드

• 우리는 대개 습관이라고 하는 쇠사슬을 느끼지 못하고 있다가 그것이 끊을 수 없을 정도로 강해진 다음에야 비로소 그 존재를 깨닫게 된다. – 새뮤얼 존슨

• 목 마르기 전에 미리 우물을 파 두어라. – 중국 속담

• 소가 마신 물은 젖이 되고, 뱀이 마신 물은 독이 된다.

• 악마가 사람을 방문하기에 너무나 바쁠 때에는, 대신 술을 보낸다. – 탈무드

• 사람의 표정이란 타고나는 것이 아니다. 표정은 연륜이 우리 얼굴에 남기는 서명일 뿐. – 도로시 C.피셔

4. 정직과 겸손

• 깨끗한 양심처럼 더없이 폭신한 베개는 이 세상에 없다. – 프랑스 속담

• 잘못을 정당화하다 보면 잘못이 갑절로 늘어난다. – 프랑스 속담

• 거짓말을 한 그 순간부터 뛰어난 기억력이 필요하게 된다. – 코르네이유

• 실수의 변명은 늘 그 변명 때문에 또 하나의 실수를 범하게 된다. – 세익스피어

• 한두 사람을 항상 속일 수도 있고, 여러 사람을 한두 번 속일 수는 있을지 모르나 수많은 사람을 항상 속일 수는 없다. – 링컨

• 겸손이 없어지면 덕의 울타리가 무너져 버린다.

- 벼슬 자리 없는 것을 걱정하지 말고, 벼슬에 올라 설 수 있을 만한 자기의 학식이나 능력에 대해 걱정하라. 또 남이 나를 몰라주는 것을 걱정 말고, 남들에게 알려질 만한 일을 하려고 애써라. – 논어
- 옛 사람들이 함부로 말을 입밖에 내지 않은 것은, 자기의 실천이 말을 따르지 못할까 두려워했기 때문이다. – 논어
- 옹졸한 사나이는 벼슬을 얻지 못하였을 때에는 얻으려고 걱정하고, 벼슬을 한번 얻었을 때에는 그것을 잃을까 걱정한다. 참으로 벼슬을 잃을까 걱정하는 사람은 그 수단으로 무슨 짓이라도 한다. – 이이
- 잘못을 저지르고도 후회할 줄 모르는 자는 下等의 사람이요. 후회하면서도 고칠 줄 모르는 자도 下等의 사람이다. – 소학
- 겸손한 사람에게 오만하지 말고, 오만한 자에게 겸손하지 말라.

  – 제퍼슨 데이비스
- 자신의 칭찬을 부정하는 자는 다시 한 번 그 칭찬을 듣기 위해서이다.

  – 라 로시푸코
- 자신의 모습보다 과장하는 것은 아직도 철이 덜 들었다는 증거이다.
- 먼저 핀 꽃은 먼저 진다. 남보다 먼저 공을 세우려고 조급히 서둘 것이 아니다. – 채근담

5. 긍정과 즐거움, 행복

- 일이란 당신이 이를 즐기지 않으면 곧 노역으로 바뀐다.
- 재산은 가지고 있는 자의 것이 아니고, 그것을 즐기는 자의 것이다.

  – 하우얼
- 기쁨은 나누면 배가 되고 슬픔은 나누면 반이 된다.
- 삶에는 내가 들 수 있는 만큼의 무게가 있다.
- 대기를 오염시키는 가장 나쁜 것은 스모그가 아니라 사람들이 내뱉는 불평들이다. – 움베르토 사바

- 그림자를 두려워 말라. 그것은 가까운 곳에 빛이 있다는 것을 의미하는 것이다.
- 불평과 잔소리의 한 마디 한 마디는 당신 집안에 무덤을 한 삽씩 한 삽씩 파들어 가는 것이다. – 나이트
- 세상을 사는 데에는 두 가지 방법이 있다. 하나는 기적을 없다고 믿고 사는 것과 다른 하나는 모든 일이 기적이라고 믿으며 사는 방법이다. 나는 후자를 택하기로 했다. – 아인슈타인
- 비관주의자는 바람이 분다고 불평하고 낙관주의자는 바람이 방향을 바꾸기를 기대하며 현실주의자는 바람의 방향에 돛을 조정한다. – W.A.워드
- 마음은 극히 주관적인 장소이므로, 그 안에서는 지옥도 천국이 될 수 있고 천국이 지옥으로 될 수도 있다. – 존 밀튼
- 가장 위대한 에너지源의 하나는 자기가 하는 일에 대한 긍지. – 스포크
- 남을 시궁창에 붙잡아 두려면 자기도 시궁창 속에 있어야 한다. – 부커 T.워싱턴
- 남을 밑으로 끌어내리려면 자기 자신도 불가불 그와 함께 끌어내려야만 한다. 그러니 남을 끌어내림으로써 자기 자신을 끌어올릴 수 있는 기회도 놓치고 만다. – 매리언 앤더슨
- 낙관론자와 비관론자는 모두 사회에 기여한다. 낙관론자는 비행기를 만들고 비관론자는 낙하산을 만들어 내니까.
- 행복은 작은 새처럼 붙들어 두어야 한다. 될 수 있는 한 부드럽게 그리고 갑갑하지 않게 해야 한다. 작은 새는 자신이 자유롭다고 생각하기만 하면 기꺼이 수중에 머물러 있을 것이다. – 헤겔
- 행복이란 손 닿는 데 있는 꽃들로 꽃다발을 만드는 솜씨이다.
- 아이들을 너무 행복하게 해주어 버리지나 않을까 두려워하지 말라. 행복이야말로 모든 건전한 사람이 성장하는 분위기이다. – 토머스 브레이
- 행복은 항상 그대가 손에 잡고 있는 동안에는 작게 보이지만, 놓쳐보라, 그러면 곧 그것이 얼마나 크고 귀중한가를 알 것이다. – M.고리키

6. 인정과 신뢰

- 칭찬은 선한 자로 더 나은 자 되게 하고, 악한 자로 더 나쁜 자 되게 한다.

  – 휼러

- 사람들은 사랑의 문제를 '사랑하는', 즉 사랑할 수 있는 능력의 문제로 보기보다는 '사랑받는' 문제로 보고 있다. 그들에게 중요한 문제는 어떻게 하면 사랑받을 수 있는가, 어떻게 하면 사랑스러워지는가 하는 것이다.

  – 에리히 프롬

- 사람을 칭찬하는 것은 이쪽에서 그것을 기화로 덕을 보기 위한 것이다.

  – 라 로슈푸코

- 사교적인 사람이 되려면 남이 자기가 이미 알고 있는 것을 가르쳐 주더라도 아무 소리 말고 배울 것.
- 진정으로 어떤 논쟁을 매듭짓고 싶으면 "당신 말이 옳은 것 같군요" 라고 말하도록 노력할 것.
- 자기의 잘못을 인정하는 것만큼이나 어려운 것은 없다. – 이즈 테일러
- 근심이 들어오면 믿음이 달아나고 믿음이 생기면 근심이 달아난다.
- 자기 자신도 지킬 수 없는 자기의 비밀을 남이 지켜주길 바라는가?

  – 라 로슈푸코

- 남자는 자기자신의 비밀보다는 타인의 비밀을 굳게 지킨다. 여자는 반대로 타인의 비밀보다는 자기 자신의 비밀을 더욱 잘 지킨다. – 라 브뤼에르
- 결혼 전에는 눈을 크게 뜨고, 결혼 후에는 반쯤 감아라. – 프랭클린
- 의심스러운 사람은 쓰지 말고, 사람을 썼거든 의심하지 말라. – 명심보감
- 현명한 사람은 자신에게 의문을 품고 어리석은 자는 남들만 의심한다.
- 당나귀는 긴 귀로 구별할 수 있으며 어리석은 자는 긴 혀로 구별할 수 있다.

  – 유태 격언

- 아무나 믿는 것은 위험한 짓이지만, 아무도 못 믿는 것은 더욱 위험한 짓이다. – 링컨

• 질투는 천 개의 눈을 가지고 있다. 그러나 한 가지도 올바로 보지 못한다.
– 탈무드

• 상대방에게 한번 속았을 땐 그 사람을 탓하라. 그러나 그 사람에게 두 번 속았거든 자신을 탓하라.

7. 교육과 경험, 배움

• 아이는 어릴 때 엄하게 꾸짖고, 자란 후에는 꾸짖지 말라. – 탈무드

• 잘못을 고쳐주는 것도 좋은 일이지만, 잘하도록 북돋우는 것은 더욱 효과가 있다. – 괴테

• 아이들의 버릇을 고치려면 남들에게 아이들 칭찬을 하되 아이들이 엿듣게 할 것.

• 모진 고생보다 더 나은 교육은 없다. – 디즈레일리

• 利己主義는 인간의 천성이요, 無私는 후천적 교양이다.

• 사색없는 독서는 소화되지 않는 음식을 먹는 것과 같다. – 에드먼 버크

• 사람이 어릴 적에 보여 준 재주대로 자란다면 이 세상에 천재가 못된 사람은 없을 것이다.

• 읽지 않고 덮어둔 책은 휴지 뭉치에 불과하다. – 중국 격언

• 자녀들의 교육에 지나치게 간섭한 대가는 부모보다 우둔한 자손이 생겨나는 것. – 프랭크 A.클라크

• 과학은 아무리 발달해도 지혜가 아니고 지식이다. 지혜란 지식과 판단력이 조화된 것이다.

• 학교는 재능을 녹여 능력으로 바꿔 주는 제련소이다.

• 아이를 꾸짖을 때에는 한 번만 따끔하게 꾸짖고, 언제나 잔소리로 계속 꾸짖어서는 안 된다. – 탈무드

• 기억을 증진시키는 가장 좋은 약은, 감탄하는 것이다. – 탈무드

• 반드시 1등만이 아니라 전보다 더 잘하는 것도 진정한 승리이다.

• 어리석은 자의 특징은 타인의 결점을 드러내고, 자신의 약점은 잊어버리는 것이다. – 키케로

• 인내심 없는 인간은 기름 없는 등잔불과 같다. – 앙드레스 세고비아

• 백 번 듣는 것이 한 번 보는 것만 못하다. – 콩트

• 거친 바다가 유능한 선원을 만든다.

• 늙은 말은 길을 잃지 않는다.

• 새는 알 속에서 빠져나오려고 싸운다. 알은 세계이다. 태어나기를 원하는 자는 하나의 세계를 파괴하지 않으면 안 된다. – 헤세

• 한 가지 일을 경험하지 않으면 한 가지 지혜가 자라지 않는다. – 명심보감

• 잡초는 저절로 자라지만 화초는 가꿔야 한다.

• 싸움에 있어서는 한 사람이 천 사람을 이길 수도 있다. 그러나 자기에게 이기는 자야말로 가장 위대한 승리자다. – 석가(釋迦)

• 건전한 신체에 건전한 정신이 깃든다.

• 생존경쟁에 의한 자연도태설로 모든 생물은 적자생존의 원칙에 의하여 진화된다. – 다아윈

• 사람들을 때려서 지도할 수는 없다. 그것은 폭력행사이지 지도력의 발휘는 아니다.

• 가장 위대한 예술가도 한때는 초심자였다. – 파머스 다이제스트

• 자식에게 물고기를 잡아 먹이지 말고 물고기를 잡는 법을 가르쳐 주라.

• 실수와 패배는 우리가 전진하기 위한 훈련이다. – 차닝

• 나는 1000번 실패한 것이 아니다. 단지 실패할 수 있는 1000가지 방법을 알아낸 것이다. – 에디슨

• 인간은 패배했을 때 끝나는 것이 아니라 포기할 때 끝나는 것이다.

• 가끔 실패하지 않는다면 언제나 안이하게만 산다는 증거. – 우디 알렌

• 모든 사람이 영웅이 될 수는 없다. 영웅이 지나갈 때 박수쳐 줄 사람도 있어야 하니까.

- 성공하는 사람이란 남들이 자기에게 던지는 벽돌로 든든한 기초를 쌓아가는 사람이다.
- 얼마나 열심히 일하는가를 말하지 않고, 얼마나 많이 해냈는가를 이야기하라. – 제임스 링

8. 사랑과 우정

- 당신의 친구가 당신에게 있어서 벌꿀처럼 달더라도, 전부 핥아 먹어서는 안된다. – 탈무드
- 질투를 느껴 본 적이 없다고 말하는 사람을 믿지 말 것. 결코 사랑을 해본 적이 없다는 뜻이니까.
- 사랑은 달콤하다. 그러나 빵이 수반할 경우에만. – 유태 격언
- 사랑할 시간도 충분치 않은데, 증오할 시간이 어디 있으랴!
- 접근하는 남자는 거절하고, 미워하는 남자를 사랑하는 것이 여자의 일반적인 상식이다. – 세르반테스
- 친구를 찾겠다고 나서면 친구는 드물다. 그러나 친구가 되겠다고 나서면 어디에나 친구가 있다. – 지그 지글러

9. 기타 좋은 교훈들

- 富의 재분배보다는 기회의 재분배가 더 중요하다.
- 누구나 다 즐겁게 해주려면 결국 아무도 즐겁게 해줄 수 없다. – 이솝
- 형제 사이도 돈에 있어서는 남이다. – 터키 속담
- 도박을 즐기는 모든 인간은, 불확실한 것을 얻기 위해서 확실한 것을 걸고 내기를 한다. – 파스칼
- 입은 재앙과 행복을 불러들이는 문턱이다.

• 말은 착하고 부드럽게 하라. 악기를 치면 아름다운 소리가 나오듯이 그렇게 하면 몸에 시비가 붙지 않고, 세상을 편안히 살다 가리라 – 법구경

• 위트는 대화의 양념이지 主食은 아니다. – 윌리엄 해즐리트

• 결정을 내리기 전에 모든 것을 완벽하게 알고자 고집하는 사람은 결코 결단을 내리지 못한다. – 앙리 F.아미엘

• 발견을 위한 참다운 항해는 새 땅을 찾아내는 것보다도 세상을 새로운 눈으로 보는 데 의의가 있다. – 마르셀 프루스트

• 언제나 신선한 달걀로 남을 수는 없다. 병아리로 부화되든지 곪든지 해야 한다.

• 창살을 금으로 만들어도 감옥은 감옥이다. – 발라톨 N.메논

• 가장 고약한 감옥은 닫힌 마음이다. – 교황 요한 바오로 2세

• 다른 사람들이 들어오지 못하도록 울타리를 치면 자기도 그 안에 갇히게 된다. – 빌 코플랜드

• 돈은 좋은 하인이지만 섬기면 난폭한 폭군이 된다. – 바하우어

• 모두들 세상을 바꾸려 들지만 스스로를 바꾸려는 생각은 하지 않는다. – 톨스토이

• 햇빛은 하나의 초점에 모아질 때만 불꽃을 피우는 법이다.

Part 3

리더십 액션

Chapter 9

리더십 액션 1; 나와 조직의 비전을 세우자

학습목표

① 나와 조직의 비전에 대해 중요성과 기능을 이해한다.
② 비전의 정립과 구성원들과의 공유방법을 이해한다.
③ 조직의 비전정립 사례를 참고하여 나의 비전을 생각한다.

1. 비전은 무엇이고 어떻게 세울 것인가?

사람들에게는 누구나 이루고 싶은 꿈이 있고 실현하려고 노력한다. 꿈을 개인차원에서 수립하면 개인의 비전이 되고 조직차원에서 수립하면 조직의 비전이 된다.

비전이란 무엇인가? '비전은 미래의 그림이다. 그 그림과 함께 미래를 창조하기 위해 노력해야 하는 이유를 나타낸 것'이다.[1] 리더십이란 긍정적 변화를 지향하는 활동이다. 현재 상태를 더욱 발전된 미래로 변화시키는 것이 리더십의 사명인 것이다.

비전은 미래의 좌표이며, 비전은 삶에 에너지를 부여하고 조직에 생명력을 불어넣는 리더십의 지향점인 것이다. 그러므로 개인들은 자신의 삶의 비전을 정립해야 하고, 집단 또는 조직의 리더는 무엇보다도 집단과 조직의 미래의 모습인 비전을 제시하여야 한다.

---

1) 하버드 경영대학원의 존 코터 교수의 정의. 이상혁(2006. 7. 4), "리더의 명쾌한 비전은 성장의 원동력", 리더피아에서 재인용.

(1) 개인차원의 비전 정립

'당신은 장래에 무엇을 이루고 어떤 사람이 되고 싶은가?' 이 질문에 대한 답을 글로 명시적으로 표현하면 그것이 당신의 비전이고, 비전을 향해 자신을 이끌어가는 리더십이 셀프 리더십이다.2) 명사들의 비전메시지를 들어보자.

희망과 비전

- 리더란 희망을 파는 사람이다. 어렵고 힘들수록 미래의 희망을 고취해야 한다." – 나폴레옹 –
- 넓은 항해를 하고 싶은 사람이 있다면, 배를 만드는 법을 가르치기보다 저 넓고 끝없는 바다에 대한 동경심을 심어주어야 한다. – 생떽쥐베리 –
- 약 95%의 사람은 자신의 인생 목표를 글로 기록한 적이 없다. 그러나 글로 기록한 적이 있는 5%의 사람들 중 95%가 자신의 목표를 성취했다. – 존 맥스웰 –
- 부자 아빠는 말했다. "위대한 사람들은 위대한 꿈을 가지고 있고 평범한 사람들은 평범한 꿈을 가지고 있지. 만일 네 자신의 미래를 변화시키고 싶다면, 네 꿈의 크기부터 바꾸어라." – 기요사키 –
- 절망 속에서도 희망을 잃지 말라. 희망만이 희망을 키운다. – 이건희, 삼성회장 –
- 챔피언은 경기장에서 만들어지는 것이 아니다. 챔피언은 자신의 내면 깊숙이 있는 소망, 꿈, 이상에 의해 만들어진다. – 무하마드 알리 –
- 심리학에는 한 가지 법칙이 있다. 이루고 싶은 모습을 마음 속에 그린 다음 충분한 시간 동안 간직하고 있으면 그대로 실현된다는 것이다. – 윌리엄 제임스 –

그렇다면 비전실현을 위해 어떻게 접근하면 좋을까?

첫 번째 일이 꿈을 가지고 비전을 세우는 일이다. 〈표 9.1〉은 환상의 단계부터 당장 실천할 수 있는 과제의 단계까지 비전을 현실화하는 과정을 일련의 연속선으로 보여주고 있다. 비전실현 스펙트럼인 셈이다.3)

---

2) 제12장에서 자신의 삶의 비전을 정립하는 작업을 할 것이다.

3) 〈표 9.1〉에서 꿈과 비전 및 목표를 논리적 편의를 위해 구분하였지만, 현실적으로는 셋 중 하나

표 9.1 비전실현 스펙트럼

구분	의미	바람직한 특성	실현가능성 (구체성)
환상	현실성이 미약하더라도 이루어지기를 바라는 꿈과 같은 희망	① 창의적 상상력 ② 행복감과 설렘	낮음 (추상적)
비전	환상과 현실을 잇는 최상의 희망	① 마음에 이미지화 가능 ② 명확한 미래방향 제시 ③ 장기적 핵심가치 ④ 실현 가능성	⇧
목표	비전을 현실에서 실현해 나가면서 성과를 가늠할 수 있는 좌표	① Specific(구체성) ② Measurable(측정가능) ③ Achievable(달성가능) ④ Relevant(타당성) ⑤ Time-based(시간성)	실현 가능성
계획	목표실현을 위한 예산과 시간 등의 자원활용 판단	① 치밀성 ③ 적시성 ② 변화대응성	⇩
과제	계획에 의해 즉시 실행할 행동목록	① 추진력 ② 협동성	높음 (구체적)

자료 : 박유진, 리더십 마인드&액션(2011), 263쪽.

환상으로부터 과제까지 의미는 무엇일까? 그 의미들을 잘 이해한다면 미래로 가는 길, 비전을 찾는데 도움이 될 것이다.

① 환상 가장 이상적인 희망을 의미한다. 슈퍼맨이 되는 환상, 신데렐라의 꿈! 실현성은 낮고 추상적이지만 얼마나 달콤한가? 외국어 실력 때문에 고민하는 사람은 세계의 모든 언어를 자유자재로 구사하는 자신의 모습을 꿈속에서 만날지도 모른다. 세계 최고 부자의 모습도 얼마든지 꿈꿀 수 있다.

환상은 불필요하거나 나쁜 것이 아니다. 환상으로부터 새로운 발상과 창의적인 아이디어가 번뜩일 수 있다. 라이트 형제가 하늘을 나는 꿈을 이야기했을 때 정신 나간 사람이라고 손가락질 받았고, 케네디가 1960년대에는 인간이 달에서

의 용어만 사용해도 아무런 문제가 없다.

걷는 모습을 볼 것이라고 했을 때 사람들은 불가능하다고 생각했지만 그 환상들은 현실에서 이루어졌다.

TV나 카메라 등 지금 우리가 사용하는 문명들은 모두 꿈같은 생각에서 출발한 산물들이다. '꿈을 가슴 속에 가지는 것은 밭에 씨앗을 심는 것과 같다. 심지 않은 씨앗에서 싹이 트는 일은 없다.'

② 비전 환상을 현실적으로 실현할 수 있는 가장 높은 수준의 희망이다. 비전은 꿈과 환상으로부터 시작된다. 내 분야에서 우리나라의 대표적인 전문가, 세계적인 기업가, 존경받는 선생님 등은 좋은 비전이 될 수 있다.

내 생애의 비전이란 꼭 사회적으로 높은 지위나 명성을 얻어야만 하는 것은 아니다. 내가 행복한 미래의 좌표를 설정하는 것이 중요하다. 나의 분야에서 전문가가 되어 사회적 인정을 받는 것이라면 더욱 멋진 일이다.

③ 목표 비전의 달성정도를 측정이 가능하도록 계량적으로 표현한 것으로서 비전의 구체적인 달성기준이다. 가령 '영어의 달인'이 비전이라면 '토익 900점'은 목표이다. '부자'라는 비전은 '재산 100억원' 또는 '소득 상위 1%'처럼 구체적인 기준을 가진 목표로 표현된다.

환상과 비전 및 목표를 구분하지 않아도 현실적으로는 아무런 문제가 없다. 환상과 비전과 목표가 모두 꿈으로써 상통하기 때문이다. 이들을 구분한 이유는 환상으로부터 목표설정까지의 과정을 논리적으로 용이하게 설명하기 위해서이다. 비전과 목표도 모두 꿈의 다른 표현인 것이다.

잘 알려진 버킷 리스트(Bucket List)는 환상과 비전을 현실적으로 실현할 목표들의 목록이다. 생애에서 이루고 싶은 모든 일들을 나열한 후 이룰 수 있다고 생각하는 것들만 선별하면 비전이 되고, 각각의 비전들에 구체적인 달성기준을 세우면 목표가 되는데 그 목표의 목록들이 버킷 리스트인 것이다. 우리는 제12장에서 버킷 리스트를 작성하게 될 것이다.

④ 계획 목표가 세워지면 달성을 위하여 가용한 자원들을 어떻게 활용할 것인가를 구상해야 한다. 이러한 구상이 계획이다. 목표실현에 필요한 자원들은 자금, 시간, 인맥, 시설과 장비 등이다.

가령 '100억을 모으기 위해', '해외여행을 위해', '토익 900점'을 얻기 위해 시간과 자금 및 인맥 등을 어떻게 활용할 것인가를 판단해야 하는 것이다. 계획은 대개 기간을 설정하여 수립하게 된다.

⑤ 과제 계획이 세워지면 구체적으로 해야 할 일들이 생기게 된다. 과제란 은행저축계좌 개설, 외국어학원 수강, 여행정보 수집 등 실행해야 할 행목목록이다. 행동목록은 계획을 근거로 작성되는데 비전과 목표를 향해 정렬되어야 한다.

미래의 달콤한 꿈에만 젖어있고 구체적인 목표와 실천계획이 없는 사람은 몽상가이다. 마찬가지로 당장 해결해야 할 과제에만 매달리고 미래의 그림을 그리지 못한다면 자신의 운명을 풍랑에 맡겨놓은 것과 같다.

(2) 조직차원의 비전과 정립

희망이 없을 때 사람들은 조직을 떠나려 한다. 리더는 구성원들의 희망이 담긴 조직의 비전을 세워 미래의 좌표를 설정해야 한다.[4] 조직비전은 조직이 미래에 달성하고자 하는 희망의 모습이다. 비전은 새롭게 만들어내기도 하지만 이미 구성원들 사이에 공감적으로 존재했던 것이기도 하다.

구성원들의 마음속에 희망을 불어넣는 것, 그것이 리더십 발휘의 첫 걸음이다. 좋은 비전은 밤하늘 북극성처럼 선명하고 무지개처럼 아름답다. 월트 디즈니가 디즈니랜드를 만들 때 품었던 마음속의 희망은 비전이 탄생하는 상황을 잘 보여준다.

---

4) 비전의 관한 참고자료. ① 한상엽(2003. 5. 12), "죽은 비전, 살아 숨 쉬는 비전", (LG경제연구원, 주간경제 727호). ② 김위찬 · 마보안(2005), Blue Ocean Strategy(강혜구 역, 「블루오션 전략」, ③ 박영태(2005), 「Innovation Stories」 네모 북스.

디즈니랜드의 탄생

디즈니랜드 월트 디즈니는 딸들과의 공원 나들이에서 우연히 사업을 구상하게 된다. 그는 유쾌해야 할 공원 나들이에서 불결함과 쓰레기, 종업원들의 불친절, 부모들에게는 지루하기 짝이 없는 공원을 경험하였고, 헐리우드를 방문했을 때는 여행자들이 눈요깃거리에 목말라 하는 것을 감지하였다. 그리하여 1948년 'Mickey Mouse Park'라고 불리게 된 공원이 태어난 것이다.

월트 디즈니가 생각한 비전은 어렵거나 추상적인 것이 아니라 누구나 실현하고 싶어 하는 희망을 의미한다. 그가 현실에서 느낀 불편함을 잘 걸러낸 비전이 디즈니랜드라는 환상적인 공원으로 현실화된 것이다. 디즈니 월드가 문을 열었을 때 월트 디즈니는 이미 죽고 없었다. 개막식에서 그의 아내가 연설하게 되었는데, 사회자가 "디즈니씨가 이것을 볼 수 있었다면 얼마나 좋았을까요?"라고 하자 그녀는 대답했다. "그 양반은 우리보다 먼저 보고 가셨답니다."

조직의 비전에는 세 가지 기본요소가 담기는 것이 바람직하다.

첫째, 단순히 돈을 벌고 성공하는 것을 넘어서서 조직이 존재하는 근본이유인 사명을 담아야 한다.

둘째, 시간이 지나면서도 지속적으로 추구하는 핵심가치를 담아야 한다.

셋째, 미래에 궁극적으로는 달성 가능한 열망을 담아야 한다. 이들 중 가장 중요한 것은 조직의 핵심가치이다.[5)]

기업을 비롯한 사회 각 분야의 조직들은 비전경영의 중요성을 강조하며 비전 선포식 등의 행사를 통해 변화와 혁신을 부르짖고 있다.

가령 우리나라 최고의 기업인 삼성전자는 2009년 창립 40주년을 맞이하여 2020년을 지향하는 새로운 비전을 선포하였다. '비전 2020'으로 명명된 비전은 'Inspire the World, Create the Future(미래사회에 대한 영감, 새로운 미래 창조)'였다. 구체적인 목표치들로는 매출 4000억 달러, IT업계 압도적 1위, 글로벌 10대 기업, 브랜드가치 글로벌 톱5 등이 제시되었다.

---

5) "비전의 일치성", 짐 콜린스 인용, 리더피아, 2010. 2.

비전은 POSCO의 '꿈과 희망, 소재와 에너지로 더 나은 세상을!'처럼 상징적으로 표현될 수도 있고, KB금융의 '아시아 금융을 선도하는 글로벌 뱅크, 아시아 Top 10, 글로벌 Top 50'처럼 구체적 순위로 표현될 수도 있다.

중요한 것은 비전이 구성원들의 참여와 열정을 일으키는 모티브로 작용해야 한다는 것이다.

그렇다면 먼저 비전의 정립이 필요한 때는 언제인가?

대체로 다음 세 가지 경우, 즉 조직에 명확한 비전이 설정되어 있지 않아서 구성원들 간에 조직의 미래에 대한 목표의식이 미약할 때, 조직이 새로운 환경에 처하거나 새로운 사업을 진출하는 등 근본적인 변화가 필요할 때, 기존의 비전이 적절한 방향성을 제시하지 못할 때의 경우 등이다.

비전을 어떤 방법으로 정립할 것인가? 대표적인 세 가지의 방법은 최고경영층의 의지가 직접적으로 반영되는 '위에서 아래로(Top-down)' 방식, 조직 구성원들의 목소리를 담아내는 '아래에서 위로(Bottom-up)'방식, 그리고 혼합방식이다. 또한 이를 추진하는 주체를 조직 내의 인력으로 할 수도 있고 컨설팅 등 외부전문가가 할 수도 있으며, 절충의 방식으로 할 수도 있다.

바람직한 방법은 비전의 개발 초기부터 구성원들의 의견을 참여시키는 것이다. 상급자가 제시하는 비전은 명령이 되지만, 구성원들이 일의 시작단계부터 참여하면 그들의 사명이 된다. 구성원들이 참여하여 개발한 비전은 몰입과 실행력이 강해진다. 비전은 모든 구성원들이 공유하는 것이므로 비전이 구성원들의 미래에 어떤 빛을 주는지 알 수 있어야 참여를 이끌어내기가 쉽다.

좋은 비전은 다음의 질문에 얼마나 긍정적으로 합치하는가에 달려있다. 조직이 사회에 존재하는 이유와 핵심가치를 담고 있는가? 조직의 미래방향이 밝고 선명하게 나타나 있는가? 구성원들의 발전에도 도움이 되는 것인가? 우리를 활기 넘치게 하고 동참하도록 자극하는가? 타인을 설득하고 간명하게 설명할 수 있는가?

비전이 정립되면 어떤 긍정적 기능이 있을까?

① 구성원들이 정향감(正向感)을 가질 수 있다. 정향감은 가야 할 좌표를 알고 있다는 심리적 믿음이다. 여행할 때 지도를 보는 것과 같은 것이다.

② 직무를 수행할 때 그 방향성을 알 수 있게 하고 자원활용의 효율을 높인다. 조직은 부문별로 다양한 활동을 하며 움직이는데, 구심점이 불명확하면 조직에너지는 분산되어 시너지효과를 얻을 수 없다.

③ 구성원들의 공동체의식을 형성하여 조직몰입을 활성화한다. 구성원들의 삶의 희망이 조직의 비전속에서 실현될 수 있다고 믿을 때 조직에 몰입한다.

이상의 내용을 〈표 9.2〉와 같이 요약하여 정리한다.

표 9.2 조직비전의 수립(요약)

구 분	내 용
비전정립의 필요시기	• 명확한 비전과 조직의 미래에 대한 목표의식이 미약할 때 • 새로운 조직환경이나 사업진출 등 근본적인 조직변화가 필요할 때 • 기존의 비전이 현실과 맞지 않아 새로운 방향제시가 필요할 때
비전정립의 방법	• Top-down; 최고경영층의 의지와 희망을 우선적으로 반영하여 정립 • Bottom-up; 구성원들의 의견과 희망을 참고하여 정립 • 혼합방식: 위 두 방법의 절충하여 정립 • 추진담당: 내부인력(TF 등) 또는 외부인력(컨설팅 등)으로 정립
좋은 비전의 요건	• 사회 속에서의 존재이유와 핵심가치를 내포 • 조직의 미래 발전방향과 좌표를 제시 • 구성원들의 발전 및 희망과 합치 • 구성원들의 적극적 동참을 자극 • 다른 사람을 설득하고 간명하게 설명이 가능
비전의 기능	• 구성원들에게 정향감(正向感)을 제공하고 가야 할 좌표를 알게 함 • 직무수행의 방향을 판단하게 하여 자원활용의 효율성을 증진함 • 구성원들의 공동체의식을 형성하고 조직몰입을 활성화함

자료 : 필자가 구성하였음.

2. 비전을 구성원들과 어떻게 공유할 것인가?

(1) 비전추진의 어려움

비전은 구성원들과의 공유를 통해 힘을 얻는다. 1999년 GE의 잭 웰치 회장이 한국을 방문하였을 때, "존경받는 경영자로서의 리더십 비결이 무엇입니까?"라는 물음에 대해 잭 웰치는 "나는 내가 어디로 가는지 알고 있고, GE의 전 구성원은 우리가 어디로 가는지를 알고 있기 때문입니다."라고 답했다. 미래에 대한 분명한 비전을 모두가 공유하고 있다는 것이다.

비전은 구성원들이 서로 공유하고 공감대가 형성되어야 실행력이 높아지는데, 현실적으로 여러 장애들과 부닥치게 된다. 그 이유들을 보면

① 비전은 변화를 하고자 하는 것인데 사람들은 변화를 싫어하는 경향이 있기 때문이다. 비전이 좋은 것이라 생각하더라도 현재 적응되어 있는 생활에서 변화해야 한다는 것을 귀찮게 생각한다.

② 변화에 필요한 능력이 갖추어지지 않아 불안하기 때문이다. 구성원의 입장에서는 새로운 역량을 길러야 하고, 경영자의 입장에서는 변화를 관리해야 하는데 비전만 제시하고 관리하지 못하면 혼란이 가중되기 때문에 새로운 비전을 외면하는 것이다.

③ 리더의 신념이 결핍되었기 때문이다. 리더가 조직의 미래에 대한 확신이 없고 책임감이 약할 경우, 좋은 비전을 만들기도 어렵지만 만들었다 하더라도 몰입적인 공유를 이끌어내기도 어렵다.

(2) 구성원과 조직비전의 공유방법

무엇보다 중요한 것은 구성원과의 공유 및 공감대 형성이다. 비전의 공유란 비전과 조직자체의 일치성(alignment)을 높여나가는 일이다. 조직 내에 비전과 불일치하는 요소들을 제거하고 비전과 조직활동의 초점을 맞추어나가야 한다. 어떻게 하면 비전을 잘 공유할 수 있을까?

첫째, 구성원들과의 커뮤니케이션(communication)이다. 구성원들은 리더가 비전을 제시하였다고 해서 당장 몰입하는 것이 아니다. 조직의 커뮤니케이션 중에서 비전공유를 위한 내용은 얼마나 될까? 각종 회의, 메모와 신문기사, 공식적이거나 비공식적인 접촉 등 다양한 수단들을 이용하여 비전을 전파해야 한다.

구성원들은 주로 단기적인 목표에 관심을 갖고 있고, 비전은 장기적인 미래에 관한 이야기이기 때문에 인식의 차이가 생길 수밖에 없다. 비전이 일상적인 업무와 어떻게 연결되는지에 관해 충분한 커뮤니케이션이 병행되어야 한다.

둘째, 조직의 비전과 구성원의 일치화(alignment)이다. 비전의 실행주체는 사람이다. 비전에 동조할 수 있는 사람을 선발하고 비전에 동조하도록 변화시켜 나간다. 그래야 불필요한 노력을 줄이면서 비전몰입을 증가시킬 수 있다.

Microsoft사의 경우 직원들의 업무수행을 모니터링하는 특별한 장치가 없음에도 직원들의 직무몰입도가 높다. 사원을 선발할 때 회사의 비전에 동의하며 도전과 창의적인 열정을 가진 사람을 뽑는 것이다.

셋째, 구성원들에게 가치있는 대가를 제공해야 한다. 기업 등의 조직들은 도전적이고 야망에 찬 비전을 수립하지만, 시간이 지나면서 정문이나 사무실에 장식처럼 걸린 채 구성원들로부터 잊혀져가는 경우가 많다. '조직의 발전이 곧 개인의 성공이다'라는 이야기만으로는 충분하지 않다. 비전실현에 따른 보상을 제공해야 하는데 어떤 보상들이 있을까?

① 경제적 보상이다. 돈은 가장 강력한 동기부여 수단이다. 조직이 성장하면 그 과실이 자신에게 돌아와야 하는데 경제적 보상은 가장 구체적인 표현이다.

② 정서적 활력소이다. 돈이 중요한 동기부여수단이긴 하지만 전부는 아니다. Southwest Airline사는 경쟁사보다 높은 임금을 주지는 않지만 구성원들은 열정이 높고 헌신적이다. 재미와 활력이 경제적 보상 이상의 것을 제공하기 때문이다. 일하기 좋은 직장의 직원들은 "나는 여기서 재미있고 보람있는 생활을 하게 되었다", "인간답게 존중받고 인정받으며 일할 수 있는 곳이 여기다"라고 이야기한다. 경제적 보상은 정서적 활력소가 병행될 때 그 효과가 증폭된다.

③ 성장기회를 제공하는 것이다. 사람들은 경제적 보상과 더불어 '내가 이 직장에서 얼마나 더 성장할 수 있을까'에도 많은 관심을 갖는다. 혁신적인 조직들은 구성원의 역량을 개발하여 성장을 도와주는 것이 조직비전을 달성하는데 도움이 된다고 인식한다.

넷째, 리더의 신념과 정열이다. 리더가 진심으로 신념을 가지고 열정적으로 비전을 추진할 때 구성원들은 '중요한 이야기인가보다'라고 인식하기 시작하고 공감하면서 참여한다. 그렇지 않으면 구성원들이 비전을 형식적인 것으로 생각하기 쉽다.

다섯째, 일과 삶의 균형을 맞춰주는 것이다. 사회변화에 따라 일과 개인적인 삶의 균형을 추구하는 경향이 보편화되고 있다. 업무로 인하여 개인적인 삶이 지나치게 희생되면 이직의 원인이 된다. 비전을 추구할 때 너무 장기적으로 몰입하게 되면 피로도가 누적되고 생활의 균형이 깨져 비전에 대한 참여가 약화되기 쉽다.

비전의 개발과 실천은 리더십 발휘에서 출발점이 된다는 점을 인식하고 구성원들과 힘을 합하여 멋진 비전을 개발하고 공유하자.

표 9.3 조직비전의 공유(요약)

구 분	내 용
비전실천의 장애요소	• 현재 생활에 적응하여 변화를 싫어하는 인간의 심리 • 변화에 필요한 능력구비 불안으로 비전을 기피 • 리더의 확고한 신념 결여로 구성원들의 동참 미흡
비전공유의 방법	• 구성원과의 커뮤니케이션, 비전의 효익을 인식하도록 반복 강조함 • 비전에 동조하는 인력을 선발하고 비전을 수용하도록 교육훈련 • 비전실현에 따른 대가를 제공함; 경제보상, 정서활력, 성장기회 • 리더의 신념과 정열, 구성원들이 비전에 확신을 갖도록 선도함 • 일과 삶의 균형을 맞추어 비전이 장기적으로 지속되도록 관리함

자료 : 필자가 구성하였음.

3. 조직비전 정립사례 및 토의

(1) 현재 자신이 소속되어 있는 조직이나 집단(학교, 직장, 각종 집단, 가정 등) 중에서 조직비전(또는 조직목표)이 정립되어 있는 한 곳에 대해 다음의 내용을 확인하고 정리한다.

- 현재의 비전(목표)은 무엇인가?
- 현 시점에서 비전(목표)이 어느 정도 타당하다고 보는가?
- 현재의 비전(목표)이 타당하지 않다면 어떻게 바꾸고 싶은가?
- 구성원들의 비전공유 정도는 어떠하고 공유방안은 무엇인가?

표 9.4 조직비전의 사례

대상 조직 또는 집단 (   )

현재의 비전은?	
공유정도는?	
비전은 타당한가?	
바꾼다면 어떻게?	
비전의 공유방안은?	

(2) 현재 내가 소속되어 있는 조직이나 집단(학교, 직장, 동아리 등 각종 집단, 가정 등) 중에서 비전(목표)이 없는 한 곳을 선정하여 비전을 정립하고, 왜 그렇게 정립하였는지를 기술한다.

표 9.5 조직비전의 정립

비전을 설정할 조직 또는 집단 (   )

비전 설정	
설정의 이유	

Chapter 10

리더십 액션 2; 구성원들에게 동기를 불어넣자

학습목표

① 동기부여의 중요성과 주요이론의 내용을 이해한다.
② 의사소통의 과정과 소통의 효과를 높이는 방법을 이해한다.
③ 동기부여와 의사소통 스타일을 진단하고 개선점을 찾는다.

1. 동기부여와 사기를 높이는 방법은 무엇일까?

동기부여란 구성원들의 직무를 더욱 열심히 수행하도록 심리적인 힘을 활성화시키는 활동이다. 사람들은 손발보다 마음을 움직일 때 더욱 에너지가 솟는다. 마음의 감동을 받으면 손발은 자연히 따라 움직이게 된다는 의미이다. 진정한 리더란 구성원의 마음을 먼저 움직이는 것이다.

동기가 부여된 사람과 부여되지 않은 사람을 비교해 보면 일에 대한 태도와 성과에서 큰 차이를 보인다. 당신의 상급자가 당신에게 어떻게 신나게 일할 수 있게 해주었는가를 평가해 보라. 그것이 당신의 상사의 리더십 수준이다. 동시에 당신의 구성원들은 당신을 어떻게 평가하는지를 판단해보라.

마음을 움직이는 리더 리더십의 요체는 부하의 마음을 움직이는 것이다. 마음을 움직이는 것이 진정한 리더이다. 그 다섯 가지의 키는 설득, 솔선수범, 인정과 칭찬, 사랑, 엄정함이다.

– 임관빈(2011), 「성공하고 싶으면 오피던트가 되어라」 중에서 –

리더십에서 동기부여의 중요성 때문에 다양한 이론들이 제시되어 왔다. 주요 이론을 통해 동기를 부여하고 사기를 높이는 관점들을 살펴보자.

(1) 매슬로우의 욕구단계이론과 동기부여 방법

매슬로우(Maslow)는 욕구단계이론(Need Hierarchy Theory)에서 인간의 욕구는 단계에 따라 일어나는 것이고, 동기부여란 욕구를 충족하고자 하는 심리를 직무수행에 연결하는 활동으로 보았다.[6] 예를 들면 배가 고픈 사람에게는 빵(경제적 보상)을 대가로 제시함으로써 동기를 유발할 수 있다는 것이다.

표 10.1 매슬로우의 욕구 5단계

욕구단계	내 용	차원
자아실현 욕구 (self-actualization)	자신의 가치를 추구하여 성취하려는 욕구	고차원 욕구 ⇧ 수준 ⇩ 저차원 욕구
자존 욕구 (esteem needs)	존경, 명예, 인정을 얻고자 하는 욕구	
애정 욕구 (love needs)	사랑, 소속감, 타인과의 관계를 맺으려는 욕구	
안전 욕구 (safety needs)	안전과 안정을 확보하려는 욕구	
생리적 욕구 (physiological needs)	배고픔이나 성적 욕구 등의 생리적 충족 욕구	

자료 : Maslow. A.H.(1943), “A Theory of Human Motivation”, pp. 370-396.

〈표 10.1〉의 욕구단계에 관해 매슬로우는 세 가지 원칙을 제시한다.

① 결핍의 원칙 사람은 결핍된 욕구를 충족하는 방향으로 동기가 유발된다. 물론 결핍을 느끼는 정도가 강할수록 욕구의 강도는 높아진다. 그러므로 리더는 구성원의 결핍된 욕구를 자극하여 동기를 유발해야 한다.

6) Maslow. A.H.(1943), “A Theory of Human Motivation”, *Psychological Review*, July, pp. 370-396.

② 충족의 원칙 이미 충족이 된 욕구는 더 이상 동기유발요인이 되지 않는다. 배가 고픈 사람은 일단 배가 부르면 동기유발의 과정은 종료되는 것이다. 그러므로 리더는 한번 충족된 욕구가 아닌 새로운 결핍욕구를 찾아서 동기를 유발해야 한다.

③ 진행의 원칙 생리적 욕구와 같은 하위욕구가 충족된 후에 자아실현과 같은 상위욕구의 충족을 향하여 진행된다는 것이다. 그러므로 리더는 각 단계별 욕구의 내용을 잘 파악하여 단계적으로 동기를 유발하도록 고려해야 한다.

매슬로우는 가장 상위의 욕구인 자아실현을 위해 노력하는 사람들은 심리적으로 건강한 사람들이며 15가지 특징이 있다고 보았다.7)

① 현실을 효율적으로 지각하고 안정적으로 생각한다.
② 자신과 다른 사람 및 상황을 잘 수용한다.
③ 사고와 행동에 있어서 자발적이다.
④ 인생에서 성취감을 가지고 문제를 바라본다.
⑤ 자기만의 세계를 가지려는 욕구가 있다.
⑥ 사회적 환경 속에서 자율성을 갖는다.
⑦ 인생에 대해 새롭고 신선한 인식을 갖는다.
⑧ 삶의 과정에서 절정과 신비의 경험을 추구한다.
⑨ 사회적 관심이나 동정심 등의 인간미를 지니고 있다.
⑩ 다수와의 형식적인 관계보다 소수와 깊은 인간관계를 맺는다.
⑪ 민주적인 성격과 스타일을 갖는다.
⑫ 수단과 목적, 그리고 선과 악을 구분한다.
⑬ 철학적이면서도 공격적이지 않은 유머센스를 갖는다.
⑭ 천진난만하고 창의성을 지닌다.
⑮ 주위에 휩쓸리지 않고 자신의 주관으로 행동한다.

위와 같은 특징들은 우리의 생활을 비추어보는데 참고가 될 것이다.

---

7) Maslow. A.H.(1954), *Motivation and Personality*, 2nd ed., pp. 153-174.

현실적용의 참고사항; 매슬로우의 견해를 현실에 적용하여 구성원의 동기수준을 높이고자 한다면 다음과 같은 점들을 참고할 필요가 있다.

첫째, 리더는 구성원들의 욕구를 정확히 진단하는 것이 중요하다. 직무동기를 활성화하기 위하여 어떤 욕구에 관심을 두고 자극해야 하는가를 알아야 하기 때문이다.

둘째, 결핍·충족·진행의 세 원칙이 모든 사람에게 똑같이 적용되는 것은 아니다. 사람에 따라 욕구단계의 순서를 건너 뛸 수도 있다. 그리고 모든 사람들이 다섯 욕구를 다 추구하는 것이 아니라 일부 욕구만을 추구할 수도 있다. 아울러 욕구단계가 역방향으로 진행될 수도 있다. 예를 들어 예술적 자아실현을 추구했지만 나중에 돈(생리적 욕구)를 추구하는 경우도 있다. 그러므로 세 원칙을 이론대로 적용할 것이 아니라 개인들의 욕구특성에 맞도록 동기를 부여하는 것이 좋다.

셋째, 한 단계의 욕구가 충족되면 그 욕구는 다시 유발되지 않는다고 하지만, 이는 단기적인 상황이거나 일회적인 경우이다. 배고픔이 채워져서 생리적 욕구가 충족되더라도 시간이 지나면 다시 발생한다. 또한 사회적 소속감을 바라는 사람이 어떤 친목단체에 가입하고 나면, 더욱 높은 수준의 단체에 가입하고 싶을 수도 있는 것이다. 따라서 구성원들의 욕구가 일시적으로 충족되었다고 하더라도 더 높은 욕구가 있음을 고려할 필요가 있다.

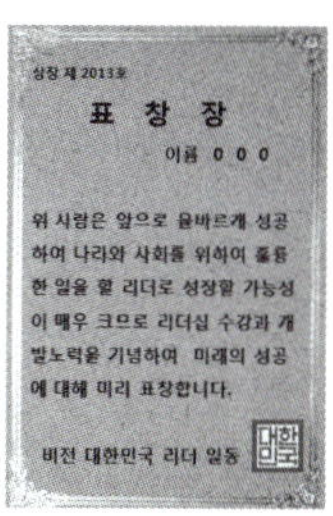
상장 제 2013호

표 창 장

이름 0 0 0

위 사람은 앞으로 올바르게 성공하여 나라와 사회를 위하여 훌륭한 일을 할 리더로 성장할 가능성이 매우 크므로 리더십 수강과 개발노력을 기념하여 미래의 성공에 대해 미리 표창합니다.

비전 대한민국 리더 일동 대한민국

북돋아 주기 대안학교인 성지고등학교에 전과 13범인 조폭 학생이 있었다. 소주병을 바지 뒤춤에 넣어오고 러닝셔츠차림으로 등교하는 학생으로 선생님들도 모두 포기한 학생이었지만 김선태 교장선생님은 포기하지 않았다.

학교행사가 있을 때면 그 학생에게 책임을 맡겨 진행하게 했다. 개교기념일엔 표창장을 주었는데, 그 내용은 "앞으로 이 학생은 선행을 할 가능성이 있으므로 이 상을 주어 미리 표창함"이었다. 종이로 주면 찢어버릴지 몰라 판넬로 만들어 주었다.

집에 가지고 가니 부모가 감격해서 목이 메었고, 많은 사람들이 격려하였다. 그 학생은 자격증을 세 개나 따고 대학에 입학했다.

(2) 맥클랜드의 성취동기이론과 동기부여 방법

맥클랜드(McClelland)는 사람들은 성취욕구, 친화욕구, 권력욕구 등 세 가지 동기요인을 가지고 있다고 보았다.[8] 이 욕구들을 충족시키면서 직무를 충실히 하도록 만드는 것이 동기유발이다.

- 성취욕구(Need for Achievement) 어려움을 극복하여 목표를 이루려는 욕구, 경쟁에서 이기려는 욕구, 그리고 능력발휘를 통해 자신의 가치를 높이려는 욕구를 말하며 성과창출의 핵심적인 에너지이다.
- 권력욕구(Need for Power) 타인들을 통제하고 영향력을 행사하려는 욕구이다. 권력을 행사하여 자신의 의지를 관철함으로써 권력을 매력을 느끼는 과정에서 동기가 유발된다.
- 친교욕구(Need for Affiliation) 다른 사람들과 친근하고 밀접한 관계를 맺으려는 욕구로서, 친화의 기쁨을 경험하는 과정에서 동기가 유발된다. 그러므로 지나치게 낮은 친화적 행동은 바람직하지 않다고 본다.

현실적용의 참고사항; 맥클랜드 이론을 적용하여 구성원들의 동기를 활성화하고자 할 때에는 다음과 같은 점을 참고하면 도움이 될 것이다.

첫째, 구성원들이 세 욕구 중에서 어떤 욕구에 관심이 많고 더욱 강한지를 정확하게 알아야 한다.

둘째, 성취욕구가 강한 구성원에게는 큰 성취감이 아니더라도 작은 일의 성취감부터 맛보게 하는 것이 좋다. 인정과 칭찬은 좋은 격려수단이 된다.

셋째, 권력욕구가 강한 구성원에게는 일정한 수준의 자율권을 행사하도록 권한을 주는 것이 좋다. 다만, 사적 이익이나 감정적 권력사용을 유해해야 한다.

넷째, 친교욕구가 강한 구성원에 대해서는 그들의 친화적 행동을 받아주고 또한 서로 표현하는 것이 바람직하다. 다만, 지나친 친화적 교감으로 인해 공식적인 관계가 너무 흔들리지 않도록 유의하는 것이 좋다.

---

8) McClelland, D.C(1985). *Human Motivation*, Scott Freshman. 제3절에서 세 가지 동기욕구에 대해 측정과 진단을 할 것이다.

(3) 맥그리거의 X · Y 관점과 동기부여 방법

인간은 자발적일까 아니면 피동적일까? 맥그리거(McGregor)는 인간의 본성에 대해, 인간을 피동적으로 보는 관점(X관점)과 능동적으로 보는 관점(Y관점)으로 나누어 보았다.[9] 두 관점을 비교하면 〈표 10.2〉와 같다.

표 10.2 맥그리거의 인간본성에 관한 X와 Y의 관점

X 관점	Y 관점
① 인간은 본질적으로 일을 싫어한다. ② 인간은 책임을 회피하려 한다. ③ 인간은 창의력을 발휘하지 않는다. ④ 인간은 생리 및 안전욕구에 의해 동기화된다. ⑤ 인간은 자기통제력이 약하다.	① 인간은 스스로 일을 찾아서 수행한다. ② 인간은 스스로 책임지려 한다. ③ 인간은 자발적인 창의력을 발휘한다. ④ 인간은 자존 및 자아실현욕구에 의해 동기화된다. ⑤ 인간은 자기통제력을 가지고 있다.

X · Y 관점은 인간본성에 대한 하나의 가정이다. 인간은 어느 한 면만을 가지고 있는 것은 아니지만 두 가지로 나누어 본 것이다. 만일 X관점의 리더라면 구성원들에게 자율권을 주기보다는 지시와 감독으로 통제할 가능성이 크다. 반면에 Y관점의 리더는 권한을 위임하는 리더십을 발휘할 가능성이 클 것이다. 인간관에 따라 리더십행동은 달라지는 것이다.

맥그리거는 Y관점이 긍정적이고 바람직한 것으로 제안하였다. 구성원들에게 의사결정, 책임, 도전적인 직무참여 등의 기회를 주는 것이 창의적인 직무동기를 높인다고 보았다. 그러나 Y관점의 실행이 현실에서 쉬운 것은 아니다.

> 맥그리거 자신이 막상 Y관점으로 조직을 경영했을 때 매우 어려움을 겪었다. 그가 미국 오하이오주 안티옥 대학의 총장으로 취임했을 때 자신의 이론의 타당성을 입증하려고 대학을 Y이론적으로 운영하였다. 그런데 학교 구성원들 간에 대립이 난무하고 갈등이 그치지 않았으며 나중에는 운영이 마비될 정도로 사태가 악화되었다. 맥그리거가 인간의 양면성에서 한 면만을 중시한 관점에서 조직을 운영한 결과인 셈이다.[10]

---

9) McGregor, D.(1960), The *Human side of Enterprise*, N.Y., McGraw-Hill.

현실적용의 참고사항; 맥그리거의 관점을 적용하여 구성원의 동기수준을 향상시키려고 할 때 다음과 같은 점을 고려할 필요가 있다.

첫째, 리더는 자신이 어떤 인간관을 가지고 있는가를 먼저 살펴야 한다. 두 관점은 각각 긍정적인 점과 부정적인 점을 가지고 있어서 한 쪽의 치우친 시각은 구성원을 편협하게 이해할 가능성이 크다. 먼저 자신을 알아야 한다.

둘째, 구성원이 어떤 성향인지를 파악해야 한다. 만일 구성원의 자율적 의지와 능력이 높은 수준이라면 Y관점의 리더십이 효과적일 것이다. 그러나 구성원이 책임과 자율성을 싫어하고 정형화된 직무수행을 선호한다면 X관점의 리더십이 더욱 타당할 수 있을 것이다.

셋째, 맥그리거는 Y관점을 장려하지만 Y관점의 리더십이 더 높은 성과를 나타낸다는 확증이 있는 것은 아니다. 그럼에도 오늘날 민주화와 인권존중의 중요성을 고려할 때 Y관점은 바람직한 관점이며, 다만 현실적으로 동기부여에 적용할 때 구성원의 특성과 성과향상을 고려해야 할 것이다.

(4) 브룸의 기대이론과 동기유발 방법

아버지가 대학생 아들에게 1년간 학점평균이 A를 넘으면 최신 스마트폰으로 바꾸어준다고 약속했다고 하자. 아들의 학습동기는 어느 정도 유발될까? 이런 물음에 대해 동기유발의 과정을 설명하는 것이 브룸(Vroom)의 기대이론(Expectancy Theory)이다.[11]

기대이론을 세 단계로 나누어 이해해 보자.

첫 단계에서 아들은 자신이 열심히 공부하면 평균 A학점이 될 수 있는가를 판단할 것이다. 즉 노력이 성과를 가져올 것인가를 가늠하는 것이다. A학점 이상이 가능하다고 생각하면 성취의 기대치(expectancy)가 높아지고, 어렵다고 생각하면 기대치가 낮아지며, 불가능하다고 생각하면 제로가 된다. 물론 기대치가 높을수록 학습동기유발이 잘 될 것이다.

---

10) 이봉원(2011), 「지휘관」, 양서각, 68쪽.

11) Vroom, V.H(1964)., *Work and Motivation*, John Wiley & Sons.

두 번째 단계를 보자. A학점이라는 성적은 새 스마트폰의 보상을 가져오는 수단(instrumentality)인데, A학점을 넘으면 과연 아버지가 새 스마트폰을 사주실 것인가? 믿음이 강할수록 학습동기는 강화되고 믿음이 약할수록 동기는 약화된다.

세 번째 단계를 보자. 보상의 매력을 유인가(valence)라고 한다. 과연 새 스마트폰이 내가 얼마나 갖고 싶은 것인가? 새 스마트폰이 얻고 싶은 것일수록 학습동기는 더욱 유발되고 별로 중요하게 생각하는 것이 아니라면 동기는 잘 유발되지 않을 것이다.

기대이론은 위와 같이 동기의 유발과정을 기대치와 수단성 및 유인가의 세 개념으로 설명한 이론이다. 따라서 구성원의 동기수준은 M = f (기대치 × 수단성 × 유인가)의 함수이다.

즉 노력하면 성과를 달성할 수 있다고 믿을 때, 성과를 달성하면 보상을 얻을 수 있다고 믿을 때, 그리고 보상이 나에게 가치있는 것일 때 동기유발수준이 높아지고, 그 반대이면 동기유발수준이 낮아진다는 것이다.

현실적용의 참고사항; 기대이론을 동기부여에 적용하고자 할 때에는 다음의 몇 가지를 참고하는 것이 도움이 될 것이다.

첫째, 먼저 구성원의 기대치, 즉 '노력하면 성과를 달성할 수 있다'는 구성원들의 믿음을 높여야 한다. 아무리 매력적인 보상을 제시해도 성과달성에 자신이 없으면 그림의 떡이다. 자신감이 부족한 구성원에게는 과업수행방법을 알려주고 용기를 북돋아 주어야 한다.

둘째, 성과가 보상을 가져다준다는 수단성을 높이기 위해서는 리더의 보상약속에 대한 신뢰를 지켜야 하고 아울러 보상능력을 높여야 한다. 과거에 약속을 어겼거나 능력 밖의 비상식적인 보상을 약속하는 경우 신뢰감이 떨어진다.

셋째, 보상으로 무엇을 제공할 것인가를 리더의 기준에서 독단적으로 판단할 것이 아니라 구성원의 선호에 따라 유인가가 높은 보상을 잘 선별하여 제공해야 한다.

(5) 구성원의 참여와 권한위임을 적절히 활용하기

의사결정이나 성과평가 등에서 구성원들을 참여시키고 일정한 범위의 권한위임을 하는 것은 구성원들의 직무동기와 사기를 높이는 좋은 방법이다. 참여와 위임은 다소 차이가 있다.

참여(participation)는 리더가 주도적인 결정권을 유지하면서 구성원들의 견해를 일정 부분 수용하는 것이다. 권한의 무게중심이 리더에게 있다.

위임(delegation)은 리더의 의사결정권의 일부를 구성원에게 위양하는 것이므로 위임된 권한범위에서는 구성원이 주도권을 갖는 것이다.

구성원들이 피동적으로 지시받고 과업을 수행하는 로봇과 같은 상태에서는 주인의식과 책임감이 결여될 가능성이 크다. 같은 일이라도 상사의 결정은 명령일 뿐이지만, 구성원이 참여하면 사명이 된다.

참여적 리더십은 장점과 유의점을 고려하여 활성화하는 것이 바람직하다.

① 의사결정의 수용성을 높이고 추진력을 강화할 수 있다. 사람들은 자신이 참여한 의사결정에 대해서는 책임감을 더 많이 느끼고, 결정의 정당성을 증명하기 위해 성공을 위한 노력을 더욱 기울이게 된다.

② 구성원들의 현장정보와 감각을 활용하여 리더가 잘 알지 못하는 부분을 보완할 수 있어서 의사결정의 질을 높일 수 있다.

③ 조직정보의 공유와 업무과정에 대한 이해를 넓혀 직무감수성을 향상시킨다. 넓은 안목은 능력개발의 계기가 된다.

④ 의사결정 참여 자체에서 만족감을 얻을 수 있다. 자신이 영향력을 행사했다는 느낌, 자신이 존중받고 있다는 느낌, 리더에게 자문했다는 느낌 등은 긍정적인 심리적 효과를 줌으로써 직무만족감과 주인의식을 높여 준다.

⑤ 참여의 문제점도 고려해야 한다. 가령, 의사결정의 지연으로 타이밍 상실, 구성원들이 미래지향적인 안목보다 현실안주적인 판단 가능성, 영향력 경쟁으로 인한 조직화합 저해, 참여의 일상화로 인한 리더결정권의 제약, 소수자에 의한 의사결정의 왜곡 등을 유의해야 한다.

권한위임은 참여보다 더욱 적극적인 조치이므로 장점과 문제점의 영향도 더 크다. 권한위임의 긍정적인 점들과 문제점은 다음과 같다.

① 구성원의 독자적인 권한행사를 통해 능력과 자신감을 발전시킬 수 있다.

② 리더에 대한 의존성을 줄이고 문제를 신속하게 처리할 수 있다.

③ 구성원의 과업에 대한 흥미와 몰입 및 책임감을 증진시킨다.

④ 리더는 일상적인 업무부담을 덜고 전략적 문제 등에 집중할 수 있다.

⑤ 권한위임의 문제점도 고려해야 한다. 가령, 잘못된 권한행사로 조직에 피해가 발생할 경우의 책임문제, 구성원의 독단으로 조직분위기를 저해할 수 있다는 점, 전결권으로 인한 부정행위의 발생가능성, 위임권한의 회수의 어려움, 위임된 권한으로 인한 상·하간 갈등의 발생가능성 등이다.

(6) 사기 높이기의 의미와 방법

'기가 죽으면 안 된다'고 한다. 기(氣)는 우리 삶의 아킬레스건과 같아서 힘이 센 사람도 기가 죽으면 힘이 빠진다. 사기(士氣)는 '몸과 마음이 기운으로 충만된 씩씩한 기세'이다. 사기를 높이는 것이 곧 훌륭한 동기부여인 것이다.

사기를 높이는 방법은 임금이나 복지후생처럼 비용을 투입하는 방법과 비용을 투입되지 않으면서 정신적인 힘을 북돋우는 방법이 있다. 비용을 적게 들이고도 사기진작이 가능한 다양한 방법들을 발굴하는 것이 좋다.

첫째, 장점을 찾아서 인정해주고 칭찬한다. 어둠을 몰아내는 것은 더 짙은 어둠이 아니라 빛이다. 인정과 칭찬은 마음의 빛이다. 인정과 칭찬은 사기를 높이는 가장 보편적인 방법이다. 칭찬은 타이밍에 맞게, 작은 것이라도, 결과만 아니라 과정에 대해서도, 구체적으로, 진실하게 하는 것이 바람직하다.

둘째, 외부적으로 자랑거리를 만들어준다. 자랑거리가 사기를 높여준다. 비전과 희망, 차별적인 복지제도, 성장 후원, 질 좋은 복장 등 자랑거리를 만들자.

셋째, 가족에게 자부심을 갖게 한다. 가족들에게 자부심을 갖게 한다. 자신은 고생하더라도 가족들이 자부심을 가지면 사기가 오르고 힘든 줄 모른다.

넷째, 성장감을 갖게 한다. 사람들은 정체되어 있거나 퇴보하고 있다고 느낄 때 사기가 떨어진다. 자신이 발전하고 있다는 성장감을 갖도록 해주자.

다섯째, 리더는 조직활동의 중심(重心)에서 구성원들을 격려한다. 전장 지휘관은 모든 전투현장을 찾아볼 수 없지만 전투력의 중심을 파악하고 그 곳의 힘이 솟도록 해야 한다. 지위가 높은 리더일수록 가장 핵심적인 임무를 수행하는 곳, 가장 어려운 일을 수행하는 곳, 프로젝트에서 가장 결정적인 단계에 있는 곳, 그 중심현장을 방문하여 격려함으로써 '리더가 우리를 잊지 않고 있다'는 믿음을 갖게 할 때 사기가 높아진다.

우리나라 정서에는 마음속에 흥(興)의 사이클을 만들고 한(恨)의 사이클을 방지하는 것이 윗사람의 역할이다. **그 것이 사기진작의 실마리이다.**

LEADER의 이니셜로 기를 살리는 리더십의 아이디어도 흥미롭다.

직원의 기를 살리는 LEADER

- Listen (명령보다 경청하라): 켈의 법칙(Kel's law)에 의하면, 직급이 한 단계씩 멀어질수록 심리적 거리감은 제곱으로 늘어난다. 경청은 직원들을 자발적이며 창의적으로 일을 하게 한다.
- Express (관심과 기대를 표현하라): 기대감이 성과에 미치는 영향은 '피그말리온 효과(Pygmalion effect)'에서 입증된다. 직원들을 존중하면서 유능한 사람으로 대하라.
- Applaud (잘못의 질책보다는 잘한 것을 칭찬하라): 칭찬이 중요하다고 생각하지만 실천하기란 쉽지 않다. 칭찬에도 기술이 필요하다. 결점을 들추어내기 보다는 칭찬하려고 노력하라.
- Depend on (믿고 맡겨라): '의인불용 용인불의(疑人不用 用人不疑)'. 일의 윤곽과 방향만 일러주고 나머지는 맡겨보라. 때로는 실수를 용인하라. 도약의 에너지로 활용하게 될 것이다.
- Educate(일하는 방법을 가르쳐라): 가장 따르고 싶은 상사는 일하는 방법(노하우)을 가르쳐 주는 상사라고 한다.
- Rear(약점의 보완보다는 강점을 육성하라): 누구나 강점과 약점을 가지고 있다. 약점보완에 주력하면 강점발휘에 소홀하게 된다. 결점은 40%만 보고 장점은 60%를 보라.

– 조범상(2006), "기를 살리는 리더", LG 경제연구원, 주간경제 875호 –

2. 효과적인 의사소통, 어떻게 할 것인가?

소통은 어느 시대 어느 조직에서나 중요한 이슈였다. 가정에서의 소통, 학교에서의 소통, 직장에서의 소통, 나라에서의 소통... 우리 육체도 건강하려면 혈액과 기맥의 흐름이 원활해야 하고 흐름이 막히면 병이 생기게 된다. 좋은 커뮤니케이션은 리더와 구성원이 비전 · 가치 · 정보 · 감정 등을 공유함으로써 서로 신뢰하고 업무효율성을 높이며 갈등을 예방한다.

커뮤니케이션 효과는 리더가 송신한 메시지와 그 양에 의해 결정되는 것이 아니라 구성원이 수신하여 받아들인 정도에 의해 결정된다. 커뮤니케이션은 흐름이다. 리더는 커뮤니케이션의 효과를 저해하는 요인을 적절히 통제하고 소통기법을 익혀야 한다.

리더십에서 커뮤니케이션의 목적은 리더의 의도를 구성원들에게 정확히 전달하고 구성원들의 의견과 감정을 리더가 이해하여 상호 원만한 인간관계를 통해 업무효율성을 높이는 것이다. 좋은 커뮤니케이션의 방법을 찾아보자.[12)]

전달에서 공유하는 커뮤니케이션으로

- 내가 말했다고 해서 상대방이 들었다고 할 수 없다,(Said≠Heard)
- 들었다고 해서 귀를 기울였다고 할 수 없다.(Heard≠Listened)
- 귀를 기울였다고 해서 이해했다고 할 수 없다. (Listened≠Understood)
- 이해했다고 해서 동의했다고 할 수 없다.(Understood≠Agreed)
- 동의했다고 해서 설득되었다고 할 수 없다.(Agreed≠Convinced)
- 설득되었다고 해서 행동에 나선다고 할 수 없다. (Convinced≠Acted)

– 칸노 히로시(2006), 「BCG의 리더십 테크닉」, 비즈니스맵, 164쪽을 참고하여 필자가 용어 부분수정 및 추가 –

12) 박유진(2009), 「현대사회의 조직과 리더십」 (개정2판), 258~268쪽 참조

2.1 커뮤니케이션 과정과 구성요소

커뮤니케이션은 송신자가 메시지를 매체에 담아 수신자에게 보내면 수신자는 이를 받아 해석하고 피드백하는 과정이며 6개 요소가 작용한다.

필수요소는 송신자, 수신자, 매시지, 매체이고, 부수요소는 피드백과 장애요인이다. 필수요소는 하나라도 빠지면 커뮤니케이션이 형성되지 않으며, 부수요소는 결여되더라도 커뮤니케이션은 이루어지지만 효과성에 영향을 준다.

위 요소들을 연결하여 모형으로 그리면 〈그림 10.1〉과 같다.

그림 10.1 • 커뮤니케이션 모형

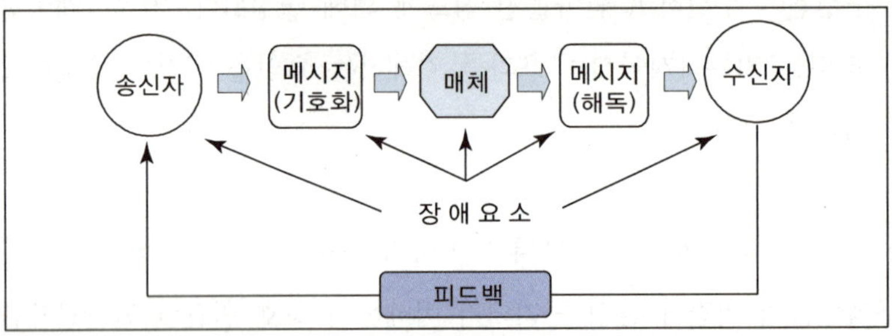

① 송신자(sender) 메시지를 보내는 사람이며 흔히 리더일 때가 많다.

② 수신자(receiver) 송신자의 메시지를 받는 사람이다.

③ 메시지(message) 송신자가 수신자에게 보내는 내용이다. 메시지는 정보, 의미, 감정 등이며 말, 글, 상징, 신호 등으로 기호화(encoding)된다.

④ 매체(media channel) 송신자와 수신자간에 기호로 변환한 메시지를 옮기는 수단이다. 대면, 전화, 편지, 문서, 게시판, 전자우편 등 다양하다.

⑤ 피드백(feedback) 수신자는 메시지를 해독(decoding)하여 의미를 송신자에게 보내면 피드백이 된다. 피드백이 없으면 커뮤니케이션 과정은 종료된다.

⑥ 장애요소(noises) 커뮤니케이션 과정에는 대화중의 잡음처럼 등 다양한 장애요소가 존재한다. 소통이 잘 되려면 장애요소들을 최대한 제거해야 한다.

2.2 커뮤니케이션 효과를 떨어뜨리는 장애요인

커뮤니케이션에는 상대방에 대한 신뢰의 부족, 대화중의 잡음, 너무 어려운 표현 등 여러 가지의 장애요인들이 발생한다. 어떠한 장애요인들이 있을까...

(1) 송신자와 수신자 간의 신뢰성과 왜곡의 문제

상호간 신뢰가 부족할 때 소통의 장애가 생기는데 송신자의 신뢰가 더욱 중요하다. 사람을 믿기 어려우면 그 사람의 메시지의 신뢰성도 떨어지게 되므로 메시지의 내용을 의심하고 왜곡하여 해석하게 된다.

(2) 송신자와 수신자 간의 지각 차이의 문제

동일한 메시지라도 사람마다 관점과 지각이 다르기 때문에 소통에 장애가 발생한다. 고정관념, 편견, 선택적 지각, 지적 수준, 또는 일부의 사실을 가지고 모든 일들을 판단하는 후광효과 등이 정확한 소통에 장애가 된다.

(3) 언어의 부정확에서 나타나는 해석의 어려움

① 어의(語義) 해석의 문제; 서로 이해가 잘 안 되거나 어렵고 모호한 표현 때문에 송·수신자간에 해석이 다를 수 있다. ② 부정확한 발음, 너무 빠른 말투, 사투리, 속어로 인해 나타나는 장애이다. ③ 글로 메시지를 전달할 때 바르지 못한 글씨체나 문법상의 오류 등에서 장애가 발생한다.

(4) 부적당한 메시지의 양과 질

① 정보의 과다 및 과소; 수신자가 제한된 시간에 알기에는 너무 많은 분량이거나 송신자의 의도를 알기 어려운 정도의 과소한 양 ② 메시지의 구성이 너무 복잡하거나 여러 개의 메시지가 정리되지 않은 채 섞여 있는 경우이다.

(5) 부적절한 메시지의 기호화

부적절한 기호화 즉, 메시지의 의미를 제대로 알 수 없게 기호화하거나, 손짓을 하는데 무슨 의미인지 이해가 안 되거나, 서류에 어떤 표시를 했는데 의미를 알 수 없는 경우 등이다.

(6) 부적절한 매체의 선택

메시지의 내용과 수신자의 입장 등을 고려하여 적합한 매체를 선택해야 한다. 가령 교수가 시험예상문제를 조교를 통해 구두로 전달한다면? 중요한 계약의 합의내용을 말로만 약속하고 문서로 작성하지 않는다면? 프로포즈를 친구를 통해서 한다면? 내용이 중요하더라도 형식과 어울려야 하는 것이다.

(7) 불완전한 물리적 여건

메시지 해독에 시간이 부족하거나 송·수신자간의 거리가 너무 멀어서 메시지 전달이 잘 안 되면 소통의 장애가 된다. 대화를 하는데 주변의 시끄러움이나 답답한 실내공기 등도 장애가 된다. 회의 중에 들락거리고 전화벨이 울리며 프리젠테이션 보드는 햇빛으로 눈이 부신다면 방해가 될 것이다.

(8) 커뮤니케이션 분위기의 문제

구성원 서로 간에 대면을 불편해 하고 벽을 느끼는 경직된 조직문화나 하급자가 상급자를 너무 어렵게 여기는 큰 권력거리, 대화장소에 불편한 사람의 동석 등은 원활한 의사소통에 장애가 된다.

2.3 커뮤니케이션의 효과를 높이는 방법

(1) 자신의 의사소통 스타일을 먼저 인식하여 개선해 나가자.

사람들은 자신의 의사소통 스타일을 잘 모르는 경우가 많다. 대화하면서 상대방을 평가하지만 내가 어떻게 비추어지는지를 잘 모르면 원만한 의사소통을 이루어 가는데 장애가 될 수 있다.

의사소통유형을 자존감과 연결하여 보면 흥미로운 관찰을 할 수 있다. 대체로 자존감이 높고 인격적으로 성숙한 사람들은 상대방과 교감을 높여가는 일치형 의사소통을 하는데, 자존감이 낮은 사람들은 스스로 자책하고 상대방을 비난하거나 산만한 의사소통을 한다. 〈표 10.3〉에서 비교해보자.[13)]

---

13) 제3절에서 의사소통의 여섯 유형에 대한 측정과 진단을 할 것이다.

표 10.3 자존감과 의사소통유형

유형	주요 특성
일치형	자신과 상대의 의견을 모두 존중하고 표현할 권리가 있다고 생각한다. 자신의 견해를 분명히 표현하고 상대의 의견에 대해 수용적이다. 친교에 개방적이며 변화에 대하여 융통성이 있다.
자책형	남의 눈치를 보며 반대의견은 말하지 않고 무조건 참는다. 지나치게 겸손하며 자존감이 약하여 잘못은 자기 탓이라고 생각한다. 자신편이 되는 사람이 없다고 생각한다. 비난형의 반대유형이다.
비난형	자기주장이 강하고 편견과 고집이 세며 체면을 중시한다. 상대방의 의견을 무시하며 잘못되면 상대방을 비난한다. 대화주제에 대해 자기가 제일 잘 안다고 생각한다. 자책형의 반대유형이다.
이성형	완벽주의적이어서 불평과 불만을 토로하고 이유를 잘 따진다. 지나치게 합리적이며 비사교적이고 동정심도 적다. 남을 잘 인정하지도 존중하지 않으며 자존심이 지나치게 강하다.
산만형	상황에 맞지 않는 말을 하며 일관성이 없고 횡설수설한다. 솔직하지 못하고 상대방에게 적절하게 반응하지 못한다. 난처할 때는 농담을 하고 화제를 바꾸거나 딴전을 피운다.

자료 : 김창민 외, 「대학생과 리더십」, 홍릉과학출판사, 2011, 68~72쪽. 표는 필자가 요약하여 구성. (인용자료에는 자책형이 회유형, 이성형이 추이성형이나 표로 만들면서 문맥상 일부 수정하였음.)

(2) 송신자로서의 신뢰성과 전달능력을 높이자.

① 신뢰성은 인간적 정직함과 메시지의 정확성을 의미한다. 리더는 경우에 따라 거짓말과 같은 술수의 유혹을 받을 수 있는데, 진실성을 의심받으면 신뢰의 위기를 맞게 된다. 메시지는 근거가 믿을 만하고 정확해야 한다.

② 말과 글의 표현능력을 높여야 한다. 자신의 의미를 말과 글이나 기호 등으로 잘 나타내는 능력을 길러야 한다.

③ 메시지는 분명하게 표현되어야 한다. 해석이 달라질 수 있는 표현은 좋지 않다. "생산성 향상에 최선을!", "가능한 빠른 시일 내에 보고" 보다는 "생산성 5% 향상!", "9월 20일까지 보고"가 낫다.

④ 메시지의 수준과 분량을 수신자의 이해력과 시간적 여건 등을 고려하여 조절한다.

(3) 긍정적 표현의 사용을 습관화하자.

우리들은 자신과 타인에 대해서 긍정적인 표현을 하기도 하고 부정적인 표현을 하기도 한다. 말은 사람의 내면을 보여주는 거울이다. 긍정적인 생각을 더 많이 하고 긍정적 표현을 일상화하다 보면 의식이 바뀌고 의사소통 습관이 개선되어 인간관계에 도움이 될 것이다. 〈표 10.4〉를 보면서 평소 자신이 사용하는 용어들이 어떠한지를 살펴보자.

표 10.4 자신과 타인에 관한 말의 표현

구분	부정적 표현	긍정적 표현
자기에 관한 표현	자기비난, 자책, 무가치감, 실수, 후회, 창피, 분노, 피로, 초조, 짜증, 불안, 고독, 슬픔, 두려움 등	행복, 생기발랄, 의기양양, 즐거움, 안도감, 자신감, 희망, 감사, 만족, 수용, 좋음, 기쁨, 극복, 자랑, 여유, 성취 등
타인에 관한 표현	비판, 분노, 반대, 무시, 미움, 경쟁, 의심, 질투, 부담, 두려움, 눈치, 죄송, 초조, 좌절, 신경쓰임 등	관심, 연민, 이해, 감사, 존경, 애정, 인정, 친밀, 베풂, 선의, 칭찬, 배려, 존중, 은혜, 아량, 선행 등

자료 : 정방자(1986), “상담자와 내담자의 언어반응 변화분석,”, 서울대 박사학위논문, 고려대 행동과학연구소(1999), 「심리척도 핸드북」, 학지사, 340~342쪽에서 재인용하면서 필자가 용어를 추가하였음.

(4) 적극적인 경청과 단정하고 간명한 스타일의 의사소통을 하자.

말을 잘 하는 것보다 잘 듣는 것이 더 중요하다고 한다. 대화란 서로 말소리를 듣는 것(hearing)이 아니라, 상대의 의도를 이해하며 적극적으로 듣는 것(listening)으로써 바로 보기, 개방적 자세, 몸을 앞으로 기울이기, 눈 맞추기, 이완하기 등의 자세가 도움이 된다.[14)]

유명한 토크 쇼의 진행자인 래리 킹은 위대한 연설가들의 공통점은 ‘KISS(Keep It Simple, Stupid)’! 즉, 단순하고 알아듣기 쉽게 하는 것이라고 하였다. 평이한 단어와 단순한 표현으로도 감동적인 연설을 할 수 있다는 것이다.

---

14) 김창민 외, 「앞책」, 177~178쪽.

표 10.5 의사소통 스타일의 비교

구분	단정한 스타일	공격적인 스타일	단정하지 않은 스타일
성향	• 표현이 명확, 발전지향 • 다른 사람을 이용하지 않는 윤리적 관념	• 표현이 명확, 발전지향 • 다른 사람을 이용하더라도 자신의 이익 추구	• 소심하고 자신감이 부족하며 자기부정적임.
언어적 요소	• 직접적이고 확실한 언어 • 타인의 행동을 평가하거나 탓하지 않음 • 인간적인 차별적 언어를 사용하지 않음 • '나'와 '우리'를 사용	• 날카롭고 모욕적인 언어 • 타인의 행동을 평가하고 탓함 • 성별 등 차별적 언어 사용 • 명백한 위협이나 윽박지름	• 조건적인 언어 • 확신이 부족한 언어 • 부정적인 의미의 언어
비언어적 요소	• 부드러운 시선과 진지한 목소리 • 편안하지만 굳건한 태도 • 메시지에 맞는 표정 • 이해의 선택적 끼어들기	• 노려보는 듯한 시선 • 위협적인 제스취 • 큰 목소리 • 잦은 끼어들기	• 시선접촉이 거의 없음 • 이래를 보는 시선 • 계속적인 몸놀림 • 약한 목소리

자료 : 박동수 외(2004), 「조직행동」, 371쪽. Walter의 내용을 재인용하면서 필자가 간명화했음.

특히 리더가 너무 말이 많으면 긍정적인 효과보다 부정적인 효과가 더 많이 발생할 가능성이 크다. 메시지가 상대방에게 설득력을 가지려면 쉽게 이해할 수 있도록 단정하고 간명하게 하는 것이 좋다. 〈표 10.5〉의 스타일을 비교해 보고 단정한 스타일의 의사소통을 하도록 노력하자.

(5) 상대방의 입장을 존중하고 이해하며 공감의 소통을 하자.

타인의 상황보다 나의 입장과 감정을 앞세우면 원만한 의사소통이 어렵다.

① **자기중심성의 탈피** 커뮤니케이션의 중대한 오류는 '자기중심성'에서 비롯된다. 자기중심성은 타인도 나와 같은 생각일 것이라는 착각, 자기판단에 대한 과신, 고정된 관념, 타인의 반응에 대한 둔감과 같은 것이다.

사람마다 생각의 틀이 다를 수 있다는 점을 인식하는 것, 자신의 고정관념의 틀을 깨는 것, 다른 사람의 생각을 참고하여 나의 생각의 틀을 확장하는 것, 그리고 대화의 진정성을 가지는 것이 자기중심성에서 벗어나는 길이다.[15)]

② **'나-메시지' 표현** 상대방이 문제가 되는 행동을 했을 때 상대를 이해하는 의사소통의 한 방법이 '나-메세지' 표현방식이다.[16)] 이는 상대방의 잘못을 지적하는 것이 아니라 상대방을 이해하려는 입장에서의 나를 표현하는 것이다.

가령, 친구가 약속시간보다 늦게 왔을 때 대화의 두 방식을 비교해 보자.

너-메시지 (you-message)	"너는 지금 몇 시인데 시간을 안 지키냐? 사람이 믿음성이 있어야지! 왜 늦었는데?'
나-메시지 (i-message)	"나는 네가 시간을 지키지 않아서 섭섭했었는데, 나중에는 걱정이 되더라. 연락이라도 해주지. 무슨 일이 있었냐?"

③ **상대방의 감정을 상하게 하는 표현을 삼가자.** 아무리 옳고 교훈적인 메시지라도 감정을 상하게 하는 말투는 마음을 닫게 한다. 다음의 예를 보자.[17)]

- 명령지시형 : 아무 소리 말고 가만히 내 말 듣고 있어!
- 경고위협형 : 너 이거 제대로 못하면 끝나는 줄 알아!
- 훈계설교형 : 사람이 그래가지고 되겠어? 기본은 해야지...
- 판단평가형 : 이걸 답이라고 해온 거냐?
- 빈정거림형 : 초등학생도 이것보다 낫게 하겠다...
- 추궁심문형 : 왜 그렇게 했어? 자꾸 그렇게 할래? 빨리 말 안해?

④ **따뜻함을 전달하는 언행과 공감적인 반응** 공감적 소통은 우호적이고 따뜻함을 느끼는 친밀감이 중요하다. 따뜻함과 차가움을 느끼게 하는 행동들을 비교해 보자. (〈표 10.6〉 참조)

15) 박지원, "커뮤니케이션의 걸림돌, 자기중심성", LG Business Insight, 2012. 6. 6.
16) 김창민 외, 「대학생과 리더십」, 홍릉과학출판사, 2011, 191~192쪽.
17) 김창민 외, 「앞책」, 191쪽 참고하여 필자가 보완하여 정리하였음.

표 10.6 따뜻함과 차가움을 전달하는 비언어적인 행동

비언어적인 행동	따뜻함	차가움
목소리	부드럽고 위로하는 목소리	냉담하고 딱딱한 목소리
얼굴표정	미소를 띠고 관심을 갖는 얼굴	무관심, 인상을 찌푸리며 무표정한 얼굴
자세	이완하여 몸을 상대에게 기울임	긴장 및 몸을 상대로부터 멀어지게 함
눈 맞춤	상대를 바로 쳐다봄	눈 맞춤을 피함
신체접촉	적절한 시기에 부드럽게 터치함	모든 종류의 터치를 피함
몸짓	개방적이고 우호적임	폐쇄적이고 무언가 감추는 듯함
물리적 거리감	가까움	거리를 둠

자료 : Cormire & Cormire(1985), Interviewing Strategies for Helpers, 2nd ed, 1985. 김창민 외, 「대학생과 리더십」, 179쪽에서 재인용.

〈표 10.6〉에서 보면 어떤 태도가 소통에 도움이 되겠는가? 평소부터 원만한 커뮤니케이션을 위해 자신의 비언어적인 행동들을 다듬어가는 노력을 하자.

공감적 소통에 필요한 것이 공감적인 반응이다. 상대방의 입장에 공감한다는 표현을 통해 상대방이 이해받고 있다는 느낌을 전달해준다.

공감의 언어적 표현들의 예는 "아, 그랬구나!" "그런 기분이 들었겠군." "음, 내 입장이라도 그랬을 것 같아." 와 같은 표현들이다. 비언어적 표현으로는 고개를 끄떡이거나 이야기의 모습에 주목하는 반응 등이다.

다만, 상대방을 이해하고 공감하기 위한 목적이라고 하여 거짓을 표현하라고 하는 것은 아니다. 거짓말이나 상대의 잘못을 긍정해주는 표현들은 자칫 오판을 하게 할 수 있으므로 유의해야 할 것이다.

(6) 비언어적인 수단을 개발하고 활용하자.

비언어적 수단(nonverbal communication)은 언어적 수단보다 의미전달력이 클 경우가 많으며, 언어적 표현과 어울리면 더욱 효과적이다.

비언어적 표현수단들은 제스처 등의 신체언어와 부수적 언어 및 공간과 복장 등 다양하며 모두 나름대로의 의미를 가지고 있다. 〈표 10.7〉의 수단들을 참고하고 일상 속에서 더 찾아서 활용하면 좋을 것이다.

표 10.7 비언어적 커뮤니케이션 수단들

방법	수단
① 신체언어 (body language) 사용	몸짓, 손짓, 눈짓, 자세, 미소, 하품, 제스처, 표정, 포옹이나 악수 등의 신체적 접촉 등은 모두 표현수단이다.
② 부수적 언어의 표현	말의 속도, 음질, 음조, 음량, 감탄사, 투덜거림, 한숨, 맞장구, 침묵, 억양 등은 언어적 표현과 결합하여 메시지의 일부가 된다.
③ 공간적 위치 고려	가까운 공간거리는 친밀하거나 중요한 관계라고 인식하고, 먼 거리는 공식적이거나 불편한 관계를 나타낸다. 좌석도 자리에 따라 상하와 친소의 위치가 있다.
④ 복장과 장식물 효과 활용	복장, 장식, 부착물 등도 각각의 의미를 나타낸다. 사람을 만날 때 입는 정장과 캐주얼 등의 복장도 커뮤니케이션의 의미가 있다.

사례; 영국여왕은 비록 한 마디 말을 하지 않았음에도 큰 감동을 주었다.

여왕의 눈물 영국 엘리자베스 여왕이 참전용사들에게 훈장을 수여하게 되었다. 훈장을 받기 위해 정렬한 사람들 중에는 부상자들도 많았다. 한 사람 한 사람에게 훈장을 달아주던 여왕이 팔과 다리를 모두 잃은 군인 앞에 섰다. 훈장을 들고 그를 쳐다보던 여왕이 갑자기 훈장을 떨어뜨리고 뒤로 돌아섰다. 그리고는 두 손으로 얼굴을 가리고 흐느껴 울기 시작했다. 잠시 후 훈장을 목에 건 용사가 여왕을 위로하며 이렇게 말했다. "조국과 여왕 폐하를 위해서라면 다시 한번 이 몸을 바쳐 싸우겠습니다." 용사를 감동시킨 것은 훈장이 아니라 여왕의 눈물이었다. – 제2차 세계대전 후의 훈장수여식에서 –

(7) 장애요소를 제거하자

① **물리적 환경을 잘 마련하자.** 대화나 회의 중에 산만한 소음, 지저분한 사무실, 냉난방의 미비 등은 의사소통의 분위기를 해치게 된다.

② **개방된 조직분위기를 만들자.** 상하급자간의 권력거리를 줄이고 자유롭게 아이디어나 생각을 이야기할 수 있는 분위기를 만들자. 리더의 친화적인 인간미와 의전절차의 간소화 등은 심리적 거리감을 줄이는데 도움이 된다.

③ **정보를 알려주며 공유하자.** 한 사람이 정보를 독점하는 것보다 서로 공유하는 것이 소통에 도움이 될 것이다.

가치를 떨어뜨리는 7가지 언어습관

1. **상습적으로 고민거리를 말한다.** 일을 하다보면 크고 작은 난관에 부딪치게 마련이지만 잦은 푸념은 당신의 무능력을 광고하고 다니는 격이다.
2. **모르는 것은 일단 묻고 본다.** 모르는 것은 죄가 아니다. 아는 체 하면 더 큰 실수를 부를 수 있다. 그러나 해결방안을 생각도 하지 않고 일단 묻고 보자는 태도는 당신의 가치를 떨어뜨린다.
3. **이유를 밝히지 않고 맞장구를 친다.** 분명한 이유 없이 남의 의견에 쉽게 동조하면 당신의 가치가 떨어진다. 일이 잘 되면 좋지만 일이 안 풀리면 원망의 대상에 당신이 포함될 수 있다.
4. **네! 라는 답을 듣고도 설득하려 든다.** 동조와 허락을 받아낸 것에 대해서는 더 이상 설득하려 들지 말라. 소심한 인상을 준다.
5. **죄송해요. 라는 말을 남용한다.** 죄송하다는 말은 잘못을 인정하는 말이다. 정말 잘못이 있다면 사유와 대안도 설명하라. 습관적인 죄송은 상대방에 대한 배려가 아니라 무관심의 증거이다.
6. **스스로 함정에 빠지게 하는 말. 제가 해볼게요.** 당신은 모든 일을 처리하기 위해 있는 것이 아니며 조직도 그걸 바라지 않는다. 사람들이 그걸 당연시하기 전에 본 역할에 역량을 집중하라.
7. **부정적 의견을 되묻는다.** 업무상 의견차가 있을 수 있다. 당신이 확신이 선 일을 추진할 때 태클세력들에게 왜요? 뭐가 잘못됐죠? 라고 되묻지 말라. 쓸데없는 감정 노출로 경계심을 살 필요가 없다. 결과로만 말하면 될 일이다.

– 백지연(2005), 〈자기 설득 파워〉 중에서 –

3. 동기유발 및 의사소통 습관 진단하기

(1) 동기유발욕구 진단

다음은 맥클랜드의 동기유발이론의 성취욕구, 권력욕구, 친교욕구를 측정하는 설문이다. 자신의 욕구를 진단해 보자. 물론 다른 사람도 진단할 수 있다.

표 10.8 동기유발 욕구 측정 척도(Motivation Needs Survey)

※ 아래의 설명들을 보고 당신의 상황을 정확하게 나타내는 점수를 부여합니다.

전혀 그렇지 않다	거의 그렇지 않다	약간 그렇지 않다	때때로 그렇다	보통 그렇다	거의 항상 그렇다	항상 그렇다
1점	2점	3점	4점	5점	6점	7점

번호	설 문 내 용	점수
1	나에게 주어진 업무가 어렵더라도 최선을 다하여 일한다.	
2	나에게 업무가 주어지면 혼자가 아닌 집단으로 일하려고 한다.	
3	나는 집단 내에서 리더로서의 활동적인 역할을 추구한다.	
4	나는 내 주위 사람들에게 영향력을 행사하고자 한다.	
5	나는 일을 하면 이전의 성과보다 향상시키려고 노력한다.	
6	나는 업무의 수행 중에 다른 사람들의 감정에 관심을 기울인다.	
7	나는 구성원들의 행동을 조직적으로 구성하고 지시한다.	
8	나는 업무 중에 영향을 주는 주위의 문제들을 통제하려고 한다.	
9	나는 승진 등 성장을 위해 어려운 일도 기꺼이 감수하고 한다.	
10	나는 다른 사람들과 공동으로 업무를 수행하는 것을 좋아한다.	
11	나는 여러 사람들과 팀에서 일할 때 리더 역할을 하려고 애쓴다.	
12	나는 주어진 업무 외의 일도 찾아서 수행하려고 노력한다.	
13	나는 다른 사람들에게 반대의견을 공개적으로 표현하지 않는다.	
14	나는 팀으로 일할 때 다른 사람들보다 일을 더 잘 하려고 노력한다.	
15	나는 업무와 무관한 일들에 대해서도 주위의 사람들과 대화한다.	

☞ 계산 및 진단

- 성취욕구(1, 5, 9, 12, 14), 친교욕구(2, 6, 10, 13, 15), 권력욕구(3, 4, 7, 8, 11)의 각 다섯 문항의 점수를 합산하여 욕구수준을 판단합니다.

욕구내용(점수)	성취욕구(점)	친교욕구(점)	권력욕구( )점
욕구수준 판단			

* 욕구수준 판단기준; 매우 높음(30점 이상), 높음(25~29), 보통(16~24), 낮음(15점 이하)

- 자료 : R.M. Steers & Branstein, D.N.(1976), A Behaviorally-Based Measure of Manifest Needs in Work Settings, Journal of Vocational Bebavior 9, 251-261.

(2) 의사소통 유형 진단

표 10.9 의사소통 유형검사 설문

※ 설문을 읽고 자신과 적합하다고 생각하면 동의에, 부적합하면 부동의란에 √한다.
반드시 동의 또는 부동의 중에서 하나만 빠짐없이 선택하여야 합니다.

번호	문항	동의	부동의
1	나는 상대방이 불편하게 보인다고 생각하면 비위를 맞추려고 한다.		
2	나는 일이 잘못되었을 때 자주 상대방의 탓으로 돌린다.		
3	나는 무슨 일이든지 조목조목 따지는 편이다.		
4	나는 생각이 자주 바뀌고 동시에 여러 가지 행동을 하는 편이다.		
5	나는 타인의 평가에 구애받지 않고 내 의견을 말한다.		
6	나는 인간관계나 일이 잘못되었을 때 자주 내 탓으로 돌린다.		
7	나는 다른 사람들의 의견을 무시하고 내 의견을 주장하는 편이다.		
8	나는 이성적이고 차분하며 냉정하게 생각한다.		
9	나는 다른 사람들로부터 정신이 없거나 산만하다는 소리를 듣는다.		
10	나는 부정적인 감정도 솔직하게 표현한다.		
11	나는 지나치게 남을 의식해서 내 생각이나 감정을 잘 표현하지 못한다.		
12	나는 내 의견이 받아들여지지 않으면 화가 나서 언성을 높인다.		
13	나는 내 견해를 분명하게 표현하기 위해 객관적인 자료를 자주 인용한다.		
14	나는 상황에 부적절한 말과 행동을 자주 하고 딴전을 피우는 편이다.		
15	나는 다른 사람이 내게 부탁할 때 내가 원하지 않으면 거절한다.		
16	나는 사람들의 얼굴 표정, 감정, 말투에 신경을 많이 쓴다.		
17	나는 타인의 결점이나 잘못을 잘 찾아내어 비판한다.		
18	나는 실수하지 않으려고 애를 쓰는 편이다.		
19	나는 곤란하고 난처할 때는 농담이나 유머로 상황을 바꾸려 한다.		
20	나는 나 자신에 대해 편안하게 느낀다.		

번호	문항	동의	부동의
21	나는 타인을 배려하고 잘 돌보아 주는 편이다.		
22	나의 명령적인 말투로 상대가 공격받았다는 느낌을 줄 때가 있다.		
23	나는 불편한 상황을 잘 넘기지 못하고 시시비비를 따지는 편이다.		
24	나는 불편한 상황에서는 안절부절 하거나 가만히 있지를 못한다.		
25	나는 모험하는 것을 두려워하지 않는다.		
26	나는 다른 사람들이 싫어할까봐 위축되거나 불안을 느낄 때가 많다.		
27	나는 사소한 일에도 잘 흥분하거나 화를 낸다.		
28	나는 현명하고 침착하면서도 냉정하다는 말을 자주 듣는다.		
29	나는 한 주제에 집중하기보다는 화제를 자주 바꾼다.		
30	나는 다양한 경험을 하는 것에 대해 개방적이고 좋다고 생각한다.		
31	나는 타인의 요청을 거절하지 못하는 편이다.		
32	나는 자주 긴장되고 목이 뻣뻣하여 혈압이 오르는 것을 느끼곤 한다.		
33	나는 감정을 표현하는 것이 힘들고 혼자인 느낌이 들 때가 많다.		
34	나는 분위기가 침체되거나 지루해지면 분위기를 바꾸려 한다.		
35	나는 나만의 독특한 개성을 사랑하고 남으로부터 존중받고 싶다.		
36	나는 내 자신이 가치가 없는 것 같아 우울하게 느껴질 때가 많다.		
37	나는 타인으로부터 비판적이거나 융통성이 없다는 말을 듣기도 한다.		
38	나는 목소리가 단조롭고 무표정하며 경직된 자세를 취하는 편이다.		
39	나는 불안하면 호흡이 고르지 못하고 머리가 어지러운 경험을 한다.		
40	나는 다른 사람이 내 의견에 반대하여도 감정이 상하지 않는다.		

☞ 계산 및 진단

- 각 유형별로 8개의 문항에 대해 동의란에 √표를 한 숫자를 점수란에 기록합니다.

의사소통 유형	문항번호	점수(√표의 수)	순위
자책형	1, 6, 11, 16, 21, 26, 31, 36		
비난형	2, 7, 12, 15, 22, 27, 32, 37		
이성형	3, 8, 13, 18, 23, 28, 33, 38		
산만형	4, 9, 14, 19, 24, 29, 34, 39		
일치형	5, 10, 15, 20, 25, 30, 35, 40		

- 점수(√표의 수)가 높은 유형이 자신의 강한 의사소통 유형임.

☞ 참고

- 자료 : 김창민 외, (Satir의 설문척도) 대학생과 리더십, 홍릉과학출판사, 2011, 75~76쪽에서 인용. (원자료의 용어는 자책형이 회유형, 이성형이 초이성형이나 문맥상 일부 수정인용)

(3) 공감적 이해도 진단

표 10.10 공감적 이해수준 측정 척도

※ 당신은 누군가와의 커뮤니케이션에 대해 어떻게 느끼고 있습니까? 아래의 설명들을 보고 정확하게 나타내는 점수를 부여합니다. 대상자 ;(   )

전혀 그렇지 않다	거의 그렇지 않다	약간 그렇지 않다	그저 그렇다	보통 그렇다	거의 그런 편이다	매우 그렇다
1점	2점	3점	4점	5점	6점	7점

번호	설 문 내 용	점수
1	그는 나의 말뜻을 정확하게 파악한다.	
2	그는 내가 경험 속에서 느낀 감정을 함께 느낀다.	
3	나에 대한 그의 반응이 상투적이어서 별로 친해지고 싶지 않다.	
4	그는 나의 감정을 쉽게 알아차린다.	
5	그는 나를 잘 이해하고 있다.	
6	그는 자기 시각으로 나의 행동을 해석한다.	
7	그는 나와 견해가 다른 부분이 있어 나를 이해하는데 한계가 있다.	
8	그는 나의 표현이 부족해도 내가 말하고자 하는 바를 정확히 파악한다.	
9	그는 나의 감정을 자기 식으로 이해해 버린다.	
10	그는 어떤 문제에 대해서는 내가 얼마나 예민한지 알아차리지 못한다.	
11	그는 나의 이야기의 핵심을 잘 이해한다.	
12	그는 나의 말만 이해할 뿐 말 속에 담긴 감정을 헤아리지 못한다.	

☞ **계산 및 진단**

- 점수를 합산합니다. 단, 5개의 문항(3, 6, 7, 9, 10, 12)의 점수는 반대로 환산합니다.
  * 예; 2점을 부여하였으면 6점으로 환산하여 계산함.
- 합계점수로 공감적 이해도 수준을 판단합니다.

합산점수 ( )점	대상자의 공감적 이해도 수준 ( )

  - 72점 이상; 매우 높은 수준의 공감적 이해
  - 60점~71점; 비교적 높은 수준의 공감적 이해
  - 37점~59점; 보통 수준의 공감적 이해
  - 25점~36점; 비교적 낮은 수준의 공감적 이해
  - 24점 이하; 매우 낮은 수준의 공감적 이해

☞ **참고**

- 자료 : 이은순(1991), "상담실습자 교육에서 공감훈련 효과분석,", 이화여대 박사학위논문, 고려대 행동과학연구소(1999), 「심리척도 핸드북」, 학지사, 325~327쪽에서 재인용.
- 상담에서 상담자의 공감적 이해척도를 의사소통의 문제로 필자가 응용하였음.

Chapter 11

리더십 액션 3; 부닥치는 난관들을 극복하자

학습목표

① 조직갈등의 원인과 갈등상황에 대처하는 리더십을 이해한다.
② 위기의 원인과 유형 및 위기시의 리더로서의 행동을 학습한다.
③ 자신의 갈등해결 유형과 위기시 대처방식을 진단한다.

1. 조직의 갈등을 어떻게 이해하고 관리할까?

1.1 갈등의 의미와 속성

리더의 첫 번째 액션은 조직의 비전을 세우는 일이고 두 번째는 구성원들의 동기를 활성화하는 일이다. 그리고 비전을 향하는 과정에서 부닥치는 난관들을 극복하는 것이 리더의 과제이다.

갈등을 겪지 않고 사는 사람은 없다. 갈등은 여러 문제점을 일으키므로 갈등에서 벗어나고 싶어 한다. 그런데 갈등이 나쁘기만 한 것일까? 갈등은 인간관계를 해치는 부정적인 것이기도 하지만 갈등의 해결과정에서 새 살을 돋게 하는 재생연고와 같은 긍정적인 역할을 하기도 하다.

갈등은 '개인과 집단에서 발생하는 좌절의 지각과 대립 · 다툼 · 적대적 감정이나 행동'을 의미한다. 갈등은 혼자만의 개인적 갈등으로부터 대인관계에서 발생하는 갈등(동료, 상하급자 등), 조직수준의 갈등(노사관계, 부서와 집단 등), 사회적 갈등(사회계층, 지역, 종교 등), 그리고 국가수준의 갈등(영토, 인종, 문화, 이념 등)에 이르기까지 인간사회의 모든 국면에 존재한다.

갈등에는 여러 가지 속성이 존재한다. 어떤 속성들이 있을까?

갈등의 속성을 보자.

① 갈등은 서로 의존하는 관계에서 일어난다. 의존은 기대를 낳으며 기대는 때때로 실망으로 이어진다. 갈등의 발생은 어느 한 쪽에 주된 원인이 있지만 상대의 탓으로 돌리는 경향이 강하고 서로 책임을 따지면서 커지는 경향이 있다.

② 갈등을 완전히 없애고 싶어 하지만, 갈등이란 부분적으로는 예방하거나 관리할 수는 있어도 제거할 수 없는 인간사회의 본질이다.

③ 갈등이 발생하면 불안, 분노, 후회, 적대감, 스트레스 등의 불편한 마음을 갖게 되는데, 동일한 갈등에 대해서도 지각하는 정도는 사람마다 다르다.

④ 갈등은 인간관계를 해치는 역기능으로 작용할 수도 있고, 비 온 뒤에 땅이 더 굳는다는 말처럼 오히려 돈독히 하는 순기능으로 작용할 수도 있다.

⑤ 갈등은 잠재된 상태로도 존재하다가 겉으로 드러난다. 일반적으로 잠재된 상태가 표면화되어 당사자들에게 불편을 주는 상황을 갈등이라고 한다.

⑥ 갈등은 발생시점의 상태가 시간이 지나면서 변화한다. 해소되거나 약화되기도 하고 심화되기도 한다. 또한 갈등 관련자가 줄기도 하고 늘기도 하며, 갈등이슈가 바뀌기도 하며 다른 갈등으로 번지기도 한다.

1.2 갈등의 역기능과 순기능

동아리 모임에서 선배의 견해와 반대되는 의견을 말한 것이 문제가 되어 선배와 불편한 관계가 되었다. 갈등이 생긴 것이다. 이 갈등이 좋은 방향으로 작용할까? 아니면 나쁜 방향으로 작용하게 될까?

갈등은 인간관계와 성과에 긍정적으로 작용하면 순기능, 부정적으로 작용하면 역기능으로 부르지만 명확한 구분이 모호한 경우도 많다. 좋은 점과 나쁜 점이 함께 있을 수도 있고, 당장은 역기능으로 작용하지만 장기적으로는 순기능으로 작용하기도 한다. 이는 갈등이 가진 양면성 때문이다.

먼저 갈등의 역기능이 주는 상처들은 무엇이 있을까?

① 갈등이 파괴적으로 심화될 경우 회복할 수 없는 상처를 남길 수 있다. 갈등으로 인한 반목이 과도하면 집단이 와해되거나 구성원들이 이탈할 수도 있다.

② 갈등은 생산성을 떨어뜨린다. 조직은 다양한 기능부문들 간의 협력시스템이므로 갈등은 시스템의 작동에 나쁜 영향을 준다.

③ 갈등은 심리적 에너지와 물리적 자원을 소모하여 조직의 힘을 감소시킨다. 갈등상황에 놓이게 되면 감정이 악화되어 에너지를 불필요하게 쓰게 된다.

④ 경쟁적 갈등은 비공식 관계의 영향력을 키우고 조직정치로 변질되어 공식적인 조직질서를 약화시키게 된다.

⑤ 갈등은 대립당사자간에 정당성을 입증하려고 애쓰는 과정에서 새로운 사람들을 끌어들여 갈등을 확대시키게 된다.

그렇다면 갈등의 순기능은 무엇일까?

① 갈등은 더 큰 갈등이나 파국을 미리 알려주는 예고적 기능이 있다. 작은 갈등을 큰 갈등의 신호로 생각하자. '호미로 막을 것을 가래로 막는다.'라는 우리의 속담은 작은 문제점이 있을 때 방비하지 않으면 큰 문제가 된다는 뜻이다. 그러므로 작은 갈등이 드러나는 것은 큰 갈등을 막는 기회가 된다. 또한 갈등은 발생하지 않았으면 알 수 없었을 위험한 문제점을 알게 해 준다.

② 갈등의 해결과정에서 서로간의 이해를 넓혀 감수성을 높이고 오히려 인간관계를 개선하며 자기반성을 통해 인격적인 성숙의 계기가 될 수 있다. 갈등이 드러나서야 서로가 오해하고 있었다는 것을 아는 경우도 많은 것이다.

③ 경쟁적 갈등은 당사자들에게 긴장감을 주고 서로의 능력을 확인하는 기회가 되어 능력개발 노력을 촉진하고 조직에 생동감을 주는 계기가 된다.

④ 외부 집단과 갈등상황에 놓일 경우, 내부 응집성을 높이고 기존의 내부 갈등을 해소할 수 있는 계기가 된다.

1.3 갈등의 원인

갈등은 개인수준에서부터 국가수준에 이르기까지 여러 가지 이유로 발생한다. 대학생들의 주된 활동공간이 학교나 가정 등이라는 점을 고려하여 개인수준부터 조직수준까지의 갈등원인을 알아보자.

첫째, 개인수준의 원인 다른 사람과의 관계에서가 아니라 개인 혼자만의 원인으로 발생하는 갈등이다.

① 욕구가 좌절된 경우에 발생하는 욕구갈등이다. 장학금이나 자격증의 취득에 실패한 경우처럼 얻고 싶은 가치를 얻지 못할 때 발생한다.

② 성격이나 가치관 등의 특이성 때문에 갈등이 일어난다. 가령 수강과목선택에서 지나친 조심성이나 완벽주의 성격 때문에 스스로 갈등에 빠진다.

③ 양립하는 가치들 중에서 일부만을 선택해야 하는 경우에 발생하는데 세 가지 경우가 있다. 좋아하는 선물들 중에서 하나만 가질 수밖에 없을 때처럼 일부는 포기해야 하는 경우, 과목은 듣고 싶은데 과제부담이 너무 큰 경우처럼 상반되는 가치가 하나의 선택에 공존하는 경우, 현재의 상사가 싫어서 부서를 옮기고 싶은데 옮겨갈 수 있는 부서는 직무가 싫은 상황처럼 회피하고 싶은 가치들이 동시에 존재하는 경우 등이다.

④ 역할수행과정에서 발생하는 역할갈등이 있다. 자신에게 기대된 역할이 불합리하거나 하기 싫을 때, 아버지와 어머니의 역할요구가 상반될 때, 상반된 역할을 동시에 수행해야 할 때, 역할이 모호할 때, 역할이 과중할 때 등이다.

⑤ 의사결정의 결과를 받아들일 수 없을 때, 의사결정의 영향을 예측할 수 없을 때, 더 나은 결정이 채택되지 않았을 때 갈등이 생긴다.

둘째, 개인간 수준의 원인 인간관계에서 발생하는 가장 보편적인 갈등원인이다. 갈등의 원인들은 다음과 같다.

① 서로 다른 성격과 가치관 및 스타일의 차이에서 발생한다. 내성적 및 외향적 성격, 직선적인 표현, 독단적인 결정스타일, 윤리의식 등의 차이 등이다.

② 현실인식의 차이에서 발생한다. 이슈에 대한 비관적 또는 낙관적 인식 차

이 등이 원인이다.

③ 추구하는 목적이 배타적인 이해관계에 있을 때 발생한다. 양립하기 어려운 목적을 각각 추구할 때 갈등이 발생한다.

④ 해소되지 않은 선행갈등 등의 적대감정에 의해 발생한다. 과거에 풀리지 않은 감정들이 현재의 갈등 원인이 된다.

⑤ 서로에 대한 기대의 차이에서 발생한다. 상대방에 대한 역할이나 성취목표에 대한 기대가 서로 어긋나면 갈등의 원인이 된다.

⑥ 상호 의존관계에 대한 불만에서 발생한다. 업무의 의존관계와 지위관계가 어긋나거나 조직 내에서 선후배의 지위가 바뀌었을 때와 같은 경우 등이다.

⑦ 의사전달의 왜곡에서 발생한다. 커뮤니케이션에 있어서 오해와 편견 등의 다양한 왜곡이 갈등의 원인이 된다.

셋째, 집단수준의 원인 개인과 집단 또는 집단 간에 발생하는 원인이다.

① 집단 간의 부적절한 의존관계에서 발생한다. 학생회의 기획팀과 집행팀 간의 이해상충처럼 협업 및 조정시스템이 미비할수록 갈등이 발생하기 쉽다.

② 경쟁부서 간에 목표와 전략의 상충에서 발생한다. 가령, 생산부서와 판매부서의 전략이 서로 다른 경우 등이다. 생산량과 재고량의 부적절한 관리로 상위관리자의 질책을 받게 되면 갈등이 더욱 심화된다.

③ 권력경쟁에서 발생한다. 조직은 권력게임의 장이다. 각 집단들은 예산 등의 자원확보를 위해 경쟁하면서 갈등을 일으킬 수 있다.

넷째, 조직수준의 원인 학생회와 학교의 갈등이나 노사갈등과 같은 것이다.

① 조직이 대외환경에 적응하기 어렵거나 이해가 상충할 때 발생한다. 경쟁조직이나 사회단체와의 갈등 및 정부의 요구와의 갈등 등의 경우이다.

② 부적절한 업무시스템이 원인이 된다. 지위와 역할의 불합리한 설정, 업무비중과 보상의 불공정, 권한과 책임간의 불균형, 불합리한 규칙 등이다.

③ 불확실한 상황과 자원의 부족에서 발생한다. 자원획득을 위한 경쟁에서 자원이 희소할수록 긴장과 갈등은 증가한다.

1.4 갈등관리의 리더십

대인관계의 갈등이 발생하면 서로 불편하므로 풀어야 한다. 갈등관리는 당사자 사이에서 나의 이익을 추구할 것인가 아니면 남의 이익을 배려할 것인가의 문제로 볼 수 있다. 이러한 관점에서 갈등에 대처하는 방식은 〈그림 11.1〉과 같이 다섯 가지로 분류할 수 있다.[18]

그림 11.1 • 갈등처리 모형

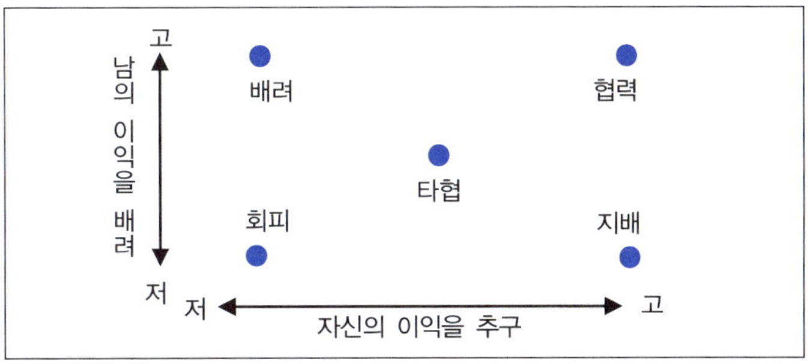

① 지배(dominance) 자신의 이익을 우선 추구하는 방식이다. 강압, 명령, 투쟁, 무미, 사법절차, 책략, 제3자 동원 등의 방법을 사용할 수 있다.

② 배려(consideration) 자신의 이익추구보다 남의 이익에 우선적인 배려를 하는 방식이다. 양보와 요구의 철회 등이 있다.

③ 회피(avoidance) 나와 남의 이익에 대한 요구를 모두 외면함으로써 갈등을 피하는 방식이다. 무시, 외면, 문제의 유보 등이다.

④ 타협(compromise) 적정한 범위에서 서로 양보 및 절충하는 방식이다. 상호 요구의 조정, 투표, 조건부 양보, 중재 등의 방법이다.

⑤ 협력(cooperation) 이익을 함께 추구하여 서로 만족할 수 있는 윈-윈의 결과를 만드는 가장 바람직한 방식이다. 협력의 방법은 공동의 상위목표 추구, 우선순위 설정, 가치의 교환, 문제점의 공동해결, 추가자원의 확보 등이다.

---

18) 제3절에서 대인관계의 갈등대처유형에 대한 측정과 진단을 할 것이다.

가장 좋은 갈등관리방식은 윈-윈의 협력이다. 바람직한 갈등관리의 리더십의 실천방법들을 탐색해보자.

첫째, 건설적이고 긍정적인 해결마인드를 가져야 한다. 자칫 더 파괴적이고 부정적인 결과를 초래하지 않도록 감정을 잘 조절하여 슬기롭게 대처할 수 있어야 한다. 〈표 11.1〉은 건설적 갈등해결과 파괴적 갈등해결의 관점과 방법을 보여주고 있다.

표 11.1 건설적 갈등해결과 파괴적 갈등해결

건설적 갈등해결방법	파괴적 갈등해결방법
• 갈등이 있을 수 있음을 인정한다. • 상대의 입장을 이해하려고 애쓴다. • 상대를 비난하지 말고 구체적 행동과 상황을 이야기 한다. • 충분히 이야기를 할 수 있도록 한다. • 내 자신도 솔직하게 이야기 한다. • 나의 요구를 줄이거나 양보를 적극적으로 고려한다. • 때로는 사태가 호전될 때까지 기다린다. • 필요시 제3자의 도움을 요청한다.	• 갈등이 있음을 인정하지 않는다. • 상대방이 나의 요구에 맞추어주어야 한다고 생각하고 양보를 요구한다. • 어려운 일이 있으면 피한다. • 갈등과 무관한 엉뚱한 사람에게 화를 낸다. • 직접 분풀이를 하거나 결별한다. • 상대를 헐뜯고 말다툼한다. • 타인으로 하여금 갈등상대를 비난하게 한다. • 변명이나 마음에 없는 사과를 한다.

자료 : 김광수 외(2010), 「대학생과 리더십」, 학지사, 292쪽.

둘째, 화합에 대한 지나친 환상을 버려야 한다. 리더들이 흔히 빠지기 쉬운 오류 중의 하나가 '화합에 대한 갈망(desire for harmony)'이다. 전통적으로 갈등은 유해하므로 없어야 하는 것으로 인식되어왔다.

특히 유교문화에서는 조화를 중시하여 갈등을 드러내지 않는 것을 미덕으로 삼아 아랫사람이 양보하고 적당히 타협하는 방식이 사용되어 왔다. 가령 윗사람이나 남들이 알게 될까봐 구성원들이 갈등관계를 숨기게 되면 갈등은 물밑으로 들어가서 더 복잡한 새로운 문제를 만들 수 있다.

불협화음을 기피하는 사람은 갈등에 대해 짜증을 내고 질책하지만 그렇다고 갈등이 없어지는 것은 아니다. 갈등은 현실이라는 사실을 먼저 받아들이고 해결방안을 생각하는 사고가 리더십 마인드이다.

갈등이 없으면 조직이나 집단은 획일화되어 관료적인 경직성에 빠지기 쉽다. 적당한 갈등은 조직을 생동감 있게 만들고 변화의 촉진제로서의 기능도 발휘한다는 점을 이해해야 한다.[19)]

장애물과 함께 살아가기 (인디언 추장의 이야기) 장애물이 있다고 되돌아가지 말고 난관 앞에서 달아나려고 하지 말라. 강물은 바위를 만난다고 해서 물길을 돌려 거슬러 올라가지 않는다. 강물은 마치 주술사가 상처에 대고 속삭이며 마법을 걸듯이 바위와 장난을 치면서 그 주위로 미끄러지거나 하얀 물보라를 일으키며 솟아오르기도 한다. 그대, 앞으로 나아가고 싶다면 장애물과 함께 춤추며 노는 법을 알아야 한다. – 장 폴 부르, '아메리카 인디언'(2002)에서 –

셋째, 갈등상황을 체크할 수 있는 시스템을 갖추자. 학생회와 학과별 간담회, 상담제도 등 다양한 방법이 가능하다. 갈등이 파괴적인 수준으로 심화되지 않도록 예방하는 것이다.

넷째, 갈등처리에 관한 원칙을 정립하고 교육한다. 공론화할 수 있는 갈등과 용인되지 않는 갈등을 명확하게 규정하고 갈등이 발생하였을 때의 책임과 조치를 공지한다. 물론 갈등처리 원칙의 정립은 리더가 독단적으로 할 것이 아니라 구성원들을 참여시켜 실천가능한 조직문화로 정착시켜 나간다.

다섯째, 갈등이 발생하면 두 방향으로 대처한다. 좋은 갈등은 촉진하고 나쁜 갈등은 제거하는 것이다. 즉 의견차이나 자원배분 등의 조직발전을 위한 과업 갈등은 공론화하는 것이 바람직하다. 그러나 인간관계를 해치는 감정적이고 파괴적인 갈등은 적시에 차단하고 확대를 막는다.[20)]

---

19) LG 주간경제, "신세대에게 인기 있는 리더", 휴넷(2004. 9. 6)에서 재인용.
20) "창조적 갈등의 3가지 촉매제", SERI 경영노트, 2010. 11. 25(82호)

'아이 싸움이 어른 싸움이 된다.'는 속담처럼 시간이 지날수록 상황이 악화되는 눈덩이 효과(snow ball effect)가 발생할 수 있다. 권한의 행사, 적법한 규정의 적용, 문제해결 지원, 업무조정 등 단호하고 적시적인 행동이 요구된다.

여섯째, 갈등의 발생원인을 해소하도록 노력한다. 갈등원인이 자원부족일 경우 추가자원을 확보한다던지 인간적 오해가 있으면 오해를 풀어야 한다.

일곱째, 리더가 모든 갈등을 해결해야 한다는 강박관념을 가지지 않는 것이 좋다. 갈등은 당사자끼리 해결하는 것이 가장 좋다. 갈등의 원인과 내용을 정확히 모른 채 개입하면 간섭이 되어 오히려 갈등이 변질되거나 리더와의 갈등으로 바뀔 수 있다. 자녀들의 싸움에 부모가 개입하면 자칫 새로운 갈등이 생기는 경우를 경험했을 것이다. 때로는 상황을 지켜보는 것이 지혜로운 행동이다.

사람간의 관계에서는 언제든지 매듭과 벽이 생길 수 있다. 꼬인 매듭을 풀고 쌓인 벽을 허물며 다리를 놓는 것이 갈등관리의 리더십 마인드이다.

사과의 진정한 의미 사과는 갈등해결의 한 방법이다. 잘못을 저지르고도 "미안하다"는 말을 못하는 사람의 유형을 보자.

① **자기반성능력이 없는 사람**: 잘못을 깨닫지 못하므로 사과할 수 없다.
② **교만하고 자기중심적인 사람**: 다른 사람의 잘못에는 엄하고 자기의 과오에는 너그럽다. 항상 남의 탓을 하고 상대를 몰아붙인다.
③ **자신감이 없고 열등감이 심한 사람**: 자기의 과오를 인정하는 것을 열등감의 확인으로 받아들이므로 사과하지 못한다.
④ **무책임한 사람**: 책임 회피를 위해 자신의 잘못을 정당화한다. 오히려 상대방이 원인을 제공했기 때문이라고 주장한다.

사과란 용서를 전제로 하거나 이기려고 하는 것도 아니며 옳은 일이기 때문에 하는 것이다. 사과란 패자의 굴복이 아니라 자긍심이 있는 사람의 행동이다. 잘못의 인정을 부끄러워하지 말자. 사과할 때는 마지못해 하지 말고 상대방의 눈을 보며 진심으로 미안한 마음을 전달하자. – 이민규, 「끌리는 사람은 1%가 다르다」 중에서 –

2. 리더는 위기시에 어떻게 행동해야 하는가?

2.1 위기의 의미와 원인

불확실성과 위험에 노출된 개인과 조직의 운명에 심각한 영향을 끼칠 수 있는 예기치 못한 사건들은 언제나 덮쳐올 수 있다. 본 항에서는 조직의 위기를 다루고자 한다. 위기(crisis)는 리더십의 시험대이며, 그 대응능력은 리더십을 빛나게 하기도 하고 추락하게 하기도 한다. 모든 위기를 원천적으로 통제할 수 없다. 어떻게 대응하고 관리할 것인가? 기본적인 견해와 방안을 살펴본다.[21)]

(1) 위기의 속성

위기란 어떤 것인가? 러빈저(Lerbinger)는 위기를 '미래 성장과 이익, 혹은 생존에 위협을 가할 가능성이 있는 사건'으로 정의하면서 위기의 속성을 제시하고 있다.[22)]

① 불확실성(uncertainty) 위기는 예측하지 못한(unpredictable) 상태에서 발생하는 사건이다.

② 급작성(suddenness) 한국의 1990년대 후반의 IMF사태처럼 발생하기 전에 경고신호가 나타나기도 하지만 대부분 위기는 갑자기 발생한 것처럼 인식한다. 대부분의 위기는 경고신호들이 있지만 알아채지 못하거나 간과하기 쉽다.

③ 시간제약성(time compression) 위기는 발생한 후에 적절한 시간 내에 대응하고 처리해야 한다. 그렇지 못하면 조직은 생존하지 못할 수도 있다.

④ 위협성과 손실(threat & loss) 위기는 재정과 명성 등에 심각한 위협이 되며 손실을 초래한다. 위기와 대응에 따라 손실의 범위는 달라질 수 있으며, 때로는 한 조직의 위기가 국가나 국제적 영향을 줄 수도 있다.[23)]

---

21) 위기관리 참고자료 ①Mitroff. I. et al.(2000), Crisis Preparation in Organization. ②Mitroff. I.(2001), Crisis Leadership Leaders stop the parade in companies, ③Mitroff, 하정필 역(2006), 「미트로프 위기경영」. ④ Roberts. W. 최창현 역(2004), 「위기관리 리더십」. 한언.

22) Lerbinger O.(1997), *The Crisis Manager : Facing Risk & Responsibility*, N.J, Lawrence Erlbaum Associates.

(2) 위기의 원인

위기가 발생하는 주요원인들은 다양하다. 심각한 영향을 미치는 결함이나 경쟁력 상실 등의 기술적(technological) 원인, 재무상태의 악화나 경기침체 등의 경제적(economic) 원인, 주요정보(information)의 유출, 생산설비의 파손이나 고장 등의 물리적(physical) 원인, 중요한 인력의 손실 등의 인적자원(human resource) 원인, 이미지 악화와 대외신뢰도 타격 등 평판(reputation)의 원인, 무사안일주의 만연 등 조직문화(organizational culture) 원인, 태풍이나 홍수 등의 자연재해(natural disasters)에 의한 원인 등이다.

대부분의 위기는 내부에서부터 발생한다. 나라와 조직이나 개인도 그렇다. 감기 바이러스도 신체가 허약해지면 침입한다. 문제는 내부에 먼저 존재하는 것이다. 로마사를 연구한 시오노 나나미는 '패배란 적에게 지기 전에 자기 자신에게 지는 것'이라고 하였다. 문명의 흥망을 연구한 토인비의 문명관을 보면 내부에서부터 위기가 존재하고 있음을 잘 알 수 있다.

문명의 흥망 한 문명에는 창조적 소수와 추종하는 다수가 있다. 문명은 창조적 소수들이 환경의 난관을 성공적으로 극복하면서 건설되고 그들은 지도자그룹이 된다. 다수의 사람들은 그들의 삶을 이끌어준 창조적 소수를 지지하고 따른다. 세월이 흐르면서 흔히 창조적 소수의 신선했던 리더십은 지배하는 권력으로 변질된다.

새로운 위기가 닥쳤을 때 그 위기는 과거의 것과 다른 것임에도 불구하고 옛 창조적 소수는 과거 성공의 경험 때문에 자신들이 해결해야 한다고 생각한다. 추종하던 다수가 반대하면 힘으로 압제한다. 단단했던 지도자그룹과 추종자들 사이의 신뢰는 점점 벌어진다. 그 틈은 탄압과 저항의 심화로 회복할 수 없이 벌어진다. 그 틈새로 외부로부터의 적은 침입하고 한 문명은 망한다. 외적이 강해서가 아니라 이미 내부가 먼저 무너져있는 것이다.

– 아놀드 토인비(문명의 연구) –

23) 2007년 4월 미국 2위의 서브프라임 모기지 대출회사인 뉴센추리 파이낸셜과 2008년 9월 미국 4위 투자은행인 리먼 브러더스의 파산으로 시작된 미국발 금융위기는 미국은 물론 세계경제의 먹구름을 만들었다.

2.2 위기관리와 극복의 리더십

위기에 직면하면 평상시 리더십으로는 대처하기 어렵다. 위기에 대처하는 관점과 비유들을 보자.

(1) 위기와 리더의 존재

평시의 리더와 위기시의 리더를 농경리더와 수렵리더로 비유한 일본사회에 대한 연구는 눈여겨볼 가치가 있다.[24] 사사 아츠유키에 의하면, 평시의 일본사회에서는 결단력과 실행력이 풍부하고 개성이 강한 수렵민의 족장과 같은 통솔자는 환영받지 못한다. 평시에 환영받는 지도자는 구성원의 동의를 구하며 화합을 중시하는 원만한 인격자로써 농경사회의 마을 촌장과 같은 유형이다.

농촌의 촌장과 같은 리더십은 평시에는 별다른 문제가 없다. 그러나 비상사태가 발생해서 위기에 직면하면 제대로 대처하지 못한다. 농경리더는 흉작에 책임을 지지 않는다. 불가항력적인 운명으로 돌리고 기우제를 경건히 지내는 것만으로도 부락민들은 달랠 수 있다.

그러나 수렵민의 족장은 다르다. 사냥에 실패하고 부족을 굶기게 되면 실격이다. 맹수와의 싸움 및 천재지변의 극복을 통해 부족을 안전하게 보호하고 먹여 살려야 한다. 먹잇감 추적자, 사냥감 몰이꾼, 돌도끼와 투창으로 맹수와 싸우는 전사, 외침에 대적하여 싸우는 전사 등 위험과 죽음을 불사하며 부족들을 지휘하고 책임지는 사람이 수렵민의 족장이다. 리더들은 수렵민의 족장과 같은 능력을 길러두어 위기시에 발휘해야 한다는 것이다.

9.11의 교훈

미국의 주간지 포춘(Fortune)은 미국이 2001년 9.11 테러를 경험한 후에 테러, 전쟁, 불황, 침체가 맞물려 있는 위기상황에서 조직생존에 가장 절실한 것은 최고경영자의 리더십이라고 진단하고 위기극복 리더십의 네 가지의 요건을 제시했다.[25]

---

24) 사사 아츠유키(1999), (조학제 역), 「평상시의 지휘관, 유사시의 지휘관」, 연경문화사.

① **리더가 현장에 있어야 한다.** 위기상황에서 사람들은 리더를 찾기 마련이다. 리더는 위기현장에 모습을 보여 구성원들에게 '리더가 함께 있다'는 심리적 안정감과 신뢰를 주어야 한다. 쥴리아니 뉴욕시장은 사고 때마다 현장에 반드시 모습을 보이면서 사태를 수습함으로써 뉴욕시민 91%의 지지를 얻었다.

② **감정을 통제하는 것이다.** 리더가 불안과 공포를 드러내는 것은 절대금물이다. 위기의 현실을 인정하면서 최종승리에 대한 자신감을 심어주던 2차 대전 당시 영국 처칠 수상의 모습은 리더십의 전형이다.

③ **위기의 현실을 왜곡하지 말고 사실에 기초하여 판단해야 한다.** 구성원들을 안심시킨다는 이유로 나쁜 뉴스를 숨기거나 사실적 근거없이 낙관하는 것은 옳지 않다. 9.11 당시 미국의 폴 오닐 재무장관은 사실자료도 없이 "미국경제는 금방 회복될 것"이라고 주장했지만 오히려 무책임하다는 비난을 받았다.

④ **정확한 정보를 제공하고 극복의 공감을 얻어야 한다.** 경영실적의 악화전망도 사실대로 밝히는 것이 좋다. 때로는 리더의 희생적 리더십이 필요하다.

(2) 위기시 리더십의 맥점과 리더의 행동

위기상황이 닥치면 리더들은 어떻게 행동해야 할 것인가?

첫째, 리더는 최대한 현장에 있어야 한다. 현장 중에서도 중심(重心)에 있어야 한다. 중심은 대체로 위급하고 중요하며 많은 부하들이 바라보는 위치다.

둘째, 리더는 책임있는 행동을 신속하게 해야 한다. 아츠유키는 1995년 '고베 대지진' 당시 무라야마 총리의 리더십을 비판한다. 농경리더의 행동을 했다는 것이다. 수상은 피해확산방지를 위한 파괴소방, 긴급차량의 강력한 우선통행, 화학소화제의 사용, 자위대 동원 등 피해의 최소화를 위한 조치들을 단행했어야 했는데, 무라야마는 회의하며 질질 끌었을 뿐 결단의 행동을 취하지 않았다.

리더가 행동으로 현장조치를 취하지 않으면 하위 관리자들도 책임지는 행동을 하지 않으며 상황은 악화된다. 어렵고 더러우며 위험한 일에는 누군가가 앞

---

25) 한국일보(2001. 12. 10)에서 재인용.

에 나서기를 바라는 펭귄 신드롬이 작용하는 것이다. 평시와 달리 시간이 급박한 위기시의 리더는 위기의 앞에 나서서 책임있는 행동을 해야 한다.

셋째, 위기상황 초기에 과감한 결단을 내려야 한다. 결단을 내리지 않는 것은 잘못된 결단보다 나쁜 결과를 초래한다. 좋은 예가 2차대전시 소련 공군의 경우이다. 1941년 6월 22일, 히틀러는 개전초기 약 2,000기의 항공기를 투입하여 소련을 공격, 소련공군을 철저히 격파하였다. 소련공군은 개전 첫날에 약 1,200기를 상실하였는데, 그 중 800기는 지상에서 격파되었다.

기습공격을 받은 루이챠코프 장군은 한심하게도 모스크바에 지시를 요청하는 전문을 타전하였다. "독일군의 공격을 받았는데 어떻게 할까요?" 이를 수신한 소련 국방위원회의 회신은 어이없게도 "도발에 휘말리지 말라"는 것이었다.

결국 루이챠코프 중장은 공군궤멸 문책으로 사형되었고, 3개 사단 839기 중에서 654기를 첫날에 상실한 코베츠 소장은 자결하였다. 비록 틀린 결단이라고 해도 '모든 항공기는 공중으로 도망쳐라'고 명령했어야 했다는 것이다.

「Good to Great」의 저자 짐 콜린스는 유능한 리더는 아무리 힘들고 어렵더라도 결단을 미루어서는 안 된다고 강조한다. 실패한 결정 10개중 8개는 판단을 잘못해서가 아니라 제때 결정을 못 내렸기 때문이라는 것이다. 완벽한 계획보다 타이밍에 맞는 실행이 중요한 것이다.

넷째, 리더는 의연하고 자신있는 태도와 언행을 보여야 한다. 리더가 당황하고 흔들리면 조직전체가 흔들리고 공포를 확산시킨다. 리더가 지나치게 비장한 각오를 보이는 것도 상황이 위험하다는 메시지처럼 인식되어 구성원들이 더욱 두려워할 수 있다. 위기에서 침착하고 여유있는 표정과 언행이 진정한 리더의 모습이며 때로는 연기력이 필요하다. 미국의 아이젠하워와 케네디 대통령은 연기지도를 받았다고 한다. 침착성과 담력은 위기시 리더의 중요한 자질이다.

다섯째, 의사결정과 지시는 신속하고 간명해야 한다. 리더가 신중한 판단을 위해 시간을 많이 사용하면 하위부서들은 시간이 부족하여 위기대응 타이밍을 상실하게 된다. 회의시에는 최소필수인원으로 참석자 한정, 회의 시작시간 엄

수, 지각자가 핵심인물이 아니라면 정시에 시작, 종료시간과 처리의제의 사전 공지, 참석자들이 하위부서 통제계획을 미리 판단하도록 조치, 의사결정이 하달되기 전에 하위부서들의 준비사항 미리 공지, 모든 의견의 수렴보다 핵심적인 실천사항 위주로 논의, 필요시 토의를 생략한 지시하달 등이 필요하다.

위급한 상황에서는 어지러운 환경과 심리적인 불안정 때문에 지시가 잘못 이해될 가능성이 크며, 잘못을 되돌리기가 거의 불가능하다. 간명한 핵심전달, 복명복창(復命復唱)으로 이해여부 확인, 명령계통의 일원화[26], 가능한 상황에서만 문서화, 시간이 가용한 경우 정보의 정확성 재확인, 이중삼중의 마구잡이식 지시 금지[27], 지시에 대한 수행결과 보고시간 지정 등을 하는 것이 좋다.

여섯째, 정보는 필요한 관계자와 필요한 만큼 공유하는 것이 좋다. 구성원들 모두가 모든 정보를 공유할 필요는 없다. 위급한 상황에서 너무 많고 복잡한 정보는 시간을 소비하고 혼선을 초래할 가능성이 크다.

일곱째, 위기대처능력을 가진 구성원에게 과감하게 권한과 책임을 준다. 위기상황에서는 상관의 권위보다 문제해결이 우선이다. 리더는 위기현장의 문제를 극복할 수 있는 역량을 갖춘 구성원에게 권한을 위임할 수 있어야 한다.

여덟째, 위기현장에서 리더가 화를 내면 안 된다. 화를 내는 것과 꾸짖는 것은 전혀 다르다. 화를 내는 것은 목적성과 대안도 없는 자기감정의 분출이다. 구성원의 자존심에 상처를 주고 리더의 권위를 실추시킨다.

그러나 꾸짖는 것은 잘못된 일의 방향을 바로잡고 대안을 제시하는 이성적인 행동이다. 꾸짖을 필요가 꼭 있더라도 간부를 하급자 앞에서 꾸짖는 것은 금기이다. 비공개적으로 간단히 꾸짖어야 한다. 특히 위기현장에서는 더욱 그렇다. 리더는 상황이 안정될 때까지 최대한 구성원들을 격려하고 사기를 높여야 한다.

---

26) 수많은 전투를 치른 나폴레옹은 “두 사람의 우수한 장군의 지휘보다 우둔한 한 명의 장군의 지휘가 낫다”라고 하였다.

27) 부하도 사람이다. 지시만 하면 알아서 할 것이라고 생각한다면 착각이다. 자칫 아무 일도 제대로 할 수 없는 공황상태에 빠지게 된다.

아홉째, 위기관리는 평소에도 관심이 필요하다. 조직변화에 대한 구성원들의 저항, 리더의 권위에 대한 도전, 리더의 권력기반의 약화, 리더 자신의 실수로 인한 권위의 실추 등으로도 리더십의 어려움을 맞이할 수 있다. 리더는 평소부터 공식적인 권력기반은 물론 인간적인 권력기반을 강화하고 조직정치에 대한 관심과 조직통제력을 유지해야 한다.

위기시의 리더는 '의도적 비관론자'가 되어야 한다. '태풍이 피해가지 않을 것'이라는 생각이 의도적 비관론이다. '태풍이 피해갈 것'이라고 낙관적인 전망을 하면 철저하게 대비하지 않게 된다. 따라서 대비계획은 '의도적 비관론'으로 철저히 세우고 현장에서는 잘 해결할 수 있다는 '낙관적 신뢰'로 구성원들에게 자신감을 심어주고 행동하는 것이 리더의 발상법이다.

스톡데일 패러독스 역경들을 이겨낸 성공적인 경영자들은 강력한 이중 심리로 대처했다. 즉, 냉혹한 현실을 받아들이면서 다른 한편 승리에 대한 믿음을 다졌다. 우리는 현실인정과 성공믿음의 이중성을 '스톡데일 패러독스(Stockdale Paradox)'라고 부른다.

스톡데일 장군은 베트남 전쟁당시 '하노이 힐턴' 포로수용소에서 1965년부터 8년간 갇혀 고문을 당하면서 견뎌내고 살아남았다. 석방된 이후에 그의 생존과정은 큰 관심이 되었다. 그는 죽어간 포로들은 상황을 낙관하였기 때문에 오래 견뎌내지 못했다고 했다.

낙관주의자들이란 크리스마스 때까지는 석방될 거라고 믿다가 크리스마스가 지나면 다시 부활절을 기다리고 다음에는 추수감사절을 기다리고… 그러면서 수용소의 형편없는 음식은 먹지도 않고 몸은 쇠약해지고 상심하다가 죽어갔다는 것이다.

그렇다면 살아남은 사람들은 어떻게 하였는가? 세 가지 이유가 있었는데, 첫째는 결국에는 성공하여 살아남을 것이라는 확고한 믿음, 둘째는 미래의 상황을 낙관하지 않는 것으로 크리스마스나 내년 부활절이라고 기약할 수 없다. 셋째는 냉혹한 현실을 받아들이면서 대비하는 것. 비위생적이고 영양가 없는 음식이라도 먹고 수용소에서나마 운동하며 체력을 길러 최대한 자생력을 유지하여야 오래 견딜 수 있다는 것이다. 스톡데일은 역경극복의 리더십을 교훈으로 보여주고 있다.

3. 갈등대처유형 진단과 위기대처사례 토의

(1) 갈등대처의 유형 진단

사람마다 갈등대처의 방식이 다르다. 자신이 대처하는 방식을 진단해보자.

표 11.2 자신의 갈등대처 측정설문

※ 지금까지 경험했던 갈등상황을 생각하면서 응답하기 바랍니다. 아래 표에는 10개의 상황에서 취할 수 있는 세 가지씩의 행동들이 제시되어 있는데, 세 행동에 자신에게 적합한 비중대로 10점을 배분합니다. 세 개에 부여한 점수가 반드시 10점이 되어야 합니다.

상황	행동대안
1. 당신은 갈등상황에서 어디에 목표를 두고 행동하는 편입니까?	(　) A. 문제해결이 안 되더라도 합의에 목표를 둔다. (　) B. 나의 승리에 목표를 둔다. (　) C. 갈등상황의 문제해결에 목표를 둔다.
2. 당신은 갈등해결을 위한 안을 어떤 방식으로 마련하십니까?	(　) A. 상대편이 수용할 수 있는 안을 찾아본다. (　) B. 내 자신이 받아들일 수 있는 안을 찾아본다. (　) C. 여러 안을 만들고 결정은 나중에 한다.
3. 당신은 의견충돌이 일어날 때 어떻게 행동하십니까?	(　) A. 의견충돌을 피하려고 한다. (　) B. 의견충돌도 감수한다. (　) C. 의견충돌과는 관계없이 객관적 원칙을 강조한다.
4. 당신은 갈등관계에 있는 상대를 얼마나 신뢰하십니까?	(　) A. 신뢰한다. (　) B. 의심한다. (　) C. 신뢰여부와는 관계없이 일을 진행한다.
5. 당신은 갈등관계에 있는 상대를 보통 어떻게 대하십니까?	(　) A. 협조자로서 대한다. (　) B. 경쟁자로서 대한다. (　) C. 문제해결자로서 대한다.
6. 당신은 갈등에 대처할 때 주로 무엇에 가치를 두십니까?	(　) A. 인간관계에 가치를 둔다. (　) B. 이해관계에 가치를 둔다. (　) C. 이해관계와 인간관계를 별도로 생각한다.
7. 당신은 화해를 성립시키기 위해 어떻게 행동하십니까?	(　) A. 화해를 위해 불리한 조건도 받아들인다. (　) B. 화해의 대가로 나에게 유리한 조건을 요구한다. (　) C. 화해보다 쌍방에게 유리한 안을 생각해 낸다.
8. 갈등상대방과 의견이 대립될 때 보통 어떻게 행동하십니까?	(　) A. 나의 주장을 포기하는 편이다. (　) B. 나의 주장을 고수하는 편이다. (　) C. 주장보다는 이익에 초점을 둔다.
9. 당신은 상대편의 압력에 어떻게 행동하십니까?	(　) A. 상대의 압력을 받아들이는 편이다. (　) B. 상대에게 압력을 가하는 편이다. (　) C. 압력을 받더라도 원칙에 따른다.
10. 당신은 갈등해결을 위해 상대방과 이야기할 때 어떻게 하십니까?	(　) A. 내가 받아들일 수 있는 최저선을 밝힌다. (　) B. 나의 최저선을 감추고 유리하게 유도한다. (　) C. 최저선을 제시하는 방법을 사용하지 않는다.

☞ 계산 및 판단

• 아래 표의 6개의 유형마다 문항번호의 점수를 합산하여 기록합니다.
• 유형별 합산점수를 문항수로 나누어 평균점수를 기록합니다.
• 평균점수가 높은 유형(순위)을 당신의 갈등관리유형으로 판단합니다.

갈등대처 유형	문항 번호	문항	합계	평균	순위
상생형(상호이익 성취)	1A, 2B, 4A, 5A, 7C,	5			
타협형(이익균형 추구)	1C, 2A, 4A, 5C, 7B, 8C, 10B	7			
지배형(돌파승리 추구)	1B, 3B, 4B, 5B, 6B, 8B, 9B	7			
배려형(상대입장 우선)	2A, 3A, 6A, 7A, 8A, 9A, 10A	7			
신중형(추가대안 탐색)	2C, 4C, 10C	3			
원칙형(객관기준 추구)	3C, 6C, 9C	3			

☞ 참고

• 자료 : 김광수 외(2008), 대학생과 리더십, 학지사, 294-297쪽.
• 위 자료문헌에는 세 개의 행동에 10점의 점수를 배분하는 것까지만 제시되어 있음. 이하 계산 및 판단은 필자가 갈등관리모형을 참고하여 구성한 것임.

(2) 갈등 대처의 사례

최근 자신의 대인관계에서 겪었던 갈등의 경험을 기록해 보고 이 갈등에 대해 자신이 어떻게 대처하였는가를 적어보고 토의해 보자.

최근의 갈등상황	
대처했던 방식	

(3) 위기에서의 대처사례

다음의 자료를 읽고 애런의 위기대처 방식에 대해 토론해 보자.

애런의 조난후 생환사례

대니 보일이 감독한 영화 〈127시간〉(2011년)은 애런의 실화를 바탕으로 한 것으로 스토리 자체는 간단하다. 애론은 2003년 미국 유타주 그랜드캐니언에서 홀로 자전거를 타고 여행하며 등반을 하다 암벽 밑으로 떨어졌는데 팔이 바위에 짓눌려 빠져 나오지 못하는 상황에 빠진다.

그곳에서 그는 무려 127시간, 즉 5일 이상을 500 ml 물 한 병과 로프, 칼만으로 버틴다. 그리고 살기 위해 결국 스스로 자신의 팔을 잘라 탈출에 성공한다. 영화에서는 애런의 상황이 너무 생생하게 전달되어 마치 함께 조난을 당한 듯한 느낌을 받아 팔을 끊는 장면에서 실신을 하는 관객도 있었다고 한다.

〈127시간〉이 주는 의미는 당신이라면 어떻게 해결할 것이냐는 것이다. 애런은 처음엔 자신의 상황을 부정하고 화를 낸다. 그는 캠코더를 켜놓고 "가족과 친구 아무에게도 이야기 안하고 혼자 여기까지 와서 이러고 있다니, 네가 영웅놀이를 즐긴 미국의 슈퍼 히어로구나" 라며 자책한다. 그리고 출발하기 전에 가족과 부모님의 전화를 귀찮아하며 받지 않은 걸 후회하며 "만약 누군가에게 행선지만 남겼으면, 조난 신고라도 했을 텐데……"라고 말한다.

몽상을 하기도 한다. "경찰이 좀 왔으면 좋겠는데……갈고리랑 기중기도 있어야 하고 파워드릴도 필요하고, 한 여덟 명은 필요할 걸요." 하지만 애론은 그러한 낙관적인 상황은 오지 않는다는 결론을 내리고 현재의 상황을 받아들인다. 그리고 자신의 팔을 자르기로 결심한다.

이 상황에서 선택할 수 있는 다른 방법은 없다. 100시간이 넘는 동안 물도 없이 지내면서 정신은 혼미해졌지만 살아야 한다는 의지는 더 선명해진다. 그는 "포기하지 마, 포기하지 마" 란 말을 되뇌이다가 "이 돌 뒤에 내 모든 삶이 기다리고 있다" 라며 마음을 다진다. 그리고 로프로 피가 통하지 않도록 팔꿈치 아랫부분을 묶고 팔을 먼저 부러뜨린 뒤 나이프로 팔을 자르기 시작한다. 고통 속에서 초인적으로 근육을 찢고 뼈를 절단하는 데만 집중한다. 죽을 위기가 닥치면 사람은 초인으로 변할 수 있는 법이다. 그렇게 팔이 잘려나가는 순간 희한하게 쾌감이 밀려온다. 해방됐다는 느낌이다. 살면서 어떤 벼랑 끝에 몰렸을 때 어떻게 해야 할까. 상황을 받아들이는 것이다.

살기 위해서 과연 어디까지 버릴 수 있는가? 애런은 결국 자신의 팔을 버렸지만 삶을 얻었다. 물론 누구나 목숨과 팔, 둘 중 하나를 선택하라면 당연히 목숨을 선택할 것이다. 하지만 현실에서는 그렇지 못하다. 팔을 끊는 고통이 두려워 시간을 보내다 어느 순간 목숨을 잃는 경우가 비일비재하다. 작은 것을 버리지 못해 큰 것을 잃는 경우는 우리 주변에 많다.

애런이 조난상황에서 가장 많이 후회한 것은 가족이나 친구에게 자신의 행선지를 알리지 않은 것이다. 자신이 어디에 가는지, 언제까지 돌아올 예정인지 등을 가족이나 친구에게 알려줬으면 조난을 당할 때 구하러 올 여지가 생기기 때문이다.

애런은 탈출에 성공한 후 여전히 그랜드캐니언 암벽을 등반하고 알래스카 데날리를 오르는 등 아웃도어 활동을 즐긴다고 한다. 콜로라도의 53개 봉우리를 모두 등반하고 에베레스트에 오를 계획도 있다고 한다. 그는 이젠 "자신이 어디에 가는지 반드시 알리고 기록을 남긴다." 고 한다.

(자료 : 리더피아 2011. 3)

애런의 사례를 보고 위기극복의 교훈을 찾아보자. 그리고 당신이 살아가면서 위기에 부닥쳤을 때 어떤 마음으로 대처할 것인가를 생각해 보자.

사례에서 발견하는 교훈	
나의 위기극복 마인드는 무엇인가?	

Part 4

리더십 개발

Chapter 12

나의 비전과 리더상을 정립하자

학습목표

① 나의 삶의 비전 및 목표를 구체적으로 정립한다.
② 나의 이상적인 리더상을 정립한다.
③ 리더상에 대한 의견교환을 통하여 인식을 넓힌다.

1. 나의 삶의 비전과 목표는 무엇인가?

1.1 삶의 사명과 비전

(1) 삶의 사명의 정립

왜 사는가? 그 이유가 삶의 사명이다. 훌륭한 성공을 한 사람들의 삶에는 삶의 이유, 즉 사명이 깃들어 있다.

사명(mission)이란 무엇인가? 사명은 평생 자신이 추구하고자 하는 가치로써 삶의 소명이며 사회에 존재하는 이유이다. 좋은 사명은 추구하는 가치가 분명하고 자신의 발전은 물론 사회에 공헌하며 타인에게도 공감되는 것이다.

* 우리나라의 존경받는 기업인이었던 유한양행의 유일한 회장은 기업을 성공시켜 그 이익으로 독립운동과 교육을 통한 국가발전에 기여한다는 사명감을 가졌다.
* POSCO의 창업자인 박태준 회장의 삶의 사명은 제철보국(製鐵報國; 철강산업을 발전시켜 국가에 보답한다)이었다.
* 양팔 없이 태어난 스웨덴의 레나 마리아는 고운 목소리를 가졌는데 노래를 통해 사람들에게 희망을 주는 것을 삶의 사명으로 삼았다.

개인의 사명은 대개 자신이 하는 사업의 사명이 되는 경우가 많다. 「Good to Great」의 저자인 짐 콜린스의 말처럼 존경받는 성공적인 기업들은 돈만 버는 것을 목표로 하는 것이 아니라 사업을 통해서 사회에서 어떤 공헌을 할 것인가를 중요한 가치로 생각하고 있다.

나는 삶의 사명이 준비되어 있는가? 〈표 12.1〉를 참고하여 가늠해 보자.

표 12.1 나의 삶의 사명 준비수준 진단하기

수준	내 용	진단(√)
A	나는 삶을 통해 추구할 사명을 명확히 정립하고 있고 남에게 분명하게 설명할 수 있다.	
B	나는 삶을 통해 추구할 사명을 정립하고 있고 남에게 대체로 설명할 수 있다.	
C	나는 삶을 통해 추구할 사명을 어느 정도 생각은 하고 있으며 남에게 약간은 설명할 수는 있다.	
D	나는 삶을 통해 추구할 사명을 어렴풋이 생각하고는 있으나 남에게 설명하기는 곤란하다.	
E	나는 삶을 통해 추구할 사명을 아직 생각하고 있지 않고 살아갈 목적이 막연하며 남에게 설명할 수도 없다.	

자료 : 필자가 구성하였음.

〈표 12.1〉에서 당신이 A와 B수준이라면 삶의 사명을 잘 인식하고 있는 상태이며, D와 E수준이라면 자신의 삶의 존재의미와 목적을 진지하게 생각하여 정립하기를 권고한다.

사명을 정립하고자 한다면 다음과 같은 방법들을 참고하기 바란다.

첫째, 자신이 진정으로 어떤 삶을 살고 싶은지를 생각하면서 가치를 나타내는 핵심단어들을 나열해 보자.

예를 들면 정의, 지식, 부유함, 복지, 자유, 성취, 통일, 예술, 수도, 충성, 봉사, 행복, 권력, 역사, 건강, 사랑, 무예, 평등, 평화, 신앙, 전문적 기술, 도덕, 존경, 교육, 자연, 문화 등이다. 이 외에도 많은 가치들이 있으므로 추가적으로 찾기를 바란다.

둘째, 자신이 진정 추구하고 싶은 가치를 표현하는 단어들을 몇 가지 선정하여 본다. 사명에는 자신이 추구할 가치와 사회에 공헌할 가치를 함께 담는 것이 좋다. 그 단어들에 담긴 가치들이 사명의 방향이다.

셋째, 신뢰할만한 분들이나 동료들과 상의하거나 자문을 받고 타인들의 사명을 참고하는 것도 좋은 방법이다. 자신의 적성이나 가치관 등을 고려하고 미래의 성공적인 인생방향과 사회공헌을 생각하면서 좋은 방향을 찾는데 도움이 될 것이다.

이제 나의 삶의 사명을 구체적인 문장으로 만들어보자. 분량은 제한이 없으나 삶의 사명의 내용을 충분히 표현하도록 한다. 단어로 적지 말고 문장으로 기술하는 것이 좋다. 나의 사명과 동료들의 사명을 〈표 12.2〉에 기록하고 비교해 보자.

표 12.2 나의 삶의 사명

구분	내 용
나의 삶의 사명	

(2) 삶의 비전의 정립

비전(vision)이란 무엇인가? 비전이란 삶의 사명을 실천하여 창조하고자 하는 미래의 이상적인 모습을 그린 것, 즉 사명을 구체화한 것이다. 사명과 함께 비전은 자신의 인생여정을 인도하는 북극성이며 나침반이다.

비전에는 삶의 사명과 자신의 미래의 궁극적인 희망이 담겨있어야 한다. 구체적인 요소들은 대개 활동할 일의 분야, 이루고자 하는 좌표, 사회적 공헌의 가치, 재정적 희망, 인격적 모습, 인간관계나 사회적 네트워크 등 다섯 가지 내외로 선정할 수 있다. 아래의 두 개의 비전사례를 참고해보자.

비전사례 A; 중등학교 국어교사

- 학생들이 졸업 후에 존경하고 정다웠던 교사로 기억되기
- 시문학 분야에서 시인이자 한국의 대표적인 평론가가 되기
- 교장이 되어 교사와 학생들이 함께 행복한 학교를 운영하기
- 작곡을 공부, 나의 시를 사람들의 마음치유의 노래로 만들기
- 가족 · 벗들과 세상을 여행하며 좋은 시집 · 평론집 발간하기

비전사례 B; 세계 퓨전요리 전문가

- 한국의 전통음식에 외국의 음식을 융합하는 전문가가 되겠다.
- 세계적인 음식전문저널의 컬럼니스트가 되겠다.
- 수입의 일부로서 나의 퓨전요리를 어려운 이웃들과 나누겠다.
- 퓨전음식학교를 설립, 퓨전음식을 연구하고 후진을 양성하겠다.
- 세계적인 음식관련 전문가들과 사회공헌의 문화재단을 만들겠다.

비전은 자신이 미래의 모습을 그리는 것이며 웅대할 수도 있고 소박할 수도 있다. 어떤 사람은 세계적인 역사가를 비전으로 삼지만, 향토사를 연구하는 어떤 사람은 지역 최고의 문화해설사를 비전으로 삼기도 한다.

비전이 반드시 거창하거나 웅대한 것을 의미하지는 않지만, 성취목표 자체가 의미 있고 살아가면서 가슴을 뛰게 하며 성취의 과정이 행복한 것이 좋다. 다만 대학생과 같은 젊은이들은 비전을 좀 더 야심적이고 진취적으로 설정하는 것이 바람직하다. 인생에서 가능성이 충분히 열려있기 때문이다.

미래의 성공한 모습을 비전으로 명확하게 정립해 보자. 우선 자신의 비전이 어느 정도 준비되어 있는지를 〈표 12.3〉를 참고하여 체크해 본다.

표 12.3 나의 삶의 비전 준비수준 진단하기

수준	내 용	진단(√)
A	나는 미래의 이상적 모습을 구체적으로 설정하였으며, 남에게 자세하게 설명할 수 있다.	
B	나는 미래의 이상적 모습을 대체로 설정하였으며, 남에게 어느 정도 충분히 설명할 수 있다.	
C	나는 미래의 이상적 모습을 어렴풋이 설정하였으며, 남에게 윤곽정도만 설명할 수 있다.	
D	나는 미래의 이상적 모습을 생각해 보았으나 구체적이지는 않고 남에게 설명하기가 곤란하다.	
E	나는 미래의 이상적 모습에 대해 별로 생각해 본 적이 없으며 막연한 상태라서 남에게 설명할 내용이 없다.	

자료 : 필자가 구성하였음.

〈표 12.3〉에서 당신이 A와 B수준이라면 삶의 비전을 잘 정립하고 있는 상태이며, D와 E수준이라면 자신이 바라는 미래 모습을 진지하게 생각하여 정립하기를 권고한다.

비전을 정립하고자 한다면 다음과 같은 방법들을 참고하기 바란다.

첫째, 내가 활동하고자 하는 분야를 선정한다. 가령 여러 개 중에서 고민하고 있다면 여러 분야의 비전을 설정해보고 선택하는 것도 방법이 될 수 있다.

둘째, 선정한 분야에 대한 자료를 자세하게 수집한다. 그 분야의 영역, 역사, 미래전망, 전문가 그룹, 연구기관 등에 대해 분석한다.

셋째, 내가 진정으로 바라는 미래와 결부하여 비전의 내용을 작성한다. 활동할 분야, 이루고자 하는 좌표, 사회적 공헌, 재정, 인격적 모습, 사회적 네트워크 등 내용을 가능한 충분히 기술한다.

넷째, 나의 비전을 작성하기 전후에 신뢰할만한 분들이나 동료들과 상의하거나 자문을 받고 타인들의 비전을 참고하는 것도 좋은 방법이다. 미처 생각하지 못한 안목과 아이디어를 얻을 수 있기 때문이다.

이제 나의 비전을 〈표 12.4〉에 구체적인 문장으로 만들어보자.

표 12.4 나의 삶의 비전 설정하기

구분	내 용
나의 삶의 비전 (p.202 참조)	• 활동할 분야는? • 이루고자 하는 위치는? • 사회적 공헌은? • 경제적 비전은? • 인격적 모습은?

1.2 삶의 목표의 설정

목표(goal)는 비전의 구체적이고 현실적인 좌표이다. 목표는 대개 구체적인 계량적 수치로 표현되고 달성기한을 정한다. 그러므로 비전을 얼마나 성취하였는가를 보려면 목표들을 얼마나 달성했는가를 보면 알 수가 있다.

> 가령 비전사례 A의 국어교사의 경우, 작곡을 배워 자신의 시로 마음치유 노래를 만드는 비전을 세웠다. 몇 곡을 만들 것인가? 60곡을 만든다고 가정하자. 그러면 목표들은 다음과 같이 설정될 수 있다.
>
> • 5년 이내 작곡 공부하기
>
> • (향후 5년 이후부터) 20년간 1년에 3곡씩 시를 노래로 만들기

목표로 설정할 수 있는 기준들은 다양하며 개인들이 나름대로 설정할 수 있다. 많이 쓰이는 몇 가지 예는 다음과 같다.

- 경제적 목표 : 10년 이내 10억 원 저축, 인터넷 창업 등
- 지위목표 : 한국의 10대 팝 뮤지션, 5년 이내 과장 승진 등
- 자격목표 : 석사학위 취득, 토익 800점, **자격증 취득 등
- 특정성취목표 : 3년 이내 결혼, 공공기관 입사, 전국대회 입상 등
- 생활목표 : 평생 100나라 여행, 피아노 배우기, 교외 농장 갖기 등
- 사회적 목표 : 자선단체 설립, 봉사단체 활동, 밴드동호회 활동 등

이렇게 만들어진 목표목록을 우리는 비전목록, 꿈 리스트, 버킷 리스트(Bucket List)[1] 등 다양하게 부른다. 어떻게 명칭을 쓰는 문제될 것이 없으며 다만 성취할 목표들의 목록이라는 의미만 명확하게 새기자.

버킷 리스트를 작성하기 전에 바라는 것들을 모두 통에 담아보는 것도 흥미로운 일이다. 가령 〈표 12.5〉를 버킷 리스트 박스라고 할 수 있다.

---

1) 2007년 모건 프리먼과 잭 니콜슨이 주연한 톱 라이더 감독의 영화 제목이다. 병이 들어 시한부 판정을 받은 두 노인은 죽기 전에 평생 하고 싶었던 일을 하자고 약속하고 리스트를 작성하여 병실을 나와 세상 속으로 뛰어든다. Bucket은 교수형틀 아래 사형수가 디딘 통을 말한다. 집행관이 통을 차기 전에 마지막으로 하고 싶은 말이나 희망을 물은 데서 비롯된 용어이다.

표 12.5 버킷 리스트 박스 (Bucket List Box)

운전면허 따기, 세계 4대문명 발상지 여행, 한국사 2급 자격증 취득(교사임용), 요가 수련하기, 번지 점프 3번 하기, 악기배우기(기타, 드럼), 유럽 배낭여행, 인문학 독서 20권, 토익 800점, 자기개발서 출간하기, 대학시절 공모전 입상하기, 존경받는 스승 되기(교사), 아르바이트 3가지 이상 해보기(대학생), 전공과목 평균 A학점(대학생), 올해의 교사상 받기(교사), 30대 아파트 장만하기, 공무원 합격, 해외 인턴십 하기(20대), 백두산 등정하기, 외국어 3개 숙달하기, 래프팅 체험하기, 평생 100개국 여행하기, 바리타스 자격증, 4대강 자전거 여행하기, 국립공원 21곳 여행하기, 40대 창업하기, Working Holiday 1년 하기(20대), 학생회 간부 해보기(대학생), 전공 관련 자격증 3개 취득, 마라톤 풀 코스 완주하기, 어머니에게 목걸이 선물하기, 지리산 종주하기, 골프 배우기, 무역업 공부하기 및 자격증 따기, 총·학장님과 면담해 보기, 해외 봉사활동하기, 글라이딩 해보기, 승마체험, 강의하기, 시베리아 철도횡단, 야생화 공부 및 책 내기, 금융지식 쌓기 및 자격증 취득, 멀티미디어 편집기술 익히기, 공공기관 또는 대기업 입사하기, 인생멘토가 될 교수 및 선배와 인연 맺기, 전공분야의 책 쓰기, 평생친구 3명 만들기(20대), 좋은 카메라 사기, 개인 블로그 운영하기, 영어회화 숙달하기, 장학금 3번 이상 받기, 석사학위 취득, 20대 1억 모으기, 문학 등단하기, 백두대간 종주하기, 취미동호회 클럽 만들기, 30대 3억 모으기, 레크리에이션 능력개발 및 자격증 따기, 무예(태권, 검도 등) 수련 및 승단하기, 30대 연봉 1억 이상 벌기, 외국인 친구 3명 만들기, 작곡배우기 및 나의 노래 10곡 만들기, 가족 포토 북 만들기, 자녀 2명이 있는 가정 만들기, 밴드 결성하여 정기 연주모임 갖기, 저명인사 강의 10번 듣기, 학교신문 등의 기자 되기, 인터넷 창업 공부하기, 경제도서 20권 읽기 등

❖ 버킷 리스트가 될 수 있는 것들을 예로 제시한 것이다. 버킷 리스트 박스에 담긴 일들을 모두 실행한다는 것은 아니다. 떠오르는 아이디어들을 수시로 모두 담아두고, 그 중에서 선별하여 나의 단기·중기·장기 실행 버킷 리스트를 만드는 것이다. 즉 꿈 목록의 종합창고와 같은 것이다.

목표는 단기·중기·장기 등으로 설정하는 것이 실천에 도움이 된다. 기간은 대체로 10년을 기준으로 장기목표 여부를 설정하는 경우가 많다. 그 이유는 자신의 삶을 변화시키고 어느 분야이든 전문가 수준에 이르려면 10년 정도의 노력이 필요하다고 보기 때문이다.

이제 비전을 향해 성취해야 할 목표들이 무엇인가를 〈표 12.6〉을 이용하여 설정하여 보자. 목표의 숫자는 개인에 따라 달라질 수 있다.

표 12.6 나의 인생목표(Life Bucket List)의 설정

기간	구체적인 목표들
장기 목표 (10년 이상 및 평생)	• • • • • • •
중기 목표 (대학졸업 후 5년 내외)	• • • • • • •
단기목표 (대학 재학중)	• • • • • • •

단기 · 중기 · 장기의 목표 리스트를 작성한 후에는 〈표 12.7〉과 같이 매년 성취목표를 설정하는 것이 매우 유익하다.

표 12.7 나의 올해의 성취목표(The Year's Bucket List)의 설정

순위	목표목록	성취할 수준	기한	결과
1	영어공부; 토익 학습	800점	9월	
2	경제도서 2권 읽기(***, $$$)	독서노트 작성	10월	
3	국립공원 3곳 여행하기	등산/문화 기행	8월	
4	전공 자격증(%%기사) 취득하기	2급	11월	
5				
6				
7				
8				
9				
10				

❖ 매년 작성하는 올해의 성취목표 리스트는 전년도의 12월에 작성하는 것이 좋다. 새해가 되면 곧바로 실행해야 하기 때문이다. 목록의 수는 개인별로 차이가 있지만 10개 내외가 적당하고 연중에 증감될 수도 있다. 연말에 결과를 체크한다.

10년 법칙

• 이 세상의 어떤 천재들도 무언가를 이루기 위해 10년이란 세월을 갈고 닦았다. 10년 후 후회하지 않는 삶을 살고 싶다면, 최소한 10년 동안 가슴 설레는 목표와 열정을 품고 꾸준히 나아가야 한다. 죽는 것보다 두려운 것은 제대로 살아 보지 못하는 것이다.

– 공병호, 명품인생을 만드는 10년 법칙 –

• 어떤 분야에서 세계적 수준으로 자리매김을 원하는 사람이라면, 지속적이고 정교한 훈련을 최소한 10년 정도 해야만 한다.

–앤드류 카슨, 10년 법칙이론–

• 어느 분야의 전문지식에 정통하려면 최소한 10년 정도의 꾸준한 노력이 선행되지 않으면 의미 있는 창조적 도약을 할 수 없다.

– 하워드 가드너, 열정과 기질 –

2. 나의 리더십 성향과 리더상은 무엇인가?

(1) 리더상의 의미

리더상 정립이 중요한 이유는 리더로서의 정체성(正體性)을 확립하고 개발해야 할 자질과 역량들이 무엇인가를 판단할 수 있기 때문이다.

'나의 리더상(像)'은 세 가지로 설정할 수 있다. 우리는 제3장에서 리더십을 셀프, 집단, 조직의 세 수준으로 구성하였다. 각 수준별로 바람직한 리더의 의미를 살펴보고 모습을 그려보자. (〈표 12.8〉 참조)

첫 번째는 나의 삶을 자율적으로 이끌어가는 셀프 리더로서의 모습이고,
두 번째는 비공식·소규모 집단에서 화목한 발전에 기여하는 모습이며,
세 번째는 공식조직의 리더 역할을 효과적으로 수행하는 리더의 모습이다.

표 12.8 리더상의 세 수준의 의미와 목표

구분	의미	목표
셀프 리더	자신의 삶을 주도적이고 자율적으로 관리함	자기성취수준을 높임
집단 리더	교우·클럽·가정 등에서 화목한 발전에 기여함	인간관계의 화합·주도
조직 리더	조직의 리더로서 구성원과 조직을 이끌어감	구성원추종, 조직성과 향상

유교 사서(四書)의 하나인 대학(大學)에서는 '수신제가치국평천하(修身齊家治國平天下)'라고 하여 자기 자신을 잘 다스리고 나아가 가정과 나라를 다스리라고 하였다.

리더상의 정립은 성격과 장점 등 자신의 특성을 고려하여 효과적인 리더의 모습을 그려내는 것이다. 아래와 같은 모습을 그려보자.

- 셀프 리더: 나의 비전과 목표를 이루기 위하여 ♤♤♤ 모습의 생활인이 되겠다.
- 집단 리더: 친구·선후배 관계에서 ♧♧♧ 모습의 도움이 되는 사람이 되겠다.
- 조직 리더: 경영자나 직장의 관리자가 된다면 @@@ 모습의 상사가 되겠다.

위와 같은 이미지를 떠올려 보면 리더상이 어렴풋이나마 그려질 것이다. 성공한 사람들 또는 훌륭한 리더라고 해서 모두 동일한 스타일을 가지고 있는 것은 아니다. 리더십은 개인의 고유한 개성을 드러내는 것이기 때문이다. 역사적으로 뛰어난 리더들 뿐만 아니라 우리 주변의 리더들은 각각 나름대로의 장점과 개성으로 자신의 능력을 발휘한다.

리더십이란 어떤 표준이 있는 것이라기보다는 개인별 개성에 근거한 능력이라는 점을 유념해야 한다. 훌륭하고 성공적인 리더들을 참고하는 것은 도움이 되지만, 궁극적으로 자신만의 리더십 스타일을 가꾸고 발전시켜 나가는 것이 중요하다. 경영학의 리더십 대가인 피터 드러커의 견해는 이러한 리더십의 본질을 잘 보여준다.

피터 드러커(Peter Drucker)의 리더십 개성론 "리더십에서 공통된 어떤 스타일이나 특성이란 것이 존재한다고 생각하지 않는다. 내가 50여년간 함께 일하며 겪어본 리더들 중에는 사무실에 매여 사는 사람, 사교적인 사람, 너그럽고 편한 사람, 규율을 강조하는 엄격한 사람, 즉흥적이고 충동적인 사람, 신중한 사람, 따뜻하고 친화적인 사람, 쌀쌀한 사람, 자신의 가족에 대해서도 말하는 사람, 업무 외에는 얘기하지 않는 사람, 허영을 가진 사람, 자신을 망각하는 사람, 개인적 삶이 진지한 사람, 허세를 부리고 법석을 떠는 사람, 남의 의견을 잘 듣는 사람, 자신의 말만 하는 독불장군… 리더마다 그 특징이 너무나 다르다는 사실이다."

–「리더십 엔진」 (Tichy, 이재규 외 역, 2004), "What Makes an Effective Executive" (HBR, 2004. 6) –

멋진 리더를 흉내 내더라도 결국은 자신의 스타일에 어울리도록 변환하여야 한다. 효과적인 리더십은 다른 사람들을 참고하되 자기의 내부에서부터 발전하는 것이다.[2)]

---

2) "자신만의 리더십을 만들자", 휴넷, 2005. 3. 25.

(2) '셀프리더상'의 정립

자신을 다스릴 줄 아는 사람이 남을 잘 이끌 확률이 높다. 건강한 생활을 하는 사람은 스스로 자신감에 차 있고 남들로부터 신뢰를 받기 때문이다.

한 대학생의 셀프리더상을 보자.

❖ 나의 생활에서 내가 나에게 바라는 모습들

- 나의 미래비전 실현에 필요한 대학생활의 목표들을 계획적으로 실천한다.
- 낭비성 시간들을 최대한 줄이고 견문을 넓히며 꾸준히 체력단련을 한다.
- 좋은 친구·선후배들과의 네트워크를 만들며 낭만의 시간을 함께 갖는다.

❖ 셀프리더상 **건강한 심신을 연마하며 미래를 충실히 준비하는 낭만인**

위의 예를 참고하여 자신이 바람직하다고 생각하는 생활인의 모습을 생각하여 〈표 12.9〉에 정립해 보자. 가능한 구체적으로 적는 것이 좋다.

표 12.9 나의 셀프리더상 정립하기

셀프리더로서 내가 바라는 나의 모습들	
나의 셀프리더상	

젊은 날의 생활습관은 인생성패를 좌우할 바탕이 된다. 현재의 나의 모습이 '미래의 나'의 모습이다. 미래를 변화시키고 싶으면 먼저 현재를 변화시켜라!

(3) '집단리더상'의 정립

사람들을 이끄는 리더십의 출발은 비공식적이거나 규모가 작은 인간관계에서 출발한다. 가족, 룸메이트, 동호회, 여행팀, 과제팀 등은 이익목적의 집단이 아니면서 자칫하면 감정적으로 소원해지거나 단절되는 경우가 발생한다.

집단내의 인간관계란 공식적인 통제력은 미약하지만 생활에 큰 영향을 주는 중요한 관계이다. 아래에 한 대학생의 '집단리더상'에 대한 예가 있다.

❖ 집단의 인간관계에서 내가 바라는 나의 모습

- 서로를 존중하고 배려하면서 마음을 열도록 분위기를 솔선하여 이끈다.
- 정서적으로 교감할 수 있는 커뮤니케이션 능력을 잘 발휘한다.
- 공통의 관심사를 나누며 서로의 행복과 발전을 격려하고 돕는다.

❖ 집단리더상 **행복한 정서를 교감하며 서로 힘이 되도록 노력하는 선도자**

위 예를 참고하여 인간관계의 원만한 발전에 기여하는 내 모습을 〈표 12.10〉에 그려보자. 가능한 구체적으로 작성하는 것이 좋다.

표 12.10 나의 집단리더상 정립하기

집단리더로서 내가 바라는 나의 모습들	
나의 집단리더상	

(4) '조직리더상'의 정립

조직리더로서의 자신의 리더상을 어떻게 정립할 것인가? 리더상을 정립하는 방법은 내부적 접근과 외부적 접근방법으로 나눌 수 있다.

내부적 접근은 자신의 특성을 주된 고려요소로 삼아 리더로서의 모습을 설정하는 것이고, 외부적 접근은 본받고 싶은 리더의 특성을 중점적인 고려요소로 삼아 리더의 이미지를 설정하는 것이다.

① 내부적 접근

리더상 정립의 내부적 접근은 자신의 특성을 바탕으로 리더십요소들을 선정하여 리더의 모습을 그리는 것이다. 자신을 먼저 잘 이해해야 한다. 주요 고려요소들은 심리적 특성으로서의 성격이나 가치관, 능력특성으로서의 자질과 역량, 외모와 용모 등 특정한 요소 등이다.

① 심리적 특성 중에 중요한 요소가 성격이다. 성격분류방법은 다양하지만 한 가지 방법만 살펴보기로 한다. 상황에 대한 태도에 따라 도전형과 신중형으로, 에너지의 지향방향에 따라 외적 지향인 사교형과 내적 지향인 수용형의 네 유형으로 분류한 연구를 〈표 12.11〉에서 참고해 보자.[3)]

성격은 언행을 통해 드러나며 리더십에 영향을 미친다. 다만 성격은 행동이나 습관을 통해 보완하고 변화시켜 갈 수 있다는 점을 유념하여 리더십에 참고하는 것이 좋을 것이다.

② 능력특성은 리더가 갖추어야 할 자질과 역량, 그리고 강화해야 할 강점과 보완해야 할 약점 등을 말한다.

③ 외모와 용모 등 특정한 요소를 자신의 리더십의 장점으로 어떻게 연계할 것인가를 생각하자.

아래에 내부적 접근에 의한 조직리더상 정립의 예를 보자.

- 나의 주요 요소: 외향적 성격, 도전과 끈기, 언변력, 작은 체구
- 전체적인 이미지: 리틀 자이언트(Little Giant, 작은 거인)

❖ 나의 조직리더상: 한번 내린 결단은 여건이 어렵더라도 끈질긴 집념으로 추구하며 설득력있는 언변으로 구성원들을 감동으로 이끌어가는 대범한 리더

위 사례를 참고하여 나의 '조직리더상'에 대해 생각해 보자.

---

3) 제3절에 네 유형의 성격에 대해 측정설문이 제시되어 있다.

표 12.11 성격유형과 특징

유형	구분	내용
도전형	상징단어	자립, 솔직함, 과단성, 능률
	리더십 특징	적극적이며 박력이 있음. 자기주장이 강하고 신속하고 분명한 것을 좋아함. 새로운 도전적 목표를 추구하고 행동으로 쉽게 옮기는 경향.
	행동의 동기	주로 성과와 효율성에 따라 행동
	장점	야심적, 생산적 목표를 지향, 효율적 행동, 스트레스를 정면으로 돌파
	단점	강제적·독재적 행동, 자기중심의 주관적 행동, 타인에 대한 배려가 부족함.

유형	구분	내용
신중형	상징단어	논리, 완벽, 사실 중시, 신중
	리더십 특징	분석적이고 체계적인 문제해결 성향, 완벽지향, 정확하고 철저한 확인, 많은 사람과 함께 하는 것보다 홀로 작업하는 것을 좋아하는 경향.
	행동의 동기	주로 안전욕구에 따라 행동
	장점	성격적으로 침착한 편이고, 분석력과 집중력이 강함.
	단점	지나치게 따지는 것처럼 보이며 고집이 세고 냉담한 편임.

유형	구분	내용
사교형	상징단어	외향, 정열, 설득
	리더십 특징	직관적이고 활기참, 설득적이고 협력적, 아이디어 풍부, 사교적, 드러내기를 좋아함, 새롭고 즐거운 일 추구, 즉흥적 상황을 선호하는 경향.
	행동의 동기	주로 칭찬 및 인정욕구에 따라 행동
	장점	재치와 유머가 있음. 융통성이 있고 개방적임, 아이디어가 많음, 새로운 변화를 추구함.
	단점	분위기에 따라 감정이 쉽게 변하는 편임. 다른 사람에게 지나치게 동조적임. 변덕스러움도 있음.

유형	구분	내용
수용형	상징단어	지지, 협력, 수용, 헌신
	리더십 특징	안정 추구, 신중함, 동료애가 강하고 가족적인 분위기 선호, 스트레스 잘 극복함, 남의 의견을 경청, 감정에 대한 배려를 잘하는 경향임.
	행동의 동기	주로 수용 및 안정 욕구에 따라 행동
	장점	타인 배려심이 많아 협조와 지원을 잘함. 책임감이 강하고 성실함.
	단점	지나치게 친절하고 양보심이 많음. 자신감과 과단성이 약함. 자기주장력이 약하여 내키지 않는 남의 의견도 따르게 됨.

자료 : 김창민 외(2011), 「대학생과 리더십」, 홍릉과학출판사, 169~170쪽의 내용을 필자가 표로 구성하였음.

② 외부적 접근

자신이 본받고 싶은 리더들의 주요특성들을 중심으로 리더상을 그리는 것이다. 외부적 접근에 의한 다음의 조직리더상 정립의 예를 참고해 보자.

- 내가 본받고 싶은 리더들의 모습
  A리더; 도전적 용기,   B리더; 친화력과 솔선수범
- 전체적인 이미지: 용기있는 인간적 모범자
  ❖ 나의 조직리더상: 어려운 여건이라도 용기를 가지고 도전하며, 구성원들을 배려와 친밀함으로 이끌어가며 스스로 앞장서서 모범을 보이는 리더

내부적 접근과 외부적 접근 중 하나만을 실행하는 것보다 두 가지를 통합하여 정립하는 것이 좋다. 내부적 접근만으로는 훌륭한 리더들의 모습을 살피기 어렵고 외부적 접근으로는 자신의 내부를 살피는데 한계가 있기 때문이다.

위에서 내부적 접근과 외부적 접근에 의해 정립한 각각의 조직리더상을 통합하면 다음과 같은 리더의 모습이 그려질 수 있다.

- 주요 요소들
  - 나의 주요특성; 외향적 성격, 도전과 끈기, 언변력, 작은 체구
  - 본받고 싶은 리더들의 특성; 도전적 용기, 친화력, 솔선수범
- 전체적인 이미지: 인간미 있는 집념의 리틀 자이언트(Little Giant, 작은 거인)

❖ 나의 조직리더상: 용기와 도전정신 및 끈질긴 집념으로 목표를 추구하며 설득력과 인간적 친밀함으로 구성원들을 앞장서서 이끌어가는 작은 거인

사실상 셀프 리더십과 집단 리더십 및 조직 리더십은 모두 연결되어 있는 것이다. 특히 대학생과 젊은이들은 장차 조직 리더로서의 리더십을 준비하여야 할 것이다. 〈표 12.12〉에 자신의 '조직리더상'을 기록해보자.

표 12.12 나의 이상적인 조직리더상 정립하기

<table>
<tr><td>나의 주요
특성요소</td><td>• 나의 특징적인 성격과 기질
①
②
③
• 장점이 되거나 키우고 싶은 능력요소
①
②
③</td></tr>
<tr><td>본받고 싶은
리더와 특성</td><td>• 내가 본받고 싶은 롤 모델 리더
이름;

• 롤 모델 리더의 특성
①
②
③</td></tr>
<tr><td>조직리더로서의
이미지와
이상적인
모습들</td><td></td></tr>
</table>

❖ 리더로서의 멋진 자신의 미래 모습을 그려보자!

3. 성격유형 진단과 리더상 정립 토의

(1) 성격유형 진단

성격을 도전형, 신중형, 사교형, 수용형의 네 가지 유형으로 진단한다.

표 12.13 성격유형의 측정설문

※ 다음 각 문항을 읽고 자신과 얼마나 일치하는지 아래의 기준을 참고하여 1에서 3까지 점수를 부여합니다.

나의 특성과 별로 관계가 없다	보통이다	나의 특성을 잘 묘사해준다
1	2	3

번호	문항	점수
1	나는 남보다 결정을 잘 내리거나 결론을 잘 제시한다.	
2	나는 객관적 사실에 근거하여 판단하며 완벽을 지향하는 편이다.	
3	나는 화가 날 때 겉으로 나타내지 않고 안으로 삭인다.	
4	나는 사람을 잘 사귀고 사귀는데 시간이 많이 걸리지 않는다.	
5	나는 일에 진지하지 못한 편이고 농담을 잘한다.	
6	나는 인간관계에서 충돌을 피하려고 한다.	
7	나는 성과 위주로 일을 하며, 성과가 미흡하면 비판을 잘 한다.	
8	나는 철저한 준비와 계획을 세운 뒤에 일을 시작한다.	
9	나는 내 주장이 강하며 다른 사람들과 논쟁하기를 두려워하지 않는다.	
10	나는 사람들과 만나면 활기차게 말을 많이 하는 편이다.	
11	나는 문제들에 대해 계획을 세워 논리적으로 해결하려고 한다.	
12	나는 남의 의견에 대해 공격하기보다는 차라리 받아들이는 편이다.	
13	나는 가려서 말로 하고 말한 것들을 행동으로 실행하려고 노력한다.	
14	나는 사람들과 함께 모이면 분위기를 만들어가는 데에 적극적이다.	
15	나는 목소리가 크게 하지 않고 내 의견을 조심스럽게 말하는 편이다.	
16	나는 대의명분이나 목표를 추구할 때 냉정하고 과감한 면을 보인다.	
17	나는 재미있게 일을 하면서 내 자신을 드러내는 것을 좋아한다.	
18	나는 문제에 대해 침착하게 대응하며 지속적으로 집중하는 끈기가 있다.	
19	나는 문제가 있으면 직선적으로 대응하는 정면돌파 방식을 좋아한다.	
20	나는 내 권리를 주장할 때도 남의 감정을 상하게 하지 않을까 걱정한다.	

☞ 계산

• 앞 설문에 부여한 점수를 각 유형별로 기록하고 합산하여 판단합니다.

도전형		신중형		사교형		수용형	
1		2		4		3	
7		8		5		6	
9		11		10		12	
16		13		14		15	
19		18		17		20	
합계		합계		합계		합계	
순위		순위		순위		순위	

☞ 판단

• 합계점수가 높은 유형을 자신의 성격유형으로 판단합니다.

• 합계점수가 높을수록 해당성격이 강한 것이며 순위를 참고하기 바랍니다.

☞ 참고

• 자료 : 김창민 외(2011), 「대학생과 리더십」, 홍릉과학출판사, 168~170쪽.

• 위 자료문헌에는 역문항들이 있으나 측정의 편의상 필자가 순문항으로 변환하고 문장들을 재정리하였음.

(2) 리더상 토의

나의 이상적 조직리더상을 작성한 후 동료와 의견을 교환하고 토론하면서 더욱 발전시킬 점을 찾아보도록 하자.

Chapter 13

나의 리더십 자질과 역량을 진단하자

학습목표

① 리더십의 선천적 자질요소과 후천적 개발요소를 이해한다.
② 조직 리더로서의 자질과 역량의 의미를 이해하고 구분한다.
③ 나의 리더본능과 리더로서의 자질 및 역량을 진단한다.

1. 자질과 역량이란 무엇일까?

(1) 자질과 역량

리더는 능력이 있어야 한다고 말한다. 또한 어떤 자리에 사람을 임명할 때 자질을 검증해야 한다고 말한다. 핵심역량이라는 용어도 사용한다. 능력이란 무엇인가? 자질과 역량은 무슨 의미이며 어떻게 다른가? 개념을 정리해보자.

리더에게 요구되는 능력(ability)은 포괄적이고 일반적인 재능을 의미한다. 능력은 자질(natural quality)과 역량(competency)으로 구분할 수 있다.

자질은 성품이나 지식 등 직무를 수행할 수 있는 잠재적이고 간접적인 소질을 뜻한다. 역량은 능력과 비슷한 용어이지만 특정한 일에서 결과를 구체적으로 얻어내는 재능을 나타낸다.

포괄적으로 보면 '능력', 잠재력은 '자질', 실행력은 '역량'으로 구분된다. 즉, 리더의 능력이란 리더로서의 자질과 역량을 의미하는 것이다.

리더십과 관련하여 자질과 역량을 좀 더 구체적으로 비교할 필요가 있다.

자질 '타고난 성품이나 소질 또는 잠재적 능력'으로서 성격이나 지적인 특성 및 일반적인 기량 등을 나타내는데 문제해결의 행동적인 구체적 능력으로 연결될 가능성은 크지만 연결되지 않을 수도 있다.

역량 '어떤 일을 행동으로 해 낼 수 있는 특성이나 기량'으로서 현실적 상황에서 문제를 해결해 낼 수 있는 능력이다.

- 자질이 타고난 성품과 기질이라면 역량은 훈련 등을 통해 연마한 기량이다.
- 자질이 '생각하고 아는 것'이라면 역량은 '할 수 있는 것'이다.
- 자질이 잠재적 능력이라면 역량은 현실적으로 문제를 해결하는 능력이다.
- 자질은 단일요소이지만 역량은 여러 요소들의 복합적 작용으로 발휘된다.

자질과 역량을 비교하여 정리하면 〈표 13.1〉과 같다.

표 13.1 자질과 역량의 개념의 비교

자 질	역 량
• 타고난 성품이나 기질 • 생각하고 아는 것 • 문제해결의 일반적 · 잠재적 · 간접적 능력 • 단일 요소 자체로 작용	• 교육훈련 등으로 연마한 행동적 기량 • 할 수 있는 것 • 문제해결의 구체적 · 행동적 · 직접적 능력 • 여러 요소들의 복합적 작용으로 발휘

자료 : 필자가 구성하였음

자질과 역량 평소 직무지식(자질)이 풍부한 사람이 급박한 상황에서는 침착성과 대담성이 부족하여 당황해서 제대로 일을 못한다면 직무지식이 역량으로 발휘되지 못하는 것이다. 즉 직무지식이 급박한 상황에서 역량으로 발휘되기 위해서는 침착성과 대담성과 같은 요소들이 함께 작용을 해야 하는 것이다.

자질과 역량은 개념적으로는 구분이 되지만 현실적으로 구분이 모호한 경우도 있다는 점을 이해하자.

(2) 리더의 자질요소

리더가 좋은 자질을 갖추면 효과적인 리더십을 발휘할 확률이 높아진다. 자질을 구성하는 주요요소들은 정신·심리적 자질, 지적 자질, 신체적 자질이다.

① **정신·심리적 자질** 품성, 성격, 기질, 욕구 등을 의미한다.

- 품성 : 정직, 겸손, 책임감 등
- 성격 : 외향성, 개방성, 성실성, 정서적 안정(침착성), 긍정성, 자율성 등
- 기질 : 배짱, 모험심, 감수성, 집념, 열정, 용기, 호기심 등
- 욕구 : 성취욕구, 친화욕구, 지배욕구 등

특히 리더에게 필요한 정신·심리적 자질은 리더본능이다. 리더본능은 대체로 선천적인 성격과 기질 및 욕구가 결합되어 나타나는 다음과 같은 것들이다.

- 타인들과 어울리는 것을 즐기는 개방성과 친화욕구
- 상황을 자신의 의지대로 이끌고 가고 싶어 하는 주도성
- 사람들을 자신의 영향력 아래 두고 싶어 하는 지배욕구
- 더욱 나은 성과를 창출하고 싶어 하는 성취욕구
- 난관이나 갈등을 두려워하지 않는 배짱(대담성)
- 두려운 상황에서도 뛰어들고 싶어 하는 용기와 모험심
- 사람들의 감정이나 강·약점 및 일의 전개를 알아채는 감수성
- 일을 신나게 하고 끝까지 물고 늘어지는 열정과 집념
- 미지의 세계를 알고 싶어 하는 호기심
- 맡은 일과 구성원들에 대한 최선을 다하고자 하는 책임감

리더본능을 판별하는 방법은 리더역할에 대한 태도를 보는 것이다. 리더본능이 뛰어난 사람은 리더의 자리를 얻고 싶어 하고 리더역할이 주어지기를 기대하지만, 리더본능이 약한 사람은 리더지위를 두려워하며 피하고 싶어 한다.

② **지적 자질** 두뇌의 이성적인 능력을 의미한다. 자기이해, 지능, 계획성, 창의성, 리더십지식, 직무지식 등

③ **신체적 자질** 신장 등의 체구, 체형, 외모 등이다.

(3) 리더의 역량요소

역량이란 과업을 감당하고 문제를 해결해 낼 수 있는 기술적이며 행동적인 기량이다. 예를 들면, 사회적 요구에 기반하여 대학과정 이수자가 갖추어야 할 역량목록(K-CESA, 한국대학생 핵심역량 진단검사)을 참고할 수 있을 것이다. K-CESA에서 제시하는 6개 영역의 주요역량은 다음과 같다.4)

- 의사소통 역량; 듣기, 말하기, 쓰기, 읽기
- 자원과 정보 및 기술의 활용역량
- 대인관계 역량; 정서적 유대, 중재, 협력
- 글로벌 역량; 외국어능력, 글로벌 경험, 다문화 수용
- 종합적 사고역량; 평가능력, 분석능력, 추론능력
- 자기관리 역량; 자기주도 학습, 계획수립 및 실행력, 정서적 조절능력

리더의 역량은 제5장에서 다양한 연구들을 학습했듯이 종합적인 관점에서 구분하여 보면, 기술적 역량, 정신적·지적 역량, 행동적 역량으로 구분할 수 있다. 이들을 정리하면 다음과 같다.

① 기술적 역량 의사소통능력, 외국어 등 글로벌 능력, 정보처리 및 활용 등

② 정신적·지적 역량 기획력, 분석력, 통찰력(직관력), 판단력, 정신력, 감정조절, 포용력, 엄정, 창의력, 중재능력 등

③ 행동적 역량 솔선수범, 용맹(용기), 실천력, 집중력, 결단력, 친화력, 협동력, 육체적 지구력 등

4) K-SECA(Korean Collegiate Essential Skill Assessment) 진단검사는 한국직업능력개발원과 한국교육평가학회의가 공동으로 개발하였다.

(4) 자질과 역량요소들의 상호연관성

자질과 역량요소들을 정리하면 〈표 13.2〉와 같다.

표 13.2 리더의 자질과 역량요소

구분		요소
자질	정신 · 심리적 자질	• 품성; 정직, 겸손, 책임감 등 • 성격; 외향성, 개방성, 성실성, 정서적 안정(침착성), 긍정성, 자율성, 협조성 등 • 기질; 배짱, 모험심, 감수성, 집념, 열정, 용기, 호기심 등 • 욕구; 성취욕구, 친화욕구, 지배욕구 등
	지적 자질	자기이해, 지능, 창의성, 계획성, 리더십 지식, 직무지식 등
	신체적 자질	신장 등의 체구, 체형, 외모 등
역량	기술적 역량	의사소통능력, 외국어 등 글로벌능력, 정보처리 및 활용 등
	정신적 · 지적 역량	기획(계획)력, 분석력, 통찰력(직관력), 판단력, 정신력, 감정조절, 포용력, 엄정, 창의력, 중재능력 등
	행동적 역량	솔선수범, 용맹(용기), 실천력, 집중력, 결단력, 친화력, 협동력, 육체적 지구력 등

자질과 역량을 개념적으로는 구분이 되더라도 현실적으로 모호한 경우들이 많이 있다. 가령 '협조성'는 정신 · 심리적인 자질이지만, 현실에서 협동력으로 발휘되면 역량이 된다. 계획성은 자질이면서 현실에서 기획(계획)을 잘 하면 역량이 되는 것이다.

또한 자질요소는 단일요소로 평가되지만 행동적인 역량으로 실현되려면 다른 요소들의 결합되어야 한다. 가령, '협조성'이 현실에서 '협동력'으로 발휘되려면 타인에 대한 긍정성이나 친화력 등과의 결합이 필요하다.

리더본능 등의 자질이 뛰어나다고 하여 곧 뛰어난 리더가 되는 것은 아니지만 교육훈련과 경험 및 자기개발을 통해 역량으로 다듬어져 효과적인 리더로 성장해나갈 가능성이 크다. 중요한 것은 자질을 역량으로 개발하고 발휘하여 현실에서 리더십을 실천적으로 수행할 수 있어야 한다는 점이다.

2. 리더십 수준별로 요구되는 능력요소는 무엇일까?

우리는 제3장에서 리더십의 수준을 셀프 리더십과 집단 리더십 및 조직 리더십으로 구분하였다. 젊은이들은 몸과 마음이 건강하고 진취적인 셀프 리더로서의 생활을 하면서 교우관계를 비롯한 집단 리더십 역량을 발전시키고 나아가 장차 유능한 조직 리더로서 능력을 길러야 한다.

그런데 자질과 역량요소들을 살펴보면 모든 요소들이 세 수준의 리더십에서 모두 필요하다. 다만 상대적인 중요성이 조금씩 다를 수 있다. 가령, '자율성'은 셀프 리더십에서 더욱 중요하고, '주도성'은 집단 리더십에서 더욱 중요하게 요구되는 것이다.

(1) 셀프 리더십에서의 요구능력

모든 개인은 셀프 리더이다. 셀프 리더십의 방향은 목표지향적 생활을 자율적으로 잘 관리하는 것이다. 자신이 세운 비전과 목표를 향하여 생활을 계획하고 실천하는 것이 중요하다.

셀프 리더십에서는 자기에 대한 이해, 자율성, 자신에 대한 긍정적 태도, 성공적인 삶에 대한 열정, 목표달성을 위한 시간과 자금 등 자원의 적절한 활용의 계획성, 체력 등이 상대적으로 더욱 중요한 요소들이다.

(2) 집단 리더십에서의 요구능력

교우, 과제팀, 동호회, 가정 등 비공식적이고 소규모의 집단에서 필요한 리더십의 방향은 서로의 화합에 기여하고 격려하며 관계를 주도하는 것이다.

집단 리더십에는 정직, 마음의 문을 여는 개방성, 상호 입장의 존중과 배려, 친밀한 관계를 만들 수 있는 친화력, 왜곡이 없는 의사소통능력, 관계를 주도하는 능력, 갈등해결의 중재능력 등이 상대적으로 더욱 중요한 요소들이다.

(3) 조직 리더십에서의 요구능력

어느 정도 이상의 규모를 가지고 있고 업무구조과 권한 등의 공식적인 체계를 가진 조직을 이끄는 조직 리더십에 요구되는 리더십의 지향점은 구성원들을 통솔하고 조직의 성과를 높이는 것이다.

조직 리더십에서는 모범이 되는 솔선수범과 도덕성, 구성원들에게 통제할 수 있는 지배성, 미래상황을 예측하는 통찰력, 최선의 의사결정을 할 수 있는 판단력, 새로운 과업에 대한 도전과 모험심, 팀워크를 유지하는 협동력, 잘잘못에 대한 엄정함, 구성원과 성과에 대한 책임감 등이 상대적으로 더욱 중요한 요소들이다.

세 수준의 리더십의 중요한 요소들을 정리하면 〈표 13.3〉과 같다.

표 13.3 세 수준의 리더십에서 요구되는 능력요소

수준	명칭	대상	목표	상대적인 주요 요구능력
자신	셀프 리더십	자기 자신	목표지향적 생활관리	자기이해, 자율성, 긍정적 태도, 열정, 계획성, 실천력, 체력 등
집단	집단 리더십	비공식·소집단의 인간관계	인간관계의 화합·주도	정직, 개방성, 존중, 친화력, 의사소통능력, 주도성, 중재 등
조직	조직 리더십	규모·체계적인 공식 조직	조직통솔 성과창출	솔선수범, 지배성, 통찰력, 판단력, 모험심, 협동, 도덕성, 엄정함, 책임감 등

자료: 필자가 구성하였음.

각 수준별 리더십에서 상대적으로 더욱 중요하게 판단되는 능력요소들은 사실 모두 공통적으로 필요한 것이다. 그러므로 명백하게 구분되는 것이라기보다는 서로 교환적이고 상호작용하는 것이다. 즉 자율성이나 계획성은 셀프 리더십 에서만 요구되는 것이 아니라 당연히 집단리더십이나 조직리더십에서도 필요하다. 다만 이해와 논리를 돕기 위해 상대적인 중요도를 고려하여 구분한 것이라는 점을 유념하여 자신의 리더십 개발에 참고하면 좋을 것이다.

3. 나의 리더 자질과 역량 진단하기

리더십 진단은 리더십 개발을 위한 사전단계이다. 진단을 통해 보완요소를 찾아 그 부분을 개발한다면 더욱 훌륭한 리더로 발전하는데 도움이 될 것이다.

(1) 맥아더 장군의 리더십 자기점검표

미국의 전략가이며 명장인 맥아더 장군은 평소에 자신의 리더십을 점검하는 17개 항의 체크리스트를 만들어 활용했다고 한다. 특히 조직리더십과 관련하여 자신은 어떤 수준인지 체크해 보자.

표 13.4 더글러스 맥아더 장군의 리더십 자기점검표

번호	내용	진단
1	부하들을 부당하게 비방하지는 않는가? 격려하고 기운을 돋우어 주는가?	
2	부적격자임을 자인한 부하를 제대시킬 때에도 정신적인 용기를 주었는가?	
3	약하거나 잘못을 저지른 인간을 계도하기 위해 힘을 쏟고 격려하였는가?	
4	나는 부하들의 이름과 성격 및 마음속까지 제대로 많이 알고 있는가?	
5	나는 일을 제대로 수행하기 위한 기능·목적·관리방법 등을 숙지하고 있는가?	
6	나는 남에게 부당하게 화내는 일은 없는가?	
7	나는 부하가 나를 기꺼이 따르고 싶게 행동하고 있는가?	
8	나는 내가 해야 할 일을 남에게 맡기고 있지는 않는가?	
9	나는 남의 일들도 나의 일로 만들고, 남에게는 맡기지 못하는 것은 아닌가?	
10	부하에게 실행가능한 책임을 맡김으로써 그들의 자율·자립을 돕고 있는가?	
11	나는 부하의 개인적인 행복에 대하여 그의 가족처럼 관심을 갖고 있는가?	
12	나는 부하들이 자신감을 갖게끔 언행으로 행동하고 있는가?	
13	나는 인격, 몸가짐, 예의 등에 있어 늘 부하의 모범이 되고 있는가?	
14	나는 상관에게는 상냥하고 부하에게는 심술궂은 태도를 취하지는 않는가?	
15	나는 사람들이 보는 앞에서 부하를 야단치지는 않는가?	
16	나는 '일'보다도 '지위'를 우선적으로 생각하고 있지는 않는가?	
17	내 방의 문은 부하에게 언제나 개방되어 있는가?	

❖ 체크리스트 결과를 자신의 리더십 진단에 참고하기 바람

(2) 리더십발휘의 자신감 진단

내가 리더역할을 하게 된다면 어느 정도 자신감을 가지고 있을까? 〈표 13.5〉에서 리더십 발휘의 자신감(Leadership Self-Efficacy)을 알아보자.

표 13.5 리더십 자신감 측정설문

※ 설문문항을 읽고 자신에게 가장 적합한 점수를 부여합니다.

전혀 그렇지 않다	거의 그렇지 않다	별로 그렇지 않다	보통	다소 그렇다	상당히 그렇다	전적으로 그렇다
1점	2점	3점	4점	5점	6점	7점

문항	질문	점수
1	나는 같이 일하는 대부분의 집단에서 효과적인 리더십을 발휘할 수 있다고 자신한다.	
2	나는 다른 사람들을 효과적으로 이끌어 갈 수 없을 것 같다.	
3	나는 마음만 먹으면 다른 사람들보다 리더십을 더 잘 발휘할 수 있다.	
4	나는 문제가 있는 집단이라 하더라도 열정을 가지고 성공적으로 이끌 자신이 있다.	
5	나는 상황과 여건이 좋지 않더라도 다른 사람들을 설득하여 한 방향으로 같이 나가도록 만들 수 있다.	
6	나는 리더십을 발휘하다가 어려움이 닥치더라도 차분하게 잘 극복해 낼 자신이 있다.	

☞ **계산 및 판단**

- 각 항의 점수를 합산합니다.
- 단, 2번 설문의 점수는 반대로 계산합니다. (예; 2점을 부여했으면 6점으로 계산)
- 합산한 점수로써 자신이 리더십 자신감을 판단합니다.

합산점수 (　　)점	나의 리더십 자신감 판단 (　　　　　　)

- 38점 이상: 리더십 발휘에 대해 매우 자신감이 있음
- 31점~37점: 리더십 발휘에 대해 비교적 자신감이 있음
- 24점~30점: 리더십 발휘에 대한 자신감이 조금 부족함
- 23점 이하: 리더십 발휘에 대한 자신감이 매우 부족함

☞ **참고**

- 자료 : 백기복 외(2009), 「리더십의 이해」, 창민사, 71~72.
- 자료내용을 인용하면서 필자가 일부 문장을 다듬어 수정하였음.

(3) 나의 리더십 자질 진단

리더십 자질에 관하여 〈표 13.3〉에 제시된 요소들을 기준으로 스스로 자신의 수준을 진단해 본다.

표 13.6 리더에게 요구되는 주요자질 측정

※ 아래 문항을 읽고 자신에게 가장 적합한 점수를 부여하시오.

매우 미흡함	미흡함	보통 수준	우수함	매우 우수함
1점	2점	3점	4점	5점

번호	요소	의미	점수
1	자기이해	자신의 성격, 욕구, 장·단점 등에 대한 이해 정도	
2	정직	감정이나 사실 등에 관해 거짓없이 표현하는 태도	
3	겸손	상대를 배려하고 자신을 낮추어 우쭐대지 않는 태도	
4	책임감	맡은 일의 완수와 잘못된 결과는 감당하려는 태도	
5	개방성	사람들과 교류하고 새로운 사물을 잘 수용하는 성격	
6	침착성	위급하고 갑작스러운 상황에서도 정상적인 감정을 유지	
7	긍정성	사람이나 상황에 대하여 긍정적으로 생각하는 성격	
8	자율성	자기 일을 스스로 판단하여 해내고자 하는 태도	
9	배짱	위험하거나 어려운 상황에서도 두려워하지 않는 대범함	
10	모험심	불확실한 상황에 위험을 무릅쓰고 행동하려는 마음	
11	감수성	사람들의 감정이나 생각을 빨리 알아차리는 능력	
12	집념	시작한 일을 어려움이 있어도 끝까지 완수하려는 기질	
13	열정	삶에서 일을 즐기고 몰입하는 정신적 에너지	
14	성취욕구	조직의 목표와 가치를 더 높게 실현하고 싶은 욕구	
15	지배욕구	타인에게 영향을 미쳐 자신의 의지를 관철하려는 욕구	
16	지능	사물이나 현상을 정확하고 빠르게 수용하는 지적인 능력	
17	계획성	시간·예산 등 자원들을 목표지향적으로 배분하려는 성향	
18	리더십지식	리더십 이론과 실천에 관한 경험과 지식	
19	외모	타인에게 긍정적으로 어필할 수 있는 외적인 가꿈	
20	체력	계획한 일들을 지속적으로 실천할 수 있는 육체적 능력	

☞ **측정 및 판단**

• 전체 20개 문항의 총점과 평균점수를 계산하여 주요 자질수준을 판단합니다.

구분	총점	평균	판단
점수/판단			

* 판단기준(평균): 매우 우수(4.5 이상), 우수(3.5~4.5), 보통(2.5~3.5) 미흡(2.5점 이하) 전체 평균점수 외에도 개별요소들에 대해서도 관심있게 판단하기 바람.

☞ **참고** • 자료 : 선행연구들을 참고하여 필자가 구성하였음.

(4) 나의 리더십 역량 진단

나의 리더십 역량에 관하여 〈표 13. 2〉와 〈표 13.3〉에 제시된 요소들을 기준으로 〈표 13.7〉에서 스스로 판단해 본다.

표 13.7 리더에게 요구되는 주요역량 측정

※ 아래 문항을 읽고 자신에게 가장 적합한 점수를 부여하시오.

매우 미흡함	미흡함	보통 수준	우수함	매우 우수함
1점	2점	3점	4점	5점

번호	요소	의미	점수
1	의사소통	정보와 감정의 효과적인 의사표현과 상호소통 능력	
2	솔선수범	모범적 언행으로 타인의 준거가 되는 실천적인 행동능력	
3	기획(계획)력	미래의 일에 필요한 자원들의 합리적 활용 구상력	
4	분석력	복잡한 현상을 다양한 각도로 풀어내는 논리적 능력	
5	통찰(직관)력	복잡한 문제의 초점을 간파하고 미래를 내다보는 능력	
6	판단력	일정한 논리나 기준에 따라 사물의 가치를 결정하는 능력	
7	결단력	결정적인 판단을 하거나 단정을 내릴 수 있는 의지나 능력	
8	정신력	어려운 일을 정신적으로 감당하고 지속적으로 지탱하는 힘	
9	감정조절	감정을 상황에 도움이 되도록 조절하고 표현하는 능력	
10	포용력	남들의 단점이나 잘못에도 너그럽게 감싸 받아들이는 힘	
11	엄정함	인정과 이해에 얽매이지 않고 잘잘못에 대한 공정한 행동	
12	창의력	일의 성과를 낼 수 있게 새롭고 뛰어난 생각을 해내는 능력	
13	중재능력	사람들의 갈등과 분쟁을 조정하여 화해를 이루어내는 능력	
14	글로벌 역량	과업에 필요한 외국어능력과 다문화 이해 및 교류능력	
15	용기(용맹)	남들이 꺼리고 두려운 상황에서 위험을 감수하고 나서는 행동	
16	친화력	타인들과 인간적으로 친밀할 수 있는 공감적 행동능력	
17	협동력	팀워크의 시너지효과를 위해 타인들과 협조행동능력	
18	집중력	마음이나 주의를 한 사물이나 일에 쏟을 수 있는 힘	
19	실천력	계획한 일들을 미루지 않고 꾸준히 실행하는 능력	
20	체력	육체적인 부담을 감당하며 지속적으로 활동할 수 있는 힘	

☞ **측정 및 판단**

- 전체 20개 문항의 총점과 평균점수를 계산하여 주요 역량수준을 진단합니다.

구분	총점	평균	판단
점수/판단			

*판단기준(평균): 매우 우수(4.5 이상), 우수(3.5~4.5), 보통(2.5~3.5) 미흡(2.5점 이하)
전체 평균점수 외에도 개별요소들에 대해서도 관심있게 판단하기 바람.

☞ **참고** • 자료 : 선행연구들을 참고하여 필자가 구성하였음.

(5) 나에게 더욱 필요한 자질 및 역량요소 판단

우수한 자질과 역량을 많이 갖추는 것이 실제 리더십을 효과적으로 발휘할 가능성이 높다. 그러나 유념할 일은 강렬한 몇 개의 특성으로 뛰어난 리더십을 발휘할 수도 있고, 우수한 특성을 많이 갖추었어도 한 가지의 역량이 결핍되어 실패할 수도 있다는 것이다.

그렇다면 〈표 12.9〉, 〈표 12.10〉, 〈표 12.12〉에서 설정했던 '나의 이상적인(셀프, 집단, 조직) 리더상'에 비추어 필요한 자질과 역량들은 어떠한 것들일까? 단점을 보완하는 요인일 수도 있고 강점을 더욱 강화하는 요인일 수도 있다. 중요하다고 생각하는 자질과 역량요소를 5개씩 선정하여 〈표 13.8〉에 기록해보자. (참고자료; 표 13.3, 표 13.6, 표 13.7)

표 13.8 나의 '이상적 리더상'에 중요한 자질과 역량요소 선정하기

구분	요소	선정한 이유	현 수준
자질			
역량			

❖ 작성 참고사항

- 본 13장에서 제시된 요인 외에 다른 자질과 역량을 선정할 수도 있음.
- 개인에 따라 5개 이상의 요인들을 선정할 수도 있음

Chapter 14

리더십 역량의 개발방법을 알고 실천하자

학습목표

① 리더십 능력의 원천을 이해하고 현재 나의 리더십의 원천을 비추어 본다.
② 리더십 개발과정과 개인 및 조직적 개발방법을 이해한다.
③ 나의 리더십 보완 및 강화요인에 대한 개발방법을 탐색하고 학습한다.

1. 리더십 개발, 어떠한 방법들이 있을까?

1.1 리더십 능력의 원천과 개발가능성

(1) 리더십 능력의 주요 원천

선천적으로 리더십이 좋은 사람이 있는 반면에 체계적인 교육훈련을 받고도 리더십을 제대로 발휘하지 못하는 사람이 있듯이 개인차가 크고 변수가 많기 때문에 리더십의 원천에 대해서 여러 견해가 있다. 리더십 능력이 생기는 원천들은 대체로 다음의 다섯 가지이다.

첫째, 선천적 자질. 리더본능이 뛰어난 사람은 리더십 교육훈련을 받지 않았음에도 리더십을 효과적으로 발휘한다. 리더의 유전자 형질을 가진 사람이 있는 반면 가지지 못한 사람도 있다.[5] 성격이나 기질 등은 선천성이 큰 것이다. '될 성 싶은 나무는 떡잎부터 다르다'는 이러한 견해를 상징적으로 보여주는 속담이다.

---

5) Nicolson(2001), Executive Instincts, 조헌주 옮김, 「경영자 본능」, 명진출판.

어린 시절 골목대장처럼 무리의 우두머리가 되는 것을 좋아하는 사람도 있고 반면에 남을 따르는 것을 편안하게 받아들이는 사람도 있다. 리더에게는 성취욕구, 지배욕구, 집념, 모험심, 배짱(담력), 용기 등이 중요한데 이러한 기질은 자연스럽게 타고나는 면이 많은 것이다.

둘째, 문화적 환경의 영향 코이라는 잉어는 작은 수족관에 넣어두면 3인치까지 밖에 자라지 않지만, 연못에 넣어두면 약 10인치까지 자라고 커다란 강에서는 48인치까지 자란다고 한다. 사람도 놓여있는 환경에 따라 성장의 결과가 달라지는 것이다.

모험을 즐기는 문화에서 성장한 사람은 안정을 추구하는 문화에서 성장한 사람보다 도전적 리더십을 행사할 가능성이 크다. 자율적 판단을 존중하는 성장환경은 통제적 환경에서보다 셀프 리더십이 배양될 가능성이 크다. 리더십 자질과 역량요소들이 성장환경의 영향을 받으며 형성되는 것이다.

셋째, 교육훈련의 효과 리더십의 후천적 개발을 강조하는 대표적인 주장이다. 리더십이란 학습과 훈련을 통해서 키워낼 수 있는 유동적 능력이기 때문이다. 리더십행동이론들과 각종 리더십훈련 프로그램과 같은 개발론의 매력은 누구나 일정한 훈련을 통해서 효과적인 리더십을 갖출 수 있다는 것이다. 대학의 리더십 교육, 청소년 리더십 과정, 카네기 및 7H리더십 코스, 각계 기업이나 정부기관 등 다양한 리더십 교육훈련과정이 운용되고 있다.

넷째, 리더역할의 경험 공식적이든 비공식적이든 리더지위의 경험이 리더십 배양의 원천이 된다. 학생회 간부나 학과 대표, 프로젝트나 태스크 포스의 리더 역할, 학교의 반장, 동아리 대표, 동료들의 여행팀이나 가족모임의 책임자 등 수고스러운 일들이라 하더라도 리더십을 경험할 수 있는 기회들이다.

군대의 사병경력보다 장교경력을 관리자 요건으로 더욱 우대하는 것도 이러한 이유이다. 그러므로 리더십을 개발하고자 하는 사람들은 리더 역할의 기회가 있을 때 적극적으로 활용하는 것이 좋다. 경험은 훌륭한 스승인 것이다.

다섯째, 자기개발을 통한 함양 육체와 정신을 단련하고 스피치 능력을 키우는 등 리더로서의 면모를 스스로 만들어가는 것도 리더십능력의 중요한 원천이다. 앞에서 학습한 리더의 자질과 역량요소들을 보면서 그러한 요소들을 어떻게 자기개발해 나갈 것인지를 생각해보자.

리더십능력의 원천을 요약하면 〈표 14.1〉과 같다.

표 14.1 리더십 능력의 주요 원천

주요 원천	개념
선천적 자질	리더본능, 성격, 기질, 언변 등 선천적으로 타고나는 성향
문화적 환경	모험문화와 안정문화 등 성장과정 환경의 영향
교육훈련	학교, 조직, 훈련기관 등에서의 교육과 훈련을 통한 배양
리더역할 경험	공식 또는 비공식적인 리더지위의 수행을 통한 배양
자기개발	자질과 역량을 스스로의 학습과 훈련을 통해 배양

(2) 리더십의 개발가능성; 탄생론과 개발론의 견해

리더로서의 자질과 역량은 선천적으로 타고나는 부분도 있고 후천적으로 개발되는 부분도 있다. 리더십의 개발가능성은 매우 흥미로운 리더십 이슈인데 어느 정도 개발이 가능할까?[6)]

리더는 타고나는가 아니면 길러지는가에 대한 논란은 있지만 사실상 무의미한 논란이다. 리더십의 선천적인 자질을 중시하는 탄생론의 입장도 타당하고 후천적으로 길러지는 것이라는 개발론의 입장도 타당하기 때문이다. 다만 후천적으로 어느 정도 길러질 수 있는가가 중요한 관심이다.

6) '리더십 개발'과 유사한 용어들이 많다. '리더 개발', '리더 육성', '리더 양성', '리더십 계발', '리더십 함양' 등인데, 의미가 약간씩 다르지만 본질은 같다. '리더'란 리더십을 발휘하는 역할을 하는 사람이며, '리더십'은 리더가 발휘하는 능력이라는 점에서 모든 의미들을 통칭하여 '리더십 개발'로 사용하기로 한다. 리더십 개발은 리더 육성의 필수 요건이며, 리더를 육성한다는 것은 리더십을 개발하는 것이다.

탄생론의 견해 리더십능력의 주요원천은 선천적 자질과 성장환경이다. 리더란 떠오르는 것이지 임명되는 것이 아니라는 입장이다. 개발론을 옹호하는 이유는 관리자와 리더에 대한 구분의 착각에서 온다. 현대사회에서 장교, 관료, 간부 등 많은 관리자들이 일정한 선발 및 교육과정을 통해 임명된다. 그들은 관리직위에 임명된 후 직책권한 등으로 조직이나 부서를 관리하지만 진정한 리더십을 발휘한다고 볼 수는 없다는 것이다.

탄생론의 입장에서는 개발론에 대해 비판적인 입장이다. 즉, 과연 리더십이 가르친다고 배울 수 있는 것인가에 대해 의문을 제기하는 것이다. 리더십을 학습하면 이해를 잘 할 수는 있겠지만 멋진 리더가 될 것이라고 보기는 어렵다. 훈련을 통해서 리더를 육성할 수 있는 최대 효과를 약 20% 정도로 보기도 하며, 콩거(Conger)는 공식적인 훈련 프로그램을 통해서 리더가 된 사람은 거의 없다고 주장하기도 한다.[7)]

특히 계획능력이나 정보관리 및 의사결정 등의 관리적 기술은 교육훈련으로 개발이 비교적 용이한 요소이지만, 리더로서의 부각에 중대한 영향을 주는 포용력, 담력, 지배성, 모험심 등은 교육훈련으로 쉽게 길러지기 어렵다고 본다.

리더십은 지위나 직책과 같은 형식적 · 외면적 부분을 넘어서 리더십의 피가 약동하는 열정과 동맥을 느껴야 제대로 알 수 있는 것이다.[8)] 따라서 리더십은 리더본능과 같은 기질이나 성장환경으로부터의 체득에서 비롯되는 것이라고 보는 것이다.

개발론의 견해 리더십은 후천적으로 충분히 개발할 수 있다고 보는 견해이다. 리더십능력의 주요원천은 교육훈련과 리더역할 경험 및 자기개발이다. 선천적 자질이 우수하다고 하더라도 현대사회에서 교육훈련의 도움 없이 조직이나 사회에서 리더역할을 올바르고 효과적으로 수행하기는 어렵다고 본다.

---

7) 백기복(2005), 리더십 리뷰, 24-26쪽.

8) A. F. Smith & S. M. Bornstein, 「The Taboos of Leadership」, 강수정 역(2008), 리더십의 비밀, 64쪽.

리더십은 맡은 바 직책에서 관리적 능력과 융합되어 시너지효과로 발휘되는 것인데 체계적인 교육훈련을 통한 관리적 안목과 리더십 개발은 이러한 시너지 효과를 촉진시키기 때문이다. 특히 리더십의 이해와 안목, 커뮤니케이션 능력, 분석력, 배려행동, 동기부여 등의 요소는 개발효과가 큰 요소들이다.

오늘날 지식정보사회는 지식과 기술적 전문성이 중요하므로 리더십도 전문성을 바탕으로 하였을 때 더욱 효과적으로 발휘된다. 특히 전문성에 바탕을 둔 권력의 중요성이 더욱 커지고 있다.

따라서 탄생론과 육성론의 어느 한 쪽에만 동의할 수는 없다. 리더십 능력은 선천적 자질, 경력개발 및 교육훈련을 통한 개발, 그리고 스스로의 학습과 경험을 통해 개발한 부분들의 총합으로 이루어진다고 보아야 할 것이다.

1.2 리더십 개발의 과정

리더십 개발의 과정은 어떻게 진행되는 것이 바람직한가? 조직의 리더십 개발 프로그램이나 자기개발에서 응용이 가능한 프로세스는 필요성의 자각, 미래의 기대, 실행, 조직 전체기능과의 조화, 평가의 단계로 구성할 수 있다.[9] 개인적인 리더십개발도 유사한 과정을 거친다.

① 리더십 개발 필요성의 인식(Awareness) 리더십개발의 필요성은 내부요인과 외부요인에 의해 제기된다. 내부요인으로는 스스로의 문제점 인식, 구성원의 만족도 제고 필요, 경영성과의 문제점 발견, 조직분위기 개선의 필요성, 새로운 비전의 필요성 등이다.

외부 요인으로는 경쟁환경의 변화, 고객의 요구, 새로운 경영기법, 경영여건의 변화 등이다. 프로그램은 담당자들이 최고경영자의 전략적 안목과 구성원들의 의견을 수렴하여 목표와 예산 등을 확정하는 것이 좋다.

9) 박기성, "리더, 어떻게 육성할 것인가?"(2001. 4. 4), LG경제연구원, 「주간경제」 617호 참고.

② 개발요소에 대한 판단(Anticipation) 리더십개발 프로그램은 미래에 소요되는 내용을 중심으로 구성한다. 즉, 시장과 경쟁 및 기술 등의 미래 환경변화에 대응할 수 있는 리더십 역량을 개발하는데 주력하는 것이다.

가령 GE는 미래리더의 조건을 파악하기 위해 세계 각 지역의 경영자들과 인터뷰한다. Johnson & Johnson 등 많은 국제적 기업들은 한 국가에서 성공적인 리더십역량이 다른 나라와 문화권에 어떻게 적용될 수 있으며, 또 어떤 역량이 추가적으로 필요한지를 분석하여 소요를 판단한다.

③ 개발의 실행(Action) 실행은 리더십개발 프로세스의 핵심 단계이다. 리더로 하여금 행동경험의 학습을 통해 리더십 역량을 습득하도록 유도하는 것이다. 가령 GE의 실천학습 프로그램(Action-learning Topic)은 선택된 과제를 수행하는 과정에서 전략방향을 결정하는 스킬 등을 습득하도록 한다.

또한 현장에서의 사업운영방안을 제안하도록 하고, 일부 제안은 실제로 실행하기도 하는 등 경험을 통한 리더십역량 개발을 중시하고 있다. 또한 일정한 변화촉진 프로세스(Change Acceleration Process) 과정을 이수해야 상위계층의 리더로 성장할 수 있도록 한다.

④ 리더십 역량과 조직전체 기능과의 조화(Alignment) 리더십개발은 담당부서에서 수행하면 끝나는 문제가 아니다. 조직 내의 타 기능과 조화될 수 있어야 하고 역량의 개발과 평가 및 승계계획 등이 연계되어야 한다. 리더십개발에 관한 정보가 필요한 부서에 공유되도록 유지하면서 훌륭한 자질을 갖춘 인재를 추적하고 관리한다.

⑤ 개발효과성 평가(Assessment) 리더십육성 프로그램을 적용한 후에는 효과를 평가하여야 한다. 개발업무 담당자와 컨설턴트 등이 중심이 되어 교육 참가자의 반응, 지식습득, 행위 변화, 성과와의 연계, 고객 만족 등과 관련된 사항을 평가한다. 리더십개발은 일회성이 아닌 지속적인 학습과정이므로 효과를 모니터링하고 보완하여 선순환의 사이클이 형성되도록 하는 것이다.

1.3 리더십개발의 방법

리더십개발은 조직차원에서 시행하는 방법과 개인이 스스로 하는 방법으로 나눌 수 있다. 조직과 개인차원의 개발방법은 서로 혼용할 수 있는 것이지만 이해의 편의를 위하여 나누어서 살펴본다.[10)]

(1) 조직에서 시행하는 리더십 개발방법

인재를 키우는 것이 조직을 키우는 길이다. 미국기업을 대상으로 한 조사에 의하면, 시설투자를 10% 늘리면 3.6%의 생산성 향상을, 교육훈련투자를 10% 늘리면 8.4%의 생산성 향상을 가져온다고 한다. 교육훈련에 투입되는 재원은 비용이 아니라 투자라는 사실을 보여주는 것이다.[11)]

기업 등 대부분의 조직에서는 리더양성 및 리더십개발 시스템을 운영하고 있다. 우수한 시스템들은 다음과 같은 공통점이 있다.[12)]

- 리더십개발시스템을 '실시간(realtime)'화하고 강의실 트레이닝보다 '실시간 경험'에 비중을 두고 실제 프로젝트를 수행하는 등 각 개인의 여건을 고려한 개별화된 시스템을 운영한다.
- 조직이 당면한 전략적 과제에 따라 리더에게 요구되는 역량 등의 요소들이 조정된다. 리더의 역량과 도전과제를 서로 맞춰가는 것이다.
- 최고경영진의 관심과 참여 및 후원이다. 최고경영진이 프로그램의 예산과 인력을 적극적으로 지원하고 강사, 멘토, 코치 등으로 참여하면 프로그램의 질과 구성원들의 참여를 높이게 되고 리더십개발효과가 상승한다.
- 이론적 교육 외에 경험이나 행동학습법을 사용하고 경영진이 행동학습의 결과를 검토한다.

---

10) 참고; ① 송영수(2004), 기업 리더십 개발 전략과 방향, ② 서성교(2003), 하버드 리더십 노트, 143-151쪽, ③ Collins. J.(이무열 역, 2002), 좋은 기업을 넘어 위대한 기업으로, 39-71쪽 등.
11) 한국경제신문, 2005. 11. 12. A11면.
12) 제프 스나입스, "포천 500 기업의 리더십개발 비법", 리더피아 2008. 3.

- 리더십 자질과 역량요소들에 대한 의미를 정의할 때, 사전적 정의를 바탕으로 조직의 특수성에 적합하도록 정의한다.
- 관리계층별 리더로서 꼭 갖춰야 할 지식 · 기술 · 동기 · 역량 면에서 모범적인 모델을 설정하여 채용부터 경력개발 및 승진 등에 이르는 인재관리 사이클을 통합한다.
- 핵심역량 모델에 근거하여 역할기대치를 설정하고 인재개발과 조직문화 정의의 가이드라인으로 활용한다.
- 강의실, 온라인, 경험적 학습활동 등 다차원적이고 다양한 학습방법을 사용한다.
- 리더십개발을 인재관리와 통합한다. 핵심인재들의 경력관리와 승계계획에 연계하여 강력한 리더십 후보 진영을 구축한다.

기업이나 공공기관 등의 조직에서 시행하는 교육훈련 등의 리더십개발방법들을 정리하면 다음과 같다.

① 리더십 교육훈련 프로그램 조직에서 시행하는 프로그램들을 총칭하는 것이다. 리더십 강좌, 초빙교육, 리더십 모범사례 소개, 경영자에 의한 교육, 워크샵을 통한 토론과 경험나누기, 고난체험, 리더십역량 진단프로그램 등이다.

② 핵심역량 중심 교육과정 특정직무에 필요한 핵심역량(core competency)을 선별하여 그 역량을 기준으로 인재를 선발하고 교육하는 방법이다.[13] 해당직무에서 우수한 성과를 나타낸 인재들의 특성과 역량요소를 분석하여 채용, 배치, 평가 등 인사관리 전반에서 리더십을 개발한다. 「Good to Great」의 저자 짐 콜린스는 위대한 기업들의 특징은 조직의 진정한 자산인 가치부합태도와 역량을 겸비한 인재를 중시하는 것이라고 하였다.

13) 핵심역량이란 1970년대 미국에서 해외 공보요원 선발에 중시했던 지적 능력(IQ)이 문화적 적응 등 업무성과와 큰 관련성이 없는 것으로 나타나자 대안으로 제시된 것이다.

③ 리더십 파이프라인(Leadership Pipeline) 리더십 파이프라인은 리더육성 및 차세대 리더승계(succession plan)방법의 근간이다. 경력관리와 유사한 방법으로써 사원에서 CEO까지의 단계마다 직책이 갖는 역할과 요구되는 핵심역량 등을 설정한다. 직책에 요구되는 능력과 직면하게 될 도전들을 알게 하고 사다리형으로 역량을 개발하는 시스템으로 상위계층으로의 단계들이 파이프로 이어지게 하는 것이다.

④ 액션 러닝(Action Learning) 방법 구성원들이 프로젝트팀을 구성하여 현장과 밀착된 현안과제의 해결과정을 통해 리더십역량을 개발하는 집단적인 체험학습방법이다.[14] 일반적으로 AL과제선정-팀 구성-AL제안서-리서치활동-성찰-해결대안 제시-적용여부 판단 등의 순서로 진행된다.

AL을 통해 구성원들은 경영환경과 경영시스템 전반에 대한 이해, 창의력 향상, 주인의식 고취, 조직 내 부문상호간 이해 증진, 문제해결 도구 사용방법의 습득, 실무능력 향상, 회의운영기술 습득, 팀워크 향상 등 다양한 리더십 함양효과를 얻을 수 있다.

⑤ 리더직책 수행을 통한 경험학습 경험을 통한 학습은 강의를 듣는 등의 교실학습보다 리더십개발에 더욱 효과적이다.[15] 미국과 일본 및 한국 등 8개국의 상위계층으로의 리더십역량 개발에 관한 연구에 의하면, 가장 효과적인 방법으로 8개국 모두 경험학습을 꼽고 있다.[16] 경험만한 교사가 없는 셈이다.

잭 웰치는 학습효과의 90%는 실무경험을 통해서, 나머지 10%만이 연수원 강의나 교육 등을 통해 학습되는 것으로 보았다. 그러나 경험학습의 한계를 간

---

14) 참고자료. ① 봉현철(2006. 5. 12), "리더십 개발에 있어서 액션러닝의 효과성", 한국리더십학회 학술대회, ② 김석우(2006. 5. 12), "액션 러닝의 일상화를 위한 Cop System 설계－삼성전자 및 ABO사례중심－, 한국리더십학회 학술대회.

15) 百聞而不如一見, 百見而不如一行

16) Yeung & Ready(1995), "Developing Leadership Capabilities of Global Corporations", HRM 34-4, pp. 529-547, 백기복(2005), 리더십 리뷰, 120-124쪽에서 재인용. 리더직책을 통한 경험학습 다음으로 Project/Task Force 등 단기적 경험학습(액션 러닝)과 성과관리 피드백이 효과적인 방법으로 조사되었다.

과하지 말아야 한다. 개리 해멀 런던 경영대학장은 "시장의 선도자냐 낙오자냐를 판가름하는 기간이 과거처럼 10년~20년이 아니다. 불과 몇 개월 사이에 상황이 뒤바뀌곤 하는 시대이기 때문에 더욱 중요한 것은 과거의 경험이 아니라 미래에 대한 상상력이다."라고 하였다.

⑥ 멘토링(Mentoring) 또는 코칭(Coaching) 멘토(mentor)는 좋은 스승이라는 의미이고, 멘토링은 상급자(mentor)와 하급자(mentee)를 연결하여 상급자의 노하우를 하급자 교육에 활용하는 후견인 제도이다. 멘토링의 장점으로는 조직문화에 대한 자연스러운 학습과 적응, 심리적 안정감 부여, 조직 핵심가치의 수용 촉진, 조직충성도와 조직몰입의 증진, 조직내 의사소통의 증진, 선배관리자의 체험에서 형성된 노하우의 활용, 강의 등 지식전달식 교육방법의 보완, 세대 간의 거리감 완화 등이다.

그러나 멘토링의 부정적인 측면들, 가령 멘토 중심의 비공식집단 형성 및 파벌화의 가능성, 공식 라인의 경시 가능성, 멘티에 대한 멘토의 과잉보호, 멘토에 대한 의존감으로 멘티의 자립 지연, 멘토의 지위와 권력에 따른 멘티들의 성장의 차이, 좋지 않은 조직문화의 전수, 멘토의 영향력 때문에 멘티들의 인간관계의 유연성 제약, 중요한 조직정보의 노출, 조직가치보다 멘토의 가치전수, 멘토와 멘티의 상호 실망 등으로 인한 관계악화 등의 부작용이 발생할 수 있음을 유념해야 한다.

그러므로 멘토링시스템을 잘 운용하기 위해서는 유념할 점들이 있다.

① 멘토의 권한이 공식라인의 권한을 넘어서지 않도록 해야 한다. 가령 멘티의 애로사항을 해결할 필요가 있을 때에는 반드시 공식 라인에게 통지하여 공식라인에서 해결하도록 해야 한다는 것이다.

② 멘토에 대한 적절한 보상시스템이 병행되어야 한다. 멘토 역할은 부가적으로 역할이 증가하는 것이므로 보상이 없을 경우에는 부담만 느끼게 되어 형식적인 제도로 유명무실해질 수 있다.

③ 멘티의 실수 등에 대해 멘토에게 책임을 묻지 않아야 한다. 문책은 멘토와 멘티의 관계악화 및 조직 내에 불신의 풍토를 만들 가능성이 있다. 그러므로 멘토링 시스템은 부정적인 측면에 유념하면서 공식구조의 보조적 수준에서 운용하는 것이 바람직하다.

⑦ 구성원의 참여와 권한위임의 활성화 구성원들에게 의사결정 등에 참여시킴으로써 직무를 보는 안목을 높이고 넓히는 것이다. 리더십의 중요한 역량인 판단력, 결단력, 책임감, 협력 등은 직무현장에서의 의사결정 참여 또는 위임된 권한의 행사를 통해서 길러질 수 있다.

(2) 개인적으로 할 수 있는 리더십 자기개발방법

① 자기특성 진단을 통한 자기이해 리더십은 자신의 개성과 능력을 발휘하는 것이다. 그러므로 자신의 특성을 진단하여 자신을 잘 알아야 한다. 자신의 특성을 진단할 부분들은 성격, 욕구, 장점과 단점, 리더십 자신감, 리더로서의 자질과 역량수준 등이다. 이는 자신의 리더십에 대한 자각을 주며 리더십개발을 위한 사전준비라고 볼 수 있다.

자신을 이해한 후에는 바람직한 리더가 되기 위하여 어떻게 보완할 것인가에 대해 피드백을 하는 것, 즉 바람직한 리더로서의 자기특성을 진단하여 개선점을 찾아가는 방식이다.

자기특성을 진단하는 방법은 자기내면과 경험 등의 성찰, 타인으로부터의 조언, 측정설문 등의 활용 등이다. 본서에는 자신의 특성을 진단하는 설문지들의 풍부히 제시되어 있으므로 참고가 될 것이다.

② 리더십 지식의 습득(독서, 강좌 수강 등) '아는 것이 힘이다.' 올바른 실천을 위해서는 올바로 아는 것이 선결되어야 한다. 지식습득으로 개발할 수 있는 부분들은 리더십 이론, 리더의 자질과 역량에 대한 개념, 리더십 사례 등이다.

지식을 습득하는 방법들은 독서, 대학에서의 리더십강좌의 수강, 명사들의 강의 및 TV등에서의 강의 청취, 리더십 전문잡지 또는 신문 등의 구독, 인터넷

자료 탐색, 영화 및 다큐멘타리 자료 등이다.

③ 리더역할 및 교육자 수행기회 적극 활용 가장 바람직하고 적극적으로 활용할 수 있는 방법이다. 가령 학생회 간부, 과제팀의 팀장, 동아리 책임자, 태스크포스의 참여, 여행모임의 책임자, 친목모임의 책임자 등 리더 및 교육자 역할을 경험할 수 있는 기회가 있으면 적극적으로 맡는 것이다. 영국속담에 '잔잔한 바다에서는 훌륭한 뱃사공이 만들어지지 않는다.'고 하였다.

리더 및 교육자 역할의 경험으로부터 개발할 수 있는 요소들은 판단력, 커뮤니케이션능력, 결단력, 계획능력, 추진력, 협동력, 솔선수범, 친화력, 동기부여능력 등 리더십과 관련한 전반적인 요소들이다.

④ 성공리더 사례탐구와 벤치마킹 성공한 리더들의 특성이나 삶의 과정을 분석하고 본받도록 하는 방법이다. 우둔한 사람은 자신의 경험에서도 교훈을 얻지 못하고 지혜로운 사람은 다른 사람의 경험에서 배운다. 본받을 수 있는 리더들은 역사적인 위인, 국가와 사회의 지도자들, 성공한 사회적 명사, 내가 속한 조직의 멋있는 리더들, 가정과 학교 및 집단에서 존경을 받고 자기성취를 한 분들 등 매우 많고 활동분야도 다양하다.

그들은 어떤 환경에서 어떤 비전을 세웠는가? 비전과 목표를 이루기 위해 어떤 노력을 하였는가? 장점을 어떻게 키우고 발휘하였는가? 구성원들에게 어떻게 희망을 불어넣고 능력을 발휘하게 하였는가? 어떻게 신뢰와 존경을 받았는가? 난관에 부닥쳤을 때 어떻게 극복하였는가? 이런 질문들에 대해 자기의 답을 찾는 것이 벤치마킹이며 사례분석이다.

가용한 자료들은 리더들의 자서전, 리더들을 분석한 서적들, 리더십의 의미가 담긴 영화 또는 드라마, 리더들의 다큐멘타리 영상자료, 역사를 다룬 자료들, 리더십을 배울 수 있는 만화 등이다.

⑤ 연습과 훈련 리더십 지식을 습득하고 성공한 리더들의 사례를 연구하여 벤치마킹하더라도 역량을 갖추기 위해서는 연습과 훈련이 필수적이다. '아는

것'은 연습과 훈련을 통해 '할 수 있는 것'이 된다. 체력단련, 어학능력 개발, 스피치 연습, 자신감 있는 행동, 카리스마 등 리더의 많은 면모들은 연습과 훈련 등을 통해 길러질 수 있다.

⑥ 견문의 확대 견문을 넓히는 것은 책이나 강의를 통해 지식을 쌓는 것보다 생생하고 리더십개발 효과가 크다. 목적을 가진 여행은 가장 대표적인 견문을 넓히는 방법이다. 어떤 전략연구가는 실제 전투가 벌어졌던 현장을 방문하여 실제지형을 보면서 책에 담긴 지식을 견주어가며 전투지휘방법을 연구하였다.

가령 글로벌 역량을 배양하고자 하면 현장을 다녀보며 견문을 넓히며 체험을 하여야 한다. 가령 워킹 홀리데이 체험이나 국내의 외국문화관 순례 등은 좋은 방법이다.

⑦ 체험의 확대 팀을 이룬 산악트레킹이나 해양훈련 및 혹한기 등의 고난체험도 체력단련은 물론 팀 구성원간의 인간관계와 감수성훈련 및 감정조절 등에 도움이 된다. 특히 고난의 체험은 자신의 현재모습과 삶을 살펴보게 하여 생에 대한 책임감과 의지를 개발하는데 도움이 둔다. 자기성찰을 통해 강인함을 길러 성장을 돕는 것이다.

⑧ 멘토로부터의 코치 우둔한 사람은 남을 가르치려 하고 지혜로운 사람은 남으로부터 배우려고 한다. 자신을 관찰해주고 조언을 해 줄 수 있는 사람, 즉 멘토를 두는 것은 매우 지혜로운 일이다. 멘토는 스승, 가정의 어른, 신앙활동에서의 성직자, 선배, 좋은 친구 등 누구도 될 수 있으면 여러 명일 수도 있다.

자신의 언행, 성격, 의사소통, 인간관계 등에 대해 상담을 하며 조언을 듣는 것은 성장을 위해 유용한 도움을 줄 뿐만 아니라 용기와 자신감을 준다.

특히 젊은 시절에는 저명한 인사들과의 직접 만남과 교류할 수 있는 경험을 하면 사회적 네트워크를 만들 수 있는 기회도 되고 사회적 용기를 얻는데 도움이 된다. 대학의 교수나 대화하고 싶은 인사들에게 방문, 메일, 편지 등을 통해 만남의 기회를 만든다. 여러 명이 팀을 이루어 활동하는 것도 바람직하다. 막연하게 만나는 것은 바람직하지 않으며 그분들의 경험과 성공과정 등 미리 대화에 필요한 자료와 내용들을 준비하는 것이 좋다.

이러한 대화와 교류는 용기, 자신감, 지식, 커뮤니케이션 능력, 사회적 예절 등을 키우는데 도움이 된다.

⑨ 생활의 재설계 자신의 생활을 점검하고 재설계하여 자기개발여건을 개선하는 일이다. 우선 생활의 현 상태를 점검하는데, 진단표를 활용할 수 있다. 진단 후에는 개선점을 찾아 생활을 재설계한다. 블루오션 전략의 ERRC모형 등을 이용하면 자기개발여건의 개선에 유용한 방법이 된다.

이상에서 살펴본 개인수준의 리더개발방법들을 요약하면 〈표 14.2〉와 같다.

표 14.2 개인적으로 할 수 있는 리더십 개발방법(요약)

리더십 개발방법	개념
자기특성 이해	자신의 리더십관련 특성을 진단하여 이해하고 개선점을 찾는 방식
리더십 지식습득	리더십 이론, 리더의 자질과 역량에 대한 개념, 리더십 사례 등에 대한 학습을 통해 리더십 지식을 습득
리더 및 교육자 역할 경험	조직 내외의 활동에서 리더역할 및 교육자 임무를 맡아 체험하면서 리더로서의 자질과 역량을 배양
성공리더 사례 학습과 본받기	성공한 리더들의 특성이나 삶의 과정에서 교훈을 찾아내어 본받도록 하는 방법
연습과 훈련	리더로서 갖춰야 하는 기술이나 역량들을 선정하고 그것을 연습과 훈련을 통해 배양함.
견문의 확대	다양한 견문을 통해 리더로서의 안목을 넓히고 자기성찰을 하여 리더십 능력을 배양하는 방법
체험의 확대	각종 고난체험을 겪으며 자기성찰을 하고 대인관계능력을 발전시키며 자신의 역량을 강화하는 방법
멘토링과 코칭받기	개인적으로 자신을 관찰하여 조언해줄 수 있는 사람으로부터 상담을 하며 조언을 듣는 등 자기성장에 도움을 받는 방법
생활의 재설계	자신의 생활을 점검하고 재설계하여 자기개발여건을 개선

자료 : 필자가 구성하였음.

(3) 리더십 개발방법의 의미 요약

리더십의 원천들과 개발방법들의 의미를 간추려본다.

첫째, 리더십 역량은 한 가지 단일방법에 의해서만 길러진다기보다는 선천성과 교육훈련 및 리더경험 등 여러 원천을 두루 거치며 길러진다. 다만 각 원천들의 비중은 다를 수 있다. 영화 〈글래디에이터〉에서 막시무스 장군의 모습은 리더십이 다양한 원천의 경로를 거쳐 배양되는 것임을 잘 보여주고 있다.

둘째, 리더십은 선천적 자질과 성장환경의 결합을 통해 바탕이 형성되고, 개발훈련을 통해 보완 및 강화된다. 커뮤니케이션이나 동기부여 및 행정관리 등 기술적 능력들은 교육훈련에 의해 후천적으로 개발이 비교적 용이한 부분이고, 지배욕구나 대담함 및 도전기질 등의 리더본능과 관련한 자질들은 후천적 개발이 쉽지 않다.

그러나 리더직책의 경험과 고난체험 및 성공리더 벤치마킹 등은 리더본능과 역량을 일깨우고 강화하는데 큰 도움이 될 수 있다. 좋은 재목으로 좋은 작품을 만들기가 쉽지만, 리더개발이란 현재의 재목으로 좋은 작품을 만들어가는 노력의 과정이라는 점을 명심하자.

셋째, 지식정보사회에서는 체계적 훈련을 통한 리더십개발이 더욱 중요해진다. 현대사회는 전문적인 지식과 기술을 바탕으로 이루어지는 사회이므로 리더의 충실한 직무전문성 바탕은 리더십효과를 증폭시킬 수 있기 때문이다.

2. 나의 리더십역량을 어떻게 개발할 것인가?

(1) 나의 리더십 개발요소와 개발구상

현재는 미래의 출발점이고 우리는 모든 순간에서 새롭게 태어나는 것이다. 우리는 제12장에서 자신의 '이상적 리더상'을 정립하였고, 그 리더상에 필요한 자질과 역량요소들을 〈표 13.8〉에서 5개씩 선정하였다. 다섯 개씩의 요소들에 대해 〈표 14.2〉의 개발방법들을 참고하여 구체적인 개발방안을 작성해보자.

① 리더십 자질요소의 개발

가령, 나에게 필요한 자질 중에서 '윤리적 품성'이 부족하여 개발하여야 한다고 가정해 보자. 나의 '윤리적 품성'을 어떻게 개발할 것인가? 다음과 같은 방법을 활용할 수 있다.

- '윤리'와 관련한 과목을 이수하여 지식을 갖춘다. (윤리학, 인생과 도덕 등)
- '올바른 삶'에 관한 실천목록을 만들어 점검한다.
- 사회적으로 존경받는 분들에 관한 자료를 학습하여 그분들의 삶을 본받아 나의 윤리관을 정립한다. (자서전, 평전, 다큐 동영상자료 등)
- 훌륭한 교수님, 어른, 선배를 모시고 '윤리적 품성'에 대해 대화를 나눈다.
- 종교를 갖는다. 신앙생활을 충실하게 한다.

표 14.3 나의 '이상적 리더상'에 필요한 자질의 구체적인 개발방안

자질 요소	구분 (강점/약점)	구체적인 개발 방법

② 리더십 역량요소의 개발

가령, 나에게 필요한 역량 중에서 '언변능력'을 개발하여야 한다고 가정해 보자. 나의 '언변능력'을 어떻게 개발할 것인가? 다음과 같이 구상할 수 있다.

- 언변능력 관련 강의 등 수업을 받고 관련자료를 학습하여 지식을 쌓는다.
- 주변사람들로부터 나의 '언어습관'에 대해 의견을 수렴하여 장점과 문제점(사투리, 발음, 나쁜 습관 등)을 발견하여 교정한다.
- 비언어적 표현에 관한 나의 습관에 관해 의견을 수집하여 교정한다.
- 나의 언변능력의 장점과 개선점 목록표를 만들어 실천한다.
- 특정한 주제에 관해 나의 발표 등을 녹음하여 듣는다.
- P/T 등 발표기회를 스스로 자청하고 적극적으로 활용한다.

표 14.4 나의 '이상적 리더상'에 필요한 역량의 구체적인 개발방안

역량 요소	구분 (강점/약점)	구체적인 개발 방법

(2) 나의 생활방식의 점검과 혁신하기

지금까지 나의 '이상적 리더상'을 정립하여 개발할 리더십요소를 선정하고 개발방법을 탐색하였다. 남은 과제는 실천이다. 성실한 실천을 통해 멋진 리더로서의 자신감을 키우고 능력을 갖추어 나가자.

먼저 자신의 생활방식을 점검해보자. 리더십개발노력에는 시간과 비용, 그리고 노력의 투입이 필요한데 만일 현재의 생활방식에 문제가 있다면 생활방식을 혁신해 나가야 한다. 미래의 성공을 꿈꾸는 사람이라면 솔개의 재탄생과정을 음미해보자.

솔개의 자기혁신 솔개는 장수하는 조류인데 약 70년까지 수명을 누릴 수 있다고 한다. 다만 그렇게 장수하려면 약 40년이 되었을 때 매우 고통스럽고 중대한 결심을 해야만 한다. 솔개는 40년쯤 살면 발톱이 노화하여 사냥감을 제대로 잡아챌 수 없게 된다. 부리도 길게 구부러져 가슴에 닿을 정도가 되고, 깃털은 두꺼워지고 날개는 무거워져서 하늘로 날아오르기가 힘들게 된다.

이즈음이 되면 솔개에게는 두 가지 선택이 있다. 그대로 죽을 날을 기다리든가 아니면 약 반년에 걸친 매우 고통스런 갱생의 과정을 수행해야 한다. 갱생의 길을 선택한 솔개는 산 정상부근에 둥지를 짓고 고통스런 수행을 시작한다.

먼저 부리로 바위를 쪼아 부리가 깨지고 빠지게 만든다. 그러면 서서히 새로운 부리가 돋아나는 것이다. 그런 후 새로 돋은 부리로 발톱을 하나하나 뽑아낸다. 새로 발톱이 돋아나면 날개의 깃털을 하나하나 뽑아낸다. 이리하여 새 깃털이 돋아난 솔개는 새롭게 변신하게 된다. 그리고 다시 힘차게 날아올라 30년의 수명을 더 누리게 되는 것이다.

현재의 나의 생활은 '나의 이상적 리더상'을 향해 얼마나 충실하게 목표지향적으로 실행되고 있을까? 〈표 14.5〉의 '자기관리 척도검사'의 6개 요소(목표세우기, 우선순위 정하기, 계획하기, 실행하기, 평가하기, 정보 이용하기)진단을 통해 일상생활을 점검해 보자.

표 14.5 자기관리 검사척도

※ 각 문항을 읽고 자신에게 가장 잘 해당되는 점수를 부여하시오.

전혀 아니다	약간 아니다	보통이다	약간 그렇다	매우 그렇다
1점	2점	3점	4점	5점

번호	나는 무슨 일을 할 때 ______	점수
1	분명한 목적을 가지고 한다.	
2	목표(장기, 중기, 단기)를 세운다.	
3	행동에 옮길 수 있는 구체적인 목표들을 설정한다.	
4	목표달성 예정일을 정한다.	
5	해야 할 일의 우선순위를 정한다.	
6	일의 중요도(중요한 일과 덜 중요한 일)에 따라 순서를 정한다.	
7	일의 긴급도(급히 해야 할 일과 급하지 않은 일)에 따라 순서를 정한다.	
8	일의 중요도와 긴급도 모두를 고려하여 순서를 정한다.	
9	계획하는 시간을 따로 마련한다.	
10	계획(장기, 중기, 단기)을 세운다.	
11	계획을 세우고 계획한 일과 그 일에 필요한 소요 시간을 써둔다.	
12	빡빡한 계획보다는 실행이 가능하도록 여유있게 계획을 세운다.	
13	계획표에 따라 생활하는 편이다.	
14	계획한 것을 실천하는 데 별 어려움을 느끼지 않는다.	
15	어려움이 있더라도 강한 의지와 투지를 발휘하여 목표를 달성한다.	
16	계획은 좋은데 실천이 따르지 않는다는 말을 자주 듣지 않는다.	
17	일의 진행과정과 성과에 대해 평가해본다.	
18	이 일이 나에게 필요한 일이고 가치 있는 일인지 생각해본다.	
19	내가 끝내지 못한 일은 무엇이고 그 원인은 무엇인지 생각해본다.	
20	다음 계획에 반영시킬 일이 무엇인지 생각해본다.	
21	일에 도움이 될 만한 정보(TV, 신문, 잡지, 컴퓨터 등)를 가능한 모은다.	
22	정보를 이용한 후 내용에 대한 간단한 요약과 메모를 해둔다.	
23	정보에 대한 정확성과 유용성을 따져본 후 이용한다.	
24	정보를 얻고 이용하는 데 별 어려움이 없다.	

☞ 채점 및 판단

• 영역별 점수합계와 총점을 아래 표에 적고 우수한 정도를 판단합니다.

영역	해당문항	점수	판단기준				판단
			매우 우수	우수	보통	미흡	
목표 세우기	1~4번		17점~ 20점	13점~ 16점	9점~ 12점	4점~ 8점	
우선순위 정하기	5~8번						
계획하기	9~12번						
실행하기	13~16번						
평가하기	17~20번						
정보이용하기	21~24번						
총점			100점~ 120점	78점~ 99점	54점~ 77점	24점~ 53점	

☞ 참고

• 자료 : 김창민 외(2011), 「대학생과 리더십」, 홍릉과학출판사, 93~94쪽.

〈표 14.5〉의 진단을 바탕으로 〈표 14.6〉에서 제시하는 6개 항목의 행동전략 및 실천방안은 '셀프 리더'로서의 충실한 생활에 유용한 도움이 될 것이다.

표 14.6 셀프 리더십의 행동전략 및 실천방안

자기목표 설정	행동변화를 위해 빠르게 성취할 수 있는 구체적인 현실적 목표를 설정함. • "오늘은 보고서의 첫 페이지를 작성하자."
자기관찰	자신의 일과 행동에 대한 다른 사람들의 반응을 알기 위해 모니터링함. • 자신의 이야기에 다른 사람들이 좋아하고 싫어하는 반응내용을 파악함.
예행연습	목표달성 행동의 실천을 위해 기술향성과 자신감을 쌓는 연습을 함. • 거울 앞에서 녹음기를 가지고 발표연습을 함.
자기보상	목표달성을 위한 일을 올바르게 해낸데 대해 스스로를 칭찬하고 보상함. • 보고 싶었던 영화를 관람하거나 원했던 물건을 구매함
자기처벌	변화행동이 다시 되돌아가거나 부적절하게 행동하면 자기비판과 처벌함. • 추가시간의 일을 더해서 휴식을 줄이거나 계획된 여행을 취소함.
단서활용	부적절한 행동을 조장하는 단서의 제거 및 바람직한 행동의 단서를 배열 • 금연을 위한 재떨이 제거, 독서를 위해 읽을 도서를 눈에 띄는 곳에 둠.

자료 : 이상호(2009), 「조직과 리더십」, 북넷, 306~307쪽. 인용하면서 문장 일부를 재정리함.

사람들의 현재의 생활을 점검해 보면 그 사람의 미래를 가늠할 수 있다. 우리는 대학생이든 직장인이든 현 시점에서 정상적으로 해야 할 일이 있다. 특히 젊은 날은 미래를 준비하는 기간이므로 시간을 알차게 써야 한다.

그럼에도 밤새 게임에 빠져있다든지, 과도한 음주로 시간을 허비한다든지, 걱정만 하면서 무기력하게 시간만 보내고 있으면 성공할 수 있는 인생을 스스로 포기하는 것이다. 성공은 생각 속에서 오는 것이 아니라 실천을 통해 이루어지는 것이므로 생활을 혁신해야 한다. 미래를 바꾸고 싶으면 현재를 바꾸어야 한다는 점을 명심하자.

생활방식을 재설계하고 싶으면 ERRC개념이 도움이 될 수 있다. 프랑스 인시아드 경영대학원의 김위찬 교수와 마보안 교수는 「블루오션 전략(Blue Ocean Strategy)」을 발간하여 큰 반향을 일으켰다.

그들은 목적달성을 위한 분석법의 하나로 ERRC를 제시하였는데, 이는 당연한 듯이 받아들이고 있거나 익숙하게 적응되어 있는 현재의 생활에서 제거, 감소, 증가, 창조할 부분을 찾아 실행하는 것이다. 즉 다음의 네 가지 사항을 점검하고 실행목록을 작성하는 것이다.

- 제거(Eliminate) 현재의 생활에서 제거할 요소는 무엇인가?
- 감소(Reduce) 현재의 생활에서 감소시켜야 할 요소는 무엇인가?
- 증가(Raise) 현재의 생활에서 증가시켜야 할 요소는 무엇인가?
- 창조(Create) 현재의 생활에서 새롭게 창조해야 할 요소는 무엇인가?

이 질문에 대한 답은 생활을 더욱 건강하고 건설적으로 만드는 것에 초점을 두어야 한다. 가령 체력 증진이 필요한데 운동을 하고 있지 않다면 운동시간을 새롭게 편성해야 하고, 음주횟수가 과다하다면 감소시켜야 한다. 실행목록을 작성해보자. 〈표 14.7〉의 ERRC 행동목록은 생활계획을 수립하고 실천하는데 도움이 될 것이다.

표 14.7 ERRC 모형에 의한 실천행동목록 작성하기

구분	행동목록
제거할 행동	• • • • •
감소할 행동	• • • • •
증가할 행동	• • • • •
창조할 행동	• • • • •

3. 리더십 개발방법의 사례 토의

(1) 리더십 개발방법에 관한 토의

자신이 설정한 방법과 동료들이 설정한 방법을 서로 비교하고 토의하면서 리더십 개발방법에 대한 안목을 넓히고 더 좋은 방법을 찾도록 하자.

(2) 매듭을 지으며

지금까지 학습한 내용을 돌아보며 인생과 리더십의 의미를 정리해 보자.

첫째, 성공하는 인생에는 리더십이 중요하다는 점을 인식하자. 리더십은 남들을 이끌어가는 능력이면서 자신의 삶을 이끌어가는 능력이라는 점을 명심하자.

둘째, 여행을 떠날 때 지도가 필요하듯이 인생여정에도 지도가 필요하다. 인생의 지도(life map)는 삶의 사명과 비전 및 목표를 정립하고 실천방안을 수립하는 것이다. 이 책은 인생지도를 작성하는 가이드북이다.

셋째, 리더십 능력의 구비에는 선천적인 자질이 중요하지만 현대사회에서는 후천적인 개발이 매우 중요하다. 교육훈련과 리더역할의 기회를 적극적으로 활용하고 자기개발에 힘쓰자.

넷째, 용기있고 주도적인 생활습관을 기르자. 용기는 미지의 문을 두드리는 도전적 마인드이다. 두드리지 않는 문은 열리지 않는다. 미래도 하나의 문이다. 아울러 끌려 다니는 생활이 아니라 주도하는 생활을 습관화하자.

다섯째, 미래를 위해 '리더가 되면 해야 할 일들'을 정리해 두고 역할이 주어지면 멋지게 발휘하자. 자신의 특유의 리더십을 위한 역량을 갖추어 나가자.

여섯째, 리더십이란 좋은 성과를 창출하고 구성원들의 추종을 받으며 성공하는 길이다. 혼자만의 힘으로 하기보다는 사람들과 협력하고, 나만의 성공이 아니라 남도 함께 성공하게 하는 상생(相生)정신으로 사회의 좋은 좌표가 되자.

일곱째, 현재의 생활을 개선할 부분을 찾아 과감하게 혁신해 나가자. 현재를 변화시키는 것이 미래의 성공을 만드는 길이다.

참고문헌

강우란 외(2009), 「혁신의 리더들」, 삼성경제연구소.

고려대 행동과학연구소(1999), 「심리척도 핸드북」, 학지사.

김경수 외(2004), "명장의 리더십에 관한 연구", 「경영학 연구」, 22(5), 1355-1396.

김광수 외(2010), 「대학생과 리더십」, 학지사.

김성국(1999), 「조직과 인간행동」, 명경사.

김성수(2010), 「21세기 글로벌 리더십 개발」, 탑북스,

김성환(1999), 「K 이론」, 한국능률협회.

김용관 외(1997), 「복잡성과학의 이해와 적용」, 삼성경제연구소.

김정휘 외(1998), 「교육심리학 탐구」, 형설출판사.

김준봉(1997), 「리더십」, 박영사.

김창걸(2003), 「리더십의 이론과 실제」, 박문각.

김창민 외(2011), 「대학생과 리더십」, 홍릉과학출판사.

김현택 외(2003), 「현대 심리학의 이해」, 학지사.

김홍국(1999), "21세기 리더십: 패러다임 전환과 리더의 역할", 「인적자원개발연구」, 제1권 1호, 1999. 2.

동아일보 경제부(2002), 「한국대기업의 리더들」, 김영사.

류지성(2012), 「마음으로 리드하라」, 삼성경제연구원.

박기찬 외(2005), 「경영의 교양을 읽는다」, 더난출판.

박동수 외(2004), 「조직행동」, 경세원.

박영택(2005), 「Innovation Stories」, Nemo Books.

박원우(1997), 임파워먼트; "개념정립 및 실천방법 모색", 「경영학연구」, 한국경영학회, 26(1), 115~138.

박유진(2001. 12. 13), "리더십 개발을 위한 교육방법", 충성대연구소 리더개발 세미나.

박유진(2011), 「리더십 마인드 & 액션」, 양서각.

박지원(2012), “커뮤니케이션의 걸림돌, 자기중심성”, LG Business Insight, 2012. 6. 6.
백기복(2000), 「이슈 리더십」, 창민사.
백기복(2005), 「리더십 리뷰」, 창민사.
백기복 · 정동일(1998), “한국 경영학계의 리더십 연구 30년; 문헌검증 및 비판”, 「경영학연구」 27집, 113-156.
삼성경제연구소(2012), 「리더의 인생수업; 위대한 리더를 만든 20가지 힘」.
서성교(2003), 「하버드 리더십 노트」, 원앤원 북스.
서재현 · 설현도 · 송상호 · 이호선 공역(2007), 「조직행동론」, 한경사, 311-312.
송영수(2004. 11. 24.), “기업의 리더십 개발 전략과 방향”, 지휘통솔세미나, 교육사.
신유근(1996), “한국기업 최고경영자의 행동특성과 리더십 스타일”, 「인사 · 조직연구」 제4권 제2호, pp. 360-391.
신응섭 외(1999), 「리더십의 이론과 실제」, 학지사.
안동대학교(2011), 「자기계발 학습포트폴리오 가이드」.
양봉희, 김동주, 박유진(2013), 「리더십 로드맵」, 북코리아.
오세철(1982), 「조직행동 -인간 · 조직의 이론과 문제-」, 박영사.
육현표(1997), 「위기를 반전시키는 리더십」, 삼성경제연구소.
윤정구(2006. 11. 24), “한국 리더십 학문 및 교육체계의 정립”, 국방대 리더십정책 포럼.
이면우(1992), 「W이론을 만들자」, 김영사.
이면우(1998), 「신 창조론」, 한국경제신문사.
이문선 · 강영순(2000), “변혁적 리더십과 조직시민행동 간의 자긍심 및 조직몰입의 매개효과”, 「인사관리연구」, 한국인사관리학회, 24(1), 33-57.
이상민 외(2006), 「리더십 대탐험」, 다만북스.
이상호(2001), “경영학계의 주요 리더십 이론 및 국내 연구 활동”, 「인사관리연구」 한국인사관리학회, 24(2), 1～40.
이수도(2002), 「인간관계론」, 형설출판사.
이영돈(2006), 「마음」, 예담.
이장우 · 이민화(1994), 「흔 경영」, 김영사.
이홍(1996), “카리스마적 리더십과 수단적 리더십: 두 리더십의 공존성에 대한 탐색적 연구”, 「경영학연구」 한국경영학회, 25(1), 183～201.
정광호(2005), 「CEO 경영우화」, 매일경제.
정명호(1997), 「패러독스와 경영」, 삼성경제연구소.
최병순(2010), 「군 리더십」, 북코리아.

최연(2001), "자기희생적 리더십: 연구현황과 과제", 「인사관리연구」, 한국인사관리학회, 24(2), 219~237.
홍사중(1997), 「리더와 보스」, 사계절.

김위찬 · 마보안(2005), *Blue Ocean Strategy* (강혜구 역, 2005), 「블루오션 전략」, 교보문고.
미야타 야하치로(김영철 역, 2001), 「경영학 100년의 사상」, 일빛.
사사 야츠유리(조학제 역, 1999), 「평상시의 지휘관 유사시의 지휘관」, 연경문화사.
칸노 히로시(2006), 「보스턴컨설팅그룹의 리더십 테크닉」, 비즈니스맵.
Balman, L. & Deal, T., *Reframing Organizations* (김영진 외 역, 1985), 「비전시대의 조직 패러다임」, 미래경영개발연구원.
Burns, J., *Leadership*(1985), (한국리더십연구회 역, 2000), 「리더십 강의」, 생각의 나무.
Christopher Hoenig, *Think Leaders*, 박영수 역(2009), 「위기를 극복한 리더들의 생각을 읽는다」, 예문.
Collins. J.(2001), *Good to Great*, 이무열 역(2002), 「좋은 기업을 넘어 위대한 기업으로」, 김영사.
Crainer, Stuart(2000), *The Management Century*, (박희라 역, 2000), 「경영의 세기」, 더난출판.
Durschmied(1999), (강미경 역, 2001), 「아집과 실패의 전쟁사」, 세종서적.
Green, R. *The Art of Seduction*(강미경 역, 2002), 「유혹의 기술」, 이마고.
Howard Morgan, et al.(2006), *The Art and Practice of Leadership Coaching*, 홍의숙 외 옮김, 「리더십 코칭 50」, 거름.
John Adair, *Inspiring Leadership*, 이윤성 역(2008), 「리더의 탄생」, 미래의 창.
John H. Zenger et al.(2007), *The Extraordinary Leader*, 김준성 외 옮김, 「탁월한 리더는 어떻게 만들어지는가」, 김앤김북스.
Johns. P., & Kahaner, L. (1995), (이진우 역, 2004), 「미션」, 거름.
Mitroff (하정필 역, 2006), 「미트로프 위기경영」, 범한서적.
Northouse, Peter G. *Leadership* (김남현 외 역, 2009), 「리더십」, 경문사.
Paul Taffinder (2002), *The Leadership Crash Courxes*, 신현승 옮김, 「리더십 훈련」, 넥서스북.
Reardon(2000), *Inner Circle* (장혜정 역, 2001), 「이너 서클」, 위즈덤 하우스.
Regan Geoffrey, *Historical Blunders* (장동현 역, 1994), 「세계사의 대실수」, 세종서적.
Roberts. W.(최창현 역, 2004), 「위기관리의 리더십」, 한언.

Treber Waldoke et al.(2007), *The 18 Challengers of Leadership*, 이영숙 역, 「리더가 넘어야 할 18개의 산」, 미래의 창.

Wheatley, Margaret F.(1999), *Leadership and New Science*, (한국리더십학회 역, 1999), 「현대과학과 리더십」, 21세기 북스.

Bass, B.M. & Avolio, B.J.(1990), "The implications of transactional and transformational leadership for individual, team, and organizational development", *Research in Organizational Change and Development*, 4, 231~272.

Bass, B.M.(1985). *Leadership and Performance beyond Expectations*. NY: The Free Press.

Bass, B.M.(1990), *Bass and Stogdill's Handbook of Leadership: Theory, Research, and Managerial Application*(3rd ed.), NY: The Free Press.

Bennis, W.G. & Nanus, B.(1985), *Leader: The Strategies for Taking Charge*, NY: Harper & Row.

Bennis, Warren G.(1989), *On Becoming a Leader*, Addison-Wesley.

Blake, R.R. & Mouton, J.S.(1964), *The Managerial Grid*, Houston, TX: Gulf Publishing.

Burns, James M.(1978, 1985), *Leadership*, Harper Colins Pub. Inc.

Choi, Y & Mai-Dalton, R.(1999), "The model of followers' responses to self-sacrificial leadership: An empirical test", *Leadership Quarterly*, 10(3), 397~421.

Conger, J.A.(1989), *The Charismatic Leader: Behind the Mystique of Exceptional Leadership*, Cal.: Jossey-Bass.

Conger, J.A., & Kanungo, R.N.(1987), "Toward a behavioral theory of charismatic leadership in organizational setting". *Academy of Management Review*, 12(4), 637~647.

French, J.R.P.Jr. and B. Raven(1959), "The Bases of Social Power", in Cartwright, ed., *Studies of Social Power*, MI: Institute of Social Research.

Hater, J.J. & Bass B.M.(1988), "Superiors' evaluations and subordinates' perceptions of transformations and transactional leadership", *Journal of Applied Psychology*, 73, 695~702.

Hawley, A.H.(1963), "Community Power and Urban Renewal Success", *The American Journal of Sociology*, vol.68, Jan., pp.422-431.

Hersey, P. & Blanchard, K.H.(1982), *Management of Organization Behavior: Utilizing Human Resource*(4th ed.), Englewood Cliffs, NJ: Prentice Hall.

House, R.J. & Shamir, B.(1993), "Toward the integration of transformational, charismatic, and visionary theories", In Chemers, M.M. & Ayman, R.(eds.), *Leadership Theory and Research: Perspectives and Directions*, CA: Academic Press.

House, R.J.(1971), "A path-goal theory of leadership effectiveness", *Administrative Science Quarterly*, 16, 321~338.

House, R.J.(1977), "A 1976 theory of charismatic leadership". In Hunt, J.G. & Larson, L.L.(Eds.) *Leadership: The Cutting Edge*, Carbondale: Southern Illinois University Press.

House, R.J., Spangler, W.D., & Woycke, J.(1991), "Personality and charisma in the U.S. presidency: A psychological theory of leadership effectiveness", *Administrative Science Quarterly*, 36, 364~396.

Hughes, et al.(1996), *Leadership*, 2nd ed., Irwin.

Kelley, R.E.(1994), *The power of followership*, NY: Doubleday Dell.

Kotter, J.P.(1979), *Power in Management*, Amacom.

Lerbinger O.(1997), *The Crisis Manager; Facing Risk & Responsibility*, N.J, Lawrence Erlbaum Associates.

Likert, R.(1961), *New Patterns of Management*, NY: McGraw-Hill.

Manz. C.(1992), *Mastering Self-Leadership: Empowering Yourself for Personal Excellence*, Prentice-Hall.

McClelland, D.C(1975)., *Power: The Inner Experience*, John Wiley & Sons.

McClelland, D.C(1985). *Human Motivation*, Scott Freshman.

Meindl, J. R(1990). "On Leadership, An alternative to the conventional wisdom", *Research in Organizational Behavior*, 12, 159-213.

Mintzberg, H.(1973), *The Nature of Managerial Work*, N.Y: Harper & Row.

Mitroff. I. et al.(2000), "Crisis Preparation in Organization", *Technological Forecasting and Social Change*, vol 63. no.1

Mitroff. I.(2001), "Crisis Leadership Leaders stop the parade in companies", *Executive Excellence*, vol 18.

Nadler, D.A., & Tushman, M.L.(1990), "What makes for magic leadership?", In Rosenbach, W.E. and Taylor, R.L.(Eds.), *Contemporary Issues in Leadership*, Boulder: Westview.

Reddy. W. B. & Williams G., The Visibility/Credibility Inventory: Measuring Power and

Influence. In J. W. Pfeffer (ed.) The 1988 Annual: Developing Human Resources, San Diego: University Associates, 1985, 115-124. Hellriegel D. & Slocum Jr. J. W. 「Organizational Behavior」 11th ed.

Shamir, B, House, R.J., & Arthur, M.B.(1993), "The motivational effects of charismatic leadership: A self-concept based theory". Organization Sciences, 4(4), 577~594.

Stogdill, R.M(1974), *Handbook of Leadership*: *A Survey of The Literature*, N.Y: The Free Press.

Vroom, V.H.(1964), *Work and Motivation*, John Wiley & Sons.

Yukl, G.A(1989, 2002), *Leadership in Organizations*(2nd, 5th ed), NJ: Prentice Hall.

Zaleznik A.(1992), "Managers and Leaders : Are They Different?," *Harvard Business Review*. March-April.

찾아보기

ㅂ

ㅅ

기타

■ 저자약력

박유진(朴宥鎭)

육군사관학교를 졸업(1976년)하고 연세대 및 경북대에서 경영학석사·박사학위를 받았다. 육군3사관학교 경영학교수로 재직하면서 리더십 주임교수·리더개발연구센터장·사회과학처장 등을 역임하였고 영국의 웨스트민스터대학교 등에서 연수를 하였다. 동국대 경영대학원과 대구가톨릭대 경영대학원, 국립 안동대학교 등에서 리더십을 강의하였다.

Yukl의 『Leadership in Organizations』를 번역한 『조직과 리더십』(공역, 1989), 『현대사회의 조직과 리더십』(2009), 『리더십 마인드 & 액션』(2011) 등을 출간하였고, 경영과 리더십에 관한 다수의 논문과 연구보고서를 발표하였다.

현재 비전리더십아카데미 대표로 대학(원)에서 리더십을 강의하며 한국인성교육개발원 교수, (주)산업경영연구원 전문위원, 대한리더십학회 고문, 육군리더십 자문위원으로 있으며 한국경영기술지도사회, 한국 및 대구문인협회, 경영 및 리더십관련학회 등의 정회원으로 활동하고 있다.

김태형(金泰亨)

경북대학교 경영학과 졸업(1985년) 및 동 대학원에서 경영학석사 및 박사학위를 받았다. (사)산업정책연구원에서 NOFIA(New Organization Forms in the Information Ages) 연구위원을 지냈고, 1998년부터 국립 안동대학교 경영학과 교수로 재직하고 있다. 대학 언론사 주간과 서든 일리노이대학교(미국) 객원 교수, 한국전략경영학회와 한국인사조직학회 등의 이사와 감사 등을 역임하였다.

저서로는 Gareth Morgan의 『Imaginization』을 번역한 『창조경영』(공역, 2005, 한울), 『대학생을 위한 경영학의 이해』(공저, 2000, 머릿돌) 등을 출간하였고, 경영에 관한 여러 학회에서 다수의 논문을 발표하였다.

현재 국립 안동대학교 사회과학대학장 겸 행정경영대학원장을 맡고 있으며, 경영학 관련 여러 학회의 임원 등을 맡고 있다.

올바른 인생성공을 위한

리더십 이해 · 진단 · 개발

개정판 인쇄 2014년 1월 5일
개정판 12쇄 발행 2023년 8월 30일

인지

저 자 **박유진 · 김태형**
발행자 **신 대 영**
발행소 **양 서 각**

주소: 경기도 가평 청평면 소돌말길 7-6
전화 : 010-2063-5489
FAX : 0502-0991-1700
등 록 : 1992년 4월 30일 제3-412호

ISBN 978-89-5568-399-8 **[정가 15,000원]**